제2판

사회발전과 인적자본론

Societal Development and Human Capital Theory

정일환 · 김정희 · 주동범

교육과학사

서문

최근 국가와 사회의 발전 및 개인의 삶의 질 향상을 위하여 개인이 갖추어야 할 지식과 기술, 정보능력 그리고 도덕적 성숙 등 가치 있는 인간의 모든 능력과 품성을 지칭하는 '인적자원'에 대한 사회적 관심이 고조되고 있다. 이러한 인적자원의 개발·형성·활용이 어떻게 이루어지느냐에 따라 사회발전의 정도는 달라진다고 할 수 있다.

부존자원이 빈곤한 우리나라의 경우 인적자본 형성을 통한 국가 및 사회발전의 추진이 그동안 지속적으로 이루어져 왔으며, 이제 새로운 질적인 국가발전을 시도할 국제환경에 처해 있다. 세계는 단순히 천연자원의 비교우위를 통해 살아남을 수 있는 산업사회가 아니라 인간이 만들어 내는 지식, 즉 지적 능력에 의해 좌우되는 지식경제시대를 맞이하고 있다. 이러한 사회에서 국가경쟁력은 지식과 전문능력을 갖춘 국민 개개인과 개별기업에 달려 있고, 아울러 그러한 능력을 갖춘 사람을 키워낼 수 있는 교육체제와 지식의 창출과 분배가 활발히 이루어지는 지식체제를 갖추고 효율적으로 운용하느냐에 의해 직결된다고 할 수 있다.

이러한 점은 최근 Joel Spring이 지적한 바와 같이, 현재 미국 학교교육에서 추진하고 있는 지배적인 이념은 인적자본교육(human capital education)이다. 이는 학교교육의 목적을 경제성장과 글로벌

시장에서 경제경쟁에 필요한 노동자를 교육하는 것에 두고 있는 것을 말한다. 1960년대의 인적자본론의 대두와 더불어 글로벌 경제시대에 새로운 국가 · 사회발전의 중추적인 장치로서 인적자본 교육 패러다임이 부각되고 있다.

이러한 맥락에서 우리나라도 21세기 지식기반사회에서 국가경쟁력은 인적자원의 수준에 좌우된다는 인식하에 국가 전체차원에서 인적자원 정책을 체계적으로 종합·기획·조정하려는 노력을 시도하고 있다. 사회발전은 체제나 국가의 차원을 넘어 모든 인간 공동체가 지향하고 있는 주요한 목표의 하나라고 할 수 있다. 사회발전을 위한 교육에 대한 투자, 즉 인적자본에 대한 투자의 중요성은 우리나라와 같이 부존자원이 빈약한 경우 더욱 강조되고 있다.

본 서는 사회발전(societal development)을 위한 인적자본 투자의 중요성을 부각시키기 위하여 이와 관련된 주요 이론과 실제 선행연구 결과들을 종합하고자 논의하였다. 아울러 사회 구성원들이나 관련집단들이 사회발전 및 인적자본 투자의 경제적 효과에 대하여 어떻게 인지하고 어느 정도 선호하는가를 실증적으로 밝히고자 하였다. 따라서 본 서를 '사회발전과 인적자본론: 이론과 적용'으로 명명하여 발간(2002)한 이후 글로벌 사회의 변화 흐름을 담아 개정판을 내게 되었다.

본 서는 크게 2부로 구성되어 있는데 제1부는 사회발전에 관련된 패러다임, 모형, 이론과 이에 대한 관련집단 대학원생들의 선호정도를 비교·분석하였으며, 제2부는 인적자본의 주요 이론과 인적자본 투자의 경제적 효과에 대하여 관련집단 대학생들과 전문가들로 구성된 초점집단들의 인지도를 조사·분석한 결과를 중심으로 전체 12개의 장으로 구성되어 있다. 제1부는 정일환(1989), 제2부는 김정희(2002)의 박사학위 논문의 내용을 토대로 집필되었음을 밝혀둔다.

제1부 '사회발전론'은 6개의 장으로 구성되어 있는 바, 제1장은 사회발전 패러다임으로서 발전의 의미와 발전패러다임의 주요 내용을 제시하였다. 제2장과 제3장은 전통적, 대안적 발전패러다임의 주요 이론과 그 특징을 기술하고, 이를 토대로 하여 전통적, 대안적 발전패러다임이 교육의 기능이나 역할에 주는 시사점을 추출·제시하였다. 제4장과 제5장은 사회발전의 이념 및 교육적 시사점에 대하여 실증적으로 관련집단 대학원생들의 선호도 정도를 비교·분석하였다. 제6장은 사회발전에서의 새로운 인식과 주요쟁점으로서 발전에 대한 회고와 전망을 살펴보고 주요쟁점을 제시하였다.

제2부 '인적자본론'에서는 6개의 장을 구성하였는 바, 제7장에서는 인적자본의 개념과 기본가정, 인적자원 개발의 의미와 한국의 인적자원 개발 경쟁력에 대해서 기술하였으며, 제8장에서는 인적자본 투자의 경제적 효과를 측정하는 방법과 국내·외 선행연구의 결과를 상세히 설명하였다. 그리고 제9장, 제10장, 제11장에서는 인적자본 투자의 경제적 효과를 경제성장, 소득증대 및 분배, 외부편익으로 구분하여 이에 대한 관련집단 및 초점집단의 인지도를 비교·분석하였다. 제12장에서는 인적자본 투자의 경제적 효과에 대한 이론과 실제 관련집단의 인지도를 분석한 결과를 토대로 향후 사회발전과 인적자원개발을 위한 발전과제를 탐색·제시하였다.

끝으로 집필진들은 사회발전과 인적자본론에 관한 탐구와 선배 제현의 지적을 통하여 계속 수정 · 보완할 것을 약속드린다. 본 서의 발간을 위해 애써 주신 교육과학사 직원들께 감사드린다.

2013년 8월 지은이 씀

목차

1부 사회발전론: 이론과 실제

1 사회발전론: 이론과 실제

제1장
사회발전의 의의와 패러다임

제1절 | 발전의 의미 및 패러다임
제2절 | 발전패러다임의 개관
제3절 | 발전패러다임의 주요 내용

제1절
발전의 의미 및 패러다임

역사적으로 '발전(development)'의 기원은 제2차 세계대전 이후 국제 정치의 재조정에서 찾을 수 있다. 1949년 미국 Truman 대통령의 취임 연설 이후에, '저개발(underdevelopment)'과 '제3세계(Third World)'의 개념들은 정치적 이데올로기 측면에서 서유럽과 동유럽 국가들을 재정의하고, 세계의 구조를 재편성하는 데 중요한 기능을 하게 되었다.

지난 60여 년 동안 발전은 전 세계의 중요 관심사가 되었으며, 각 국가들은 자국의 독자적인 방식이나 혹은 국제협력기구의 원조에 힘입어 사회발전을 추구하게 되었다. 1960년대와 1970년대에 개발도상국들은 상당히 낙관론의 관점에서 경제발전을 추진하였다. 그러나 현존하는 국제경제 관계가 개발도상국들에 있어서 발전을 실현한다는 것이, 다시 말해서 선진국으로 진입한다는 것이 용이하지 않다는 견해가 지배적이었다. 선진국이든 개발도상국이든 국제적 상황은 언제든지 변할수 있다는 인식을 1973년과 1979년의 두 차례의 오일 쇼크 및 특히 2008년 글로벌 금융위기, 2010년 유럽 재정위기 경험 이후 갖게 되었다.

한편, 대부분의 사회구성원들은 고도의 경제성장의 부정적인 효과에 대해 여전히 행복하게 무시하고 있는 경향이 강하다고 할 수 있다. 산업발전으로 인한 수익이나 편익은 즉시 나타나지만 그에 따른 비용부담은 대개 20년 내지 30년 이후에 하게 된다는 사실이다. 또한 사회구성원들은 정신적인 혹은 심리적인 고귀한 삶보다는 물질적인 생활기준에 중요한 가치를 부여하면서 효율성, 전문화, 기술적 성장에 보다 더 헌신하고 있다고 할 수 있다.

최근에 오면서 성장지향접근의 발전은 그 실효성을 잃고 있다고 해도 과언이 아니다. 이제 개발도상국가들도 발전의 결과가 심각한 사회·환경 문제 등을 야기한다는 사실을 인정하고 있다. 발전의 전략들을 다양하게 채택·적용하였음에도 불구하고 발전에 따른 사회 문제들은 양적인 측면에서든 질적인 측면에서든 나타나고 있다. 생산지향 혹은 성장지향적인 사회의 요구는 경제적으로 가난한 집단들의 보호나 그들의 생존수단을 보호하는 데 있어서 회피하거나 박탈하는 데 있었다는 것이다.

선진국의 사회구성원들은 이제 삶의 질(quality of llfe)을 추구하는 경향이 많지만 아직까지도 후진국의 국민들은 여전히 기본적인 욕구 충족을 갈망하고 있는 실정이다. 서유럽이나 동유럽과 같은 생활양식이나 생활수준을 모방하도록 강요받았던 개발도상국들은 자국이 가지고 있던 풍부한 다양성을 잃고 말았다고 할 수 있다. 제3세계 국가들의 발전 문제에 대한 평가는 이들 선진국과는 다른 문화적, 정치적, 경제적 그리고 이념적 관점을 요구하고 있다. 따라서 대안적 발전 관점(alternative development view)은 통상적인 종속 이론이나 신마르크스주의적인 해석을 초월하는 입장을 취하고 있다. 인간 본성에 대한 이러한 관점은 비관적인 것이 아니라 낙관적이라고 할 수 있다(Friberg & Hettne, 1985).

제3세계 국가들에 있어서 발전의 대안 통로를 심각하게 찾는다는 것은 매우 중요하다고 할 수 있다. 이는 현재 제3세계 국가들이 자국의 정치적 · 사회적 · 경제적 여건을 고려하지 않고 단순한 서구의 모방은 가능하지도 않을 뿐만 아니라 또한 바람직하지도 않다. 그러므로 사회발전의 형태와 전략은 반드시 개발도상국가 내에서 가능한 자원이나 수단을 고려하여 결정해야 할 것이다.

사회과학에 있어 발전에 관한 논쟁은 지난 60여 년 동안 꾸준히 계속되어 왔다. 즉, 발전에 관한 쟁점(issue)은 관점에 따라 다양하게 논의 · 검토되어 왔다고 할 수 있다. 발전이론과 정책은 발전과정의 변화하는 역사적인 현실과 선진국, 개발도상국 간의 관계 등에 따라 다양하게 제시 · 적용되고 있다(Lehmann 1979; Ardent, 1981; Munoz, 1981; Dube, 1983; Lewis and Kallab, 1986; Cole, 1987; Evans and Stephen, 1988).

1950년대와 60년대에는 대부분의 국가들이 근대화 이론을 경제발전을 이룩하기 위한 전략으로 적용하여 왔다. 그러나 1970년대에 근대화 이론과 인적자본론에 대한 회의론이 종속이론, 세계체제 접근, 신마르크스주의 등과 같은 이론을 낳게 하였다. 특히 종속이론과 세계체제 접근은 발전의 주요 수단으로서 확산을 강조한 근대화 이론가들의 강조점을 변경시키면서, 소위 중심국가들이 발전에 있어서 주요 방해

자라고 주장하였다.

최근에 제3세계 국가들은 물론 선진국들까지도 발전의 신화(myth of development)에서 벗어나 발전의 역기능과 문제점 등을 경험하게 되었다. 만병통치약이라고 제안되었던 발전정책들이 수립되고 진행되었으나 이러한 정책들이 비효과적일 때 새로운 발전패러다임의 모색이 나타나기 시작하였다. 즉, 전통적인 발전전략이 개발도상국에게 발전의 문제를 해결하는 최선의 방법이 아님을 인식하게 하였다(Dube, 1983; Friberg and Hettne, 1985; Cole, 1987).

따라서, 새로운 유형의 발전전략은 증후와 해결이 서로 다름에도 불구하고 제3세계 국가들과 선진국들에서 공통으로 인식 · 등장하게 되었다. 소위 대안적 발전패러다임은 탈 유럽중심주의, 지역사회발전론, 대응적 발전론, 녹색성장론 등의 발전모형을 포함한다. 그동안 지배적으로 향유해 왔던 발전패러다임 적용의 실패는 발전이나 발전정책에 대한 재고의 필요성을 강력히 제기하고 있다. 다양한 학문적인 활동을 통하여 논의되고 쟁점화되어 발전정책의 목표나 전략에 대한 새로운 패러다임의 정립이 필요하게 되었다고 할 수 있다. 일반적으로 대안적 발전을 주창하는 학자들은 문화의 정체성, 자조, 사회 정의, 생태계의 균형, 군축 등의 가치를 강조하고 있다(Botkin, et al., 1980; Galtung, et al., 1980; Arnau, 1981; Streeten, 1984; Amin, 1985; Shiva, 1986; Tickner, 1986).

사회발전(societal development)은 체제나 국가의 차원을 넘어 모든 인간 공동체가 지향하고 있는 주요한 목표의 하나라고 할 수 있다. 특히 개발도상국가들은 이 목표를 위하여 제2차 세계대전 이후 지난

60여 년 동안 많은 노력을 경주해 왔으며, 이러한 노력의 결과로 사회 각 부문의 개선과 향상을 어느 정도 가져왔다고 할 수 있다. 그러나 사회발전의 과정에는 여러 가지 부작용과 갈등이 야기되고 경험한 점을 부인할 수 없다.

선진국이나 개발도상국가들은 다양한 발전모형, 이론 혹은 전략 등을 개발 · 도입하여 사회 및 국가발전을 추구하고 있다. 그러나 사회 및 국가발전의 목표, 수단 및 전략 등에 대하여는 국가 및 개인마다 각기 다른 견해나 관점을 지니고 있다.

발전은 사회 과학자들에 의해 다양한 관점에서 논의되고 정의되어 왔다. 즉 발전을 절대적인 굶주림, 가난, 궁핍의 근절로 규정하기도 하고(Axinn, 1978; Harrison, 1980; Singer, 1981), 또는 사회변혁이나 사회의 구조적 변혁으로 정의하기도 한다(Addo, 1985; Hogard and Buller, 1987). 그리고 사회구성원의 변화하는 욕구를 충족시키는 정치 제도의 역량(Eisenstadt, 1968; Park, 1984)으로, 또는 도덕적 사고의 발달(Chilton, 1988), 새로운 정보와 적절한 기술의 증대와 같은 기술적 개념으로 파악하기도 한다.

한편, 발전은 매우 다른 사회, 경제체제와 정치이념을 가진 국가에 있어 공식적인 이데올로기로 논의되어 왔다. Arnau(1981)는 발전의 이념을 논의함에 있어 역사적, 자기 민족 중심적, 그리고 경제적 접근을 사용하였다. 그에 따르면 모든 사회는 현재 선진국으로 인식되는 국가들과 유사한 국민들이 임금수준에 도달할 때까지 동일한 발전단계를 거쳐야 한다고 주장하였다. Rostow(1960)의 이론이 이와 같은 접근을 대표해 준다고 할 수 있다.

또한 Esteva(1992)도 서구사회에서 발전은 먼저 어떤 객체나 유기체의 자연적인 성장을 의미하는 것이며, 그 성장은 "보다 완벽한 형태"로의 변화를 뜻하는 '진화'의 개념과 같은 뜻으로 사용되었다. 그 후 사회발전도 이와 같은 자연의 발전과정과 거의 같은 것으로 받아들여지게 되었고, 산업화된 생산 방식은 사회진화의 곧은 선상에서 볼 때 최종적인 단계로 정의되었다.

최근에 발전이란 용어 사용을 주지하고, 대신에 지속적인 문화 정체성의 중요성을 강조하고, 민중운동을 통한 자조의 증진, 보다 큰 사회정의의 실현, 보다 단순한 기술의 사용, 환경의 보존 등 제 문제들을 발전의 쟁점과 관련하여 강조하고 있다.

제2절 발전패러다임의 개관

발전패러다임은 다양한 측면에서 논의 · 서술되고 있다. 패러다임(paradigm)은 '어떤 시기의 특정한 학문 공동체의 연구자들이 공유하는 믿음, 가치, 방법론 등을 구성하는 학문연구의 원형(기본형)', '연구자들만이 공유하는 이론적 가정들', '연구자들이 타당하다고 인정하는 가정을 바탕으로 세계를 이해하는 이론적 틀', '연구자들이 공유하는 시각(perspective)', '준거 틀(frame of reference)', '정신적 창구

(mental window)' 등을 지칭한다고 할 수 있다.

Kuhn(1962)은 '과학혁명의 구조(The Structure of Scientific Revolutions)'에서 학문 혹은 과학의 발전은 오랜 세월에 걸친 학자들의 연구 업적이 단순하게 누적된 것이 아니라 패러다임의 승계와 과학혁명이라고 설명하고 있다. 학문발전의 역사를 과학혁명, 새로운 패러다임을 갖는 정상과학의 전통수립, 정상과학의 위기 출현, 그리고 과학혁명의 변증법적 과정으로 파악하고, 학문연구에 있어서 과학혁명과 정상과학의 상호 보완적 기술을 강조하고 있다.

Friberg와 Hettne(1985)는 전통적, 대안적 발전패러다임을 Blue, Red, Green의 색깔 스펙트럼으로 분석 · 제시하고 있다. Blue는 자본주의 국가, Red는 사회주의 혹은 공산주의 국가를, Green은 대안적인 발전을 설명함에 있어 Reich의 저서 "The Greening of America"에

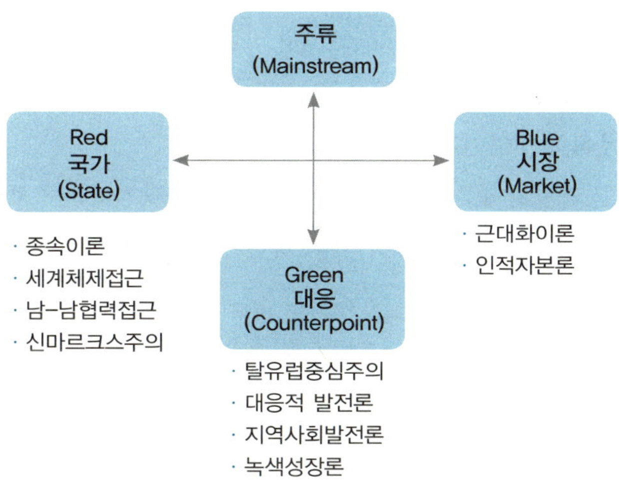

그림 1-1 발전에 대한 사고의 위상

서 그 개념을 도출하였다. 발전에 대한 주요 사고는 [그림 1.1]과 같이 Blue의 자본주의와 Red의 사회주의로 연속되는 정반대 이데올로기로 표현할 수 있다.

그들에 의하면, Blue(시장, 자유, 자본주의)와 Red(국가, 사회주의, 계획)의 입장은 지배적인 서구의 다양한 발전모형을 보여주고 있다. 그러나 Green은 발전패러다임의 주류에 대응되는 발전사고를 나타내 주고 있다. 이러한 대응의 입장은 선진국과 제3세계 국가에서 다른 양상으로 나타나고 있다. 이와 같은 세 가지 색깔 분석 틀은 다양한 발전모형들, 예를 들어 근대화 이론, 종속이론, 세계체제이론, 대응적 발전론, 지역사회발전론 등을 포함하고 있다

각 발전모형은 공통적 혹은 상이한 목적, 가치, 수단, 전략 등을 지니고 있다. 그러나 발전에 대한 Blue와 Rad의 입장은 수단 면에서 다르지만, 서구의 근대화(modernization)라는 목적이나 목표에서 기본적으로 유사하다고 할 수 있다. 따라서 발전정책이나 전략을 논의하는데 있어서 Blue와 Red의 입장은 대안적 발전패러다임과 비교할 때 하나의 전통적 발전패러다임으로 분류할 수 있다.

그동안 학자들에 의해 다양하게 논의되어 온 발전이론과 모형의 특징, 내용, 전략 등을 전통적, 대안적 발전패러다임으로 구분하여 기술한다.

제3절 발전패러다임의 주요 내용

발전패러다임의 정립을 위해 전통적 및 대안적 발전패러다임으로 구분하여 이들에 대한 주요 내용을 제시하면 다음과 같다.

1. 전통적 발전패러다임

(1) 국가발전에 있어서 경제성장은 문화적 측면보다 더 우선권이 주어져야 한다.

(2) 국민 총생산(GNP) 혹은 국민 1인당 소득은 선진국과 개발도상국가를 구별하는 가장 적합한 척도이다.

(3) 각 사회는 발전의 정도에 따라 여러 단계로 나누어진다.

(4) 모든 개발도상국가들의 국가발전 목표는 미국과 같은 선진국들이 되는 것으로 설정하여야 한다.

(5) 개발도상국가들은 자국의 교육발전을 위하여 선진국의 교육이론과 실제를 도입 · 적용하여야 한다.

(6) 개발도상국가들은 선진국들의 발전과정을 그대로 답습하여야 한다.

(7) 개발도상국가들은 세계(국제) 시장으로부터 탈피하여 경제적

자립을 이루어야 한다.

(8) 개발도상국가들은 경제발전 목표를 선진 국가를 능가하는 것으로 설정하여야 한다.

(9) 개발도상국가들은 선진국가들과의 협력보다는 개발도상국 상호 간의 조직화된 경제적 협력으로 자국의 경제성장을 달성하여야 한다.

(10) 학교교육은 사회 전반의 생산성을 향상시키는 데 필수적이다.

(11) 학교교육은 평등한 사회구조를 가져오는 데 기여한다.

(12) 교육은 사람들로 하여금 전통적인 가치로부터 근대적인 사고방식을 함양시키는 데 기여한다.

(13) 학력이 높은 사람은 학력이 낮은 사람보다 임금을 더 많이 받아야 한다.

(14) 미국은 제3세계 국가들을 원조하는 데 있어서 그들 국가들의 경제발전보다는 자국의 세계경제 지위를 유지하는 데 더 치중하고 있다.

(15) 제3세계 국가들에 있어서 권위주의적 정권은 급속한 경제성장을 달성하기 위해서 필요하다.

2. 대안적 발전패러다임

(16) 각 국가의 발전목표는 그 국가의 역사, 고유한 가치, 제도 등을 고려하여 설정되어야 한다.

(17) 서구적 교육을 받은 엘리트들의 우월감은 나름대로 생업에 종사하는 집단 구성원들의 자긍심을 손상시키며, 그들로 하여금 분개 · 반항하게 한다.

(18) 학교교육은 문화적 동질성보다는 문화적 다양성을 추구하는데 기여하여야 한다.

(19) 발전전략 추구의 결과로 경제적 발전보다는 종종 문화적 이탈(cultural dislocation)이 초래된다.

(20) 지역사회의 의사결정이 정부의 중앙집권적인 의사결정보다 더 중요하다

(21) 점진적인 사회변화를 위해서는 지역사회의 외부(예를 들면, 중앙정부)에서 수립된 전략보다는 지역사회 내에서 합의된 전략이 더 중요시되어야 한다.

(22) 국가발전 목표를 달성하기 위해서는 훈련된 전문가들이 일반국민들을 유도하여야 한다.

(23) 서구 사회에서는 개인이 사회에 대한 책임보다는 개인의 권리가 지나치게 중요시되고 있다.

(24) 국가발전을 위해서는 정부 위주의 발전 전략보다는 지역사회의 발전을 통해서 이루어져야 한다.

(25) 지역사회 발전을 도모하기 위해서는 개인보다는 집단 혹은 지역의 이익이 우선되어야 한다.

(26) 정부의 기술적 지원(technical assistance program)이 종종 지역 사회의 발전을 저해시킨다.

(27) 댐이나 고속도로의 건설은 그로 인하여 그 지역을 이주해야

하는 이주민들의 권익보호를 위한다면 실행되지 말아야 한다.

(28) 주민들에게 경제적인 이익을 준다면 벌목, 채취 등 자연환경을 손상시키는 것도 무방하다.

(29) 산업화는 제3세계 국가들이 국가발전을 달성하는 유일한 방법이다

(30) 군사비 지출은 지역사회의 복지 향상을 저해하는 가장 큰 요인 중의 하나이다.

(31) 교육은 사회구성원들의 폭넓은 협력에 의해서 이루어져야 한다.

3. 종합

(32) 사회발전을 위해서는 합리적이고 과학적인 가치가 중요하며, 안정된 문민정부가 필요하며, 숙련된 인력이 공급되어야 하며, 개인의 창조적 자유가 보장되어야 한다.

(33) 사회발전을 위해서는 합리적이고, 과학적인 가치가 중요하며, 강력한 중앙정부가 필요하며, 숙련된 인력이 공급되어야 하며, 국민들의 자원이 낭비되지 않도록 합리적인 계획이 필요하다.

(34) 사회발전을 위해서는 인간의 존엄성이 존중되어야 하고, 개인의 창조적 능력이 보장되어야 하며, 경제성장이 진보와 동일시 취급하지 않아야 하며, 물질적 소유보다는 정신적 가치와 상호협력이 강조되어야 한다.

제2장
전통적 발전패러다임

전통적 발전패러다임은 크게 Blue의 입장을 취하는 고전적 발전모형과 Red의 입장을 견지하는 비판적 발전모형으로 나뉘어진다.

제1절 고전적 발전모형

고전적 발전모형(classical development model)은 자본주의 경제원리가 만족스럽게 운용되는 체제로 간주하는 고전적 우익세력 집단을 대표하는 것으로 근대화 이론과 인적자본론을 들 수 있다.

1. 근대화 이론

근대화 이론은 두 차례의 세계대전에 대한 지적인 반응이라고 볼 수 있는데, 인류의 장래에 대하여 낙관적인 전망을 가지려고 하는 노력을 나타내고 있다.

근대화 이론은 개발-저개발, 근대적-전통적, 산업-농업 등의 이원론적 용어로 발전을 이해한다. 물론 전자는 발전된 상태를 구성하고, 후자는 그렇지 않는 상태를 나타내 준다. 이 이론은 기본적으로 진화론에 기초를 두고 있다. 즉, 근대화는 근본적으로 내재적이며, 선형적인 과정이라는 것을 의미한다. 그리고 이 과정은 보편적 문명화라는 목표에 이르게 하면서 모든 사회에서 작은 것으로부터 크고 넓은 것으로 이동한다.

근대화 이론의 초기 형태는 이미 근대화되고 산업화된 사회의 발전에 관하여 거의 언급을 하지 않았다. 그것이 산업화된 사회는 이미 "도달"되었고, 그러한 사회의 과거는 오로지 아직도 근대화 도상에 있는 사회들의 미래 진로를 보여주기 위해서만 관심의 대상이 된다는 것을 가정하고 있다.

Huntington(1976)은 초기의 근대화 이론은 국내에서의 사회 현상에 대한 만족과 외국에서의 변화를 정당화했다고 주장하였다. 이 이론은 근대성의 미래 가능성에 대한 이미지는 갖추지 못하고 과거에 대한 신념만을 가지고 있을 뿐이라고 지적하고 있다. 그에 의하면, 근대화의 과정은 진화(전통적인 것으로부터 근대적인 것으로 극적인 전환), 복잡(중복적인 원인), 체계적 · 전세계적인(모든 사회에 능통을 주는), 단계적인(단계를 따라 발전), 동질화하는(수렴성), 역행을 할 수 없고 진보적인 것으로 특징지우고 있다.

근대성에 대하여 McClelland(1961)는 문명의 발생과 쇠퇴는 그 사회 내에 있는 대다수의 사람들이 소유하고 있는 개인적 가치관에 기인하는 것으로 보고 있다. 그는 한 사회가 경제적 · 기술적 발전을 가능하게 하는 것은 성취동기이며, 이는 사회화를 통하여 획득된다고 주장하고 있다.

근대성 척도로서 알려진 태도검사를 개발해 낸 Inkeles(1974)에 의하면, 근대화는 발전하는 것이며 한 사회에서 구성원들의 근대적 가치 창출은 인간계획의 결과라고 할 수 있으며, 특수한 사회기관은 근대적 가치를 창출하는 데 있어(예를 들면, 가정, 학교, 공장에서 발생하는 사회화) 매우 중요하다고 기술하고 있다.

근대화 이론이 지니고 있는 특징을 요약하면 다음과 같다. 첫째, 발전은 모든 사회에서 자발적이며, 거역할 수 없는 과정이다. 둘째, 발전은 구조적 분화와 기능적 전문화를 지향한다. 셋째, 발전의 과정은 각 사회에서 달성될 정도를 나타내 주는 분명한 단계로 구분된다. 그리고 넷째, 발전은 외적 경쟁 혹은 군사적 위협, 그리고 근대적 분야들을 지지하고, 전통적 부문들을 근대화시키는 내적 장치에 의해 추진될 수 있다(Friberg & Hettne, 1985: 210).

근대화는 비근대적 요소가 무엇인지를 알면 분명히 달성될 수 있다. 그러므로 개발도상국가들은 그들 사회에서 전통적 요인들과 실제들을 확인하여 이러한 것들을 제거시켜야만 근대화를 달성할 수 있게 된다.

2. 인적자본론

Blue 입장은 경제성장에 대한 교육의 잠재적 기여를 강조한다. 발전이론에 대한 열렬한 관심에 의해 보증된 10년간, 1950년에서 1960년 사이 경제발전에 있어서의 교육의 역할을 신봉했던 낙관적 견해는 개발도상국뿐만 아니라 선진국에서도 널리 수용되었다. 노동 생산성을 증대시키기 위한 투자로서 교육비에 대한 Schultz의 견해는 전통적 발전입장을 강력히 지지하고 있다.

인적자본론이 체계적으로 형성된 것은 Schultz(1961)가 미국 경제학회에서 '인적자본에 대한 투자'라는 제목으로 회장직 수락연설에서 찾을 수 있다. Schultz(1961: 1~17)는 교육비는 소비가 아니라 상품을 생산하는 데 필요한 노동력을 증대시키기 위한 투자라고 주장하였다. 따라서 인적자본 투자의 관점에서 학교교육은 물적자본을 변화시키지 않더라도 노동자당 더 높은 산출을 기대할 수 있는 경제적 수익성을 투자라고 보았다. 즉, 교육은 그에게 가용한 것 중에서 개인적 선택을 개선할 뿐만 아니라 교육받은 인력은 산업발전과 경제 성장에 필요한 노동력의 형태를 제공하고 있다고 그는 주장하였다.

이 때를 전후하여 소위 인적자본론의 중요성과 이에 대한 투자를 증대시키야 한다는 주장이 Mincer(1958), Schultz(1963, 1971, 1972), Becker(1964) 등에 의하여 강력하게 나타나기 시작했다.

인적자본론이 널리 수용되어 감에 따라, 대부분의 국가, 특히 개발도상국가에서 교육기회를 확대하기 위한 정당성을 제공받았다. Harbison와 Myers(1964)의 연구는 중등학교 및 고등교육기관의 취학률이 경제발전과 밀접한 상관관계가 있다는 것을 밝히고 있다. 따라서 경제성장, 보다 구체적으로 국민 1인당 소득수준을 향상시키기 위해서는 국민의 중등 및 고등교육의 수준을 높여야 한다고 주장하였다. 즉 그들이 주장하는 중등 및 고등교육의 수준 향상은 교육기회의 확대를 의미하는 것이다.

근대화 이론과 마찬가지로 인적자본론은 선진국과 개발도상국에 있어서 교육에 대한 거대한 규모의 공적 지출에 대하여 근본적인 정당성을 제시하고 있다. 이 이론은 대부분의 서구 사회에서 찾아볼 수 있는 민주주의의 이념과 자유 진보주의와 일치한다. 또한, 두 이론은 저개발이나 경제적 침체의 근원을 나라 밖의 요인으로 돌리기보다는 국내의 요인에서 찾고 있다. 이 이론의 근거는 교육투자의 추정된 경제적 수익에 근거를 두고 있다. 정책결정자들은 인적자본에 대한 투자를 증대하기 위한 노력은 사회에 급속한 경제성장을 가져오는 것으로 보고 있으며, 개인들에게는 그러한 투자가 개인적인 직업적 성공과 성취의 형태로 회수를 제공하게 된다(Karabel & Halsey, 1977; Blaug, 1970, 1976).

오늘날 지배적인 교육이념은 인적자본경제학(human capital economics)으로서, 교육의 첫째 목적을 경제성장으로 정의하고 있다. 이는 다른 교육이념이 문화나 사회정의를 위한 학생교육에 강조를 두는 것과는 대조되는 입장이다(Spring, 2011: 6).

인적자본의 개념과 지식경제는 경제학자 Theodore Schultz와 Gary Becker 등의 이론에서 찾을 수 있다(Keeley, 2007: 28-35). Schultz는 1961년 '경제학자들은 오래 전부터 국가 부의 중요한 부분으로서 사람(people)을 인식하고 있었다'는 것을 지적한 바 있다. 또한 Schultz는 사람들은 교육을 통해 직업기회를 향상시키기 위해 자신에 대해 투자하고 있음을 주장하였다. 유사하게, 국가는 경제성장의 자극제로서 학교에 투자할 수 있다는 것이다.

그리고 1964년 Becker는 '인적자본(Human Capital)'에서 과거와

달리 경제성장은 지식, 아이디어, 기능, 노동자의 건강 등에 의존하게 됨을 강조하였다. 교육에 대한 투자는 경제성장에 기여할 인적자본을 향상시킬 수 있음을 주장하였다. 이후 그는 '지식경제'라는 용어를 사용하였다. 또한 Becker(2006: 292)는 미국의 국가부의 4분의 3은 인적자본임을 밝히고 있다. 따라서 교육에 대한 투자는 향후 경제성장의 핵심임을 주장하였다.

인적자본 교육 패러다임의 목록(Spring, 2011: 11)으로는 (1) 교육의 가치는 경제성장의 의해 측정, (2) 교육과정의 국가표준화, (3) 진급, 입학, 학교교육의 다른 수준으로부터 출구하기 위한 표준화된 시험, (4) 교수에 대한 성취평가는 학생의 표준화된 시험에 기초, (5) 검인정교과서(mandated textbook), (6) 대본화된 수업(scripted lessons) 등을 들 수 있다.

결론적으로 현실은 인적자본론자들의 주창대로 대부분의 정치인들이나 경제인들은 앞에서 기술한 인적자본의 목적이 학교교육을 지배해야 된다고 믿고 있다는 것이다.

제2절 비판적 발전모형

비판적 발전모형(left-criticism development model)은 사회주의

와 공산주의, 또는 제3세계에서 다양한 형태의 노동운동과 같은 전통적 세력에 대해 대표된다고 할 수 있다. 이 모형은 근대화 이론이 추구하는 발전전략에 대해 매우 비관적이지만 발전의 목적에 있어서는 차이점이 없다고 할 수 있다. 즉 사회 및 국가발전 정책의 주체를 국가가 주도하든, 또는 선진국에서 벗어나 소위 주변 국가들 간의 협력에 의해서든 근본적인 발전의 목표는 '서구의 근대화'를 추구하는 입장으로 고전적 발전모형과 동일하다는 것이다

이 모형에 속하는 발전이론이나 접근들은 남미 학자들, Santos Frank, Cardoso, Amin 등이 주창한 종속이론(dependency school), Wallerstein, Devon, Arnau 등과 같은 학자들이 제안하는 세계체제접근(world system approach), Nyerere 중심의 남-남 협력 접근(South-South cooperation) 그리고 Carnoy, Berg, Fuller, Thurow, Lucas와 같은 학자들이 주창하는 신마르크스주의(neo-marxist theory) 등을 들 수 있다.

1. 종속이론

종속이론 혹은 종속학파는 특히 1970년대 라틴 아메리카의 제3세계 국가사이에서 인기를 잃었던 인적자본론에 대한 새로운 도전으로서 나타났다. 많은 제3세계 국가들은 근대화 이론에 근거를 두고 국가발전을 촉진하고자 했지만, 기대하였던 기적을 만들어 낼 수 없었다. 이는 곧 발전지향적 전략에 대한 회의론으로 부각되었다. 개발도

상국에서 시작된 근대화 이론과 인적자본론은 Santos, Frank, Cardos, Amin과 같은 종속이론가들에 의해 도전을 받았다(Santos, 1970; Frank, 1976; Amin, 1977; Cardos, 1977).

산업화된 국가와 그렇지 못한 국가를 근대화 이론에서는 제1세계와 제3세계로 구분·설명하고 있는 데 반해, 종속이론에서는 이를 각각 중심부(core area)와 주변부(peripheral area)로 구분하고 있다. 그리고 중심부에 해당되는 국가들이 자국의 성장과 팽창을 추구하기 위하여 주변부를 개발해 왔으며, 이것이 현재 주변부의 저개발을 조성하게 되었다는 것이다. 따라서 종속이론에서는 산업화되지 못한 국가는 이미 산업화된 국가에서 발전해 온 경로를 따라서 발전할 수 있다는 Rostow 등과 같은 경제발전 단계론을 신봉하고 있지 않다(Freiberg & Hettne, 1985: 211).

종속이론에 대한 일반적인 견해는 다음과 같다(Freiberg and Hettne, 1985: 211).

첫째, 발전에 대한 가장 큰 장애는 자본의 부족이나 특정 사업기술이 낙후되어 있기 때문은 아니다. 발전에 대한 장애는 개별국가 특히, 제3세계 국가의 내부에 있는 것이 아니라 저발전 경제의 외부에 있다는 것이다.

둘째, 노동의 국제적 분화는 중심국과 주변국 사이의 관계로 분석된다.

셋째, 주변국은 중심국에 과잉노동을 포함한 자원을 빼앗긴다는 사실 때문에 중심국가의 발전은 다소 주변국에서의 저발전을 내포하고 있다. 이러한 발전과 저발전은 일련의 포괄적인 과정에 대한 두 양상으로서 기술될 수 있다. 이 과정에 참여하는 모든 지역은 자본주의 체제이지만 중심국과 주변국 사이의 명백한 구분이 생긴다.

넷째, 주변국이 중심국과 기술이나 자본에 있어서 밀접한 연계로 인하여 저발전될 수밖에 없는 운명에 처해 있기 때문에, 주변국은 세계시장과 자조에 대한 노력으로부터 그 자체의 단절 혹은 독립이 주변국을 위해 반드시 필요하다.

종속이론은 기본적으로 저개발 혹은 저발전(underdevelopment)을 설명하기 위한 이론이다. 저발전의 원인은 내적인 요인 때문이 아니라 선진국가들의 종속 때문이라는 것이다. 이들에 의하면, 개발도상국가들은 선진국에 의해 노동·자원 등 여러 측면에서 착취당해 왔기 때문에 우선적으로 선진국들로부터 독립하는 것이 가장 중요한 과제라고 지적하고 있다. 그러나 종속이론에 내포되어 있는 발전의 이념은 기본적으로 근대화 이론이 추구하는 발전 목표를 반영하고 있다.

2. 세계체제이론

앞에서 기술했듯이 종속이론은 개발도상국가들이 선진국들이 경험한 발전 정책이나 과정을 단지 따른다는 것을 주장한 Rostow의 경제발전 단계론을 간과했다고 할 수 있다. 세계체제 접근론자들은 세계를 하나의 체제(system)로 보는 입장으로서, 한 국가가 발전하기 위해서는 자본주의 경제체제 내의 경제적 상황이나 여건을 충분히 고려해야 함을 강조하고 있다. 따라서 한 국가나 사회의 발전전략은 세계체제에서 각 국가의 정치 · 경제 · 사회구조의 특성이나 여건이 반영되어야 할 것이다.

세계체제접근에서 발전의 문제는 개개의 차원에서가 아니라 세계경제 구조의 상황에서 고려되어진다. 그러므로 한 국가나 사회의 발전 정책형성을 위한 분석 단위는 한 국가가 아니라 국가군(a cluster of nations)이 된다.

Wallerstein(1979)은 발전을 위해 세 가지의 개방된 전략을 제시하였다. 즉, 변화를 포착하기 위한 전략, 제안에 의한 증진 전략, 그리고 자본주의 세계 경제 내에서 변혁의 제한된 가능성을 고려하는 자조 전략이다. 세계체제 접근의 발전전략은 민족국가(국민국가)를 토대로 발전을 유지해야 한다는 점에서 근대화 이론과 비판적 발전모형의 하나인 종속이론과 유사하다. 세계체제접근은 민족국가에서 세계자본주의 체제로 그 형태가 전환되고 있음을 지적할 수 있다. Meyer(1975)가 지적한 바와 같이, 세계시장과 사회는 계층화된 세계체제에서 다른 사회에 대한 새로운 역할을 창출함으로써 관심과 집중을 유도해내고 있다.

3. 남-남 협력 접근

남(South)과 북(North)의 구분은 단순히 부와 빈 혹은 선진국과 후진국이라는 말로서 묘사된다. 남은 남반구에 위치하는 국가를 의미하는데, 대부분 남반구에 위치하는 국가들은 호주와 뉴질랜드를 제외하고는 후진국들이라고 할 수 있다. Brandt(1980)의 보고서에 의하면, 세계 제조산업의 90% 이상이 북반구에 위치하고 있다는 것이다. 대부분의 특허품과 새로운 기술은 북반구의 다국적기업의 부이고, 다국적 기업들은 천연자원과 제조업 분야에서 세계 투자와 무역을 통해 많은 이익을 남기고 있다. 예를 들어, 세계 인구의 6%를 차지하는 미국은 지금 세계의 천연자원과 에너지 산출량의 40%를 사용하고 있을 정도이다.

제3세계는 세계경제에서 희생과 무력함을 경험하게 된다. 결과적으로 비록 제3세계 국가가 새로운 국제경제 질서(New International Economic Order: NIEO)로 불리우는 국가군일지라도 제3세계 경제의 어떠한 괄목할 만한 성장을 가져오지 못했다. 따라서 Nyerere(1982)는 남-남 협력을 통한 제3세계의 통합으로 현재 희생이 큰 남의 세계경제체제를 북에 대한 경제통제장치로 작용해야 함을 강조하고 있다. 남에 속하는 국가는 NIEO에 관심을 가지고, 남쪽 국가들 사이의 차이에도 불구하고 재정 조직에 대한 통치 구조의 변화에 관심을 가져야 할 것을 주장하고 있다.

남-남 협력의 요구는 1970년대에 관심이 집중되었다. 기본적으로 이러한 요구는 발전에 대한 이념을 지지하고 있다. 즉, 발전이 지향해야 할 경로는 북쪽에 종속하는 것이 아니라 남쪽의 국가들 간의 협력에 근거를 두어야 한다는 것이다.

4. 신마르크스주의

신마르크스주의는 세계경제 구조가 선진국에선 선호되나, 개발도상국가에선 선호되지 않는다고 주장한다. 제3세계 국가 혹은 개발도상국가에서 이러한 상황은 단지 지배계급이나 통치집단에 의해 선호된다. Carnoy(1974)에 의하면, 개발도상국가와 선진국 혹은 중심국 간의 밀접한 문화적, 경제적 관계에서 나타나는 현상은 개발도상국가 내의 지배집단과 종속집단 사이에 그대로 나타난다는 것이다. 즉, 세계 자본주의 체제에서 형성되고 있는 사회적, 정치적, 그리고 경제적 관계는 종속된 국가 내에서의 지배집단과 대중 간에 모방되고 있다는 것이다.

신마르크스주의자들은 소득에 대한 직업구조와 이에 대한 기회가 고급인력의 공급에 관계없이 상당히 제한되어 있다고 주장하고 있다. 이들은 학교교육(schooling)의 역할을 주어진 직업에 충원되기 위해 학생들을 선발하기 위한 장치라 보고 있다. 이는 생산성에 대해 학교교육적 효과가 회의적이라는 것을 반영한다. Berg(1970)와 Fuller(1970)는 학교교육이 고도의 전문화된 직업에서는 생산성과 의미 있는 상관도를 가지지 못한다는 연구결과를 보고하고 있다. 그리고 Thurow와 Lucas(1972)는 총생산 함수로부터 추출된 한계 생산성과 임금수준 간의 상관관계를 분석하였다. 그들의 연구결과, 생산성은 직업의 특성이나 교육과 보다 더 밀접한 관련성을 지니고 있으며, 훈련은 노동자의 잠재적인 생산성을 결정하는 중요한 요소가 아님을 밝히고 있다.

제3절 교육과 전통적 발전패러다임

1. 교육과 고전적 발전모형

교육은 인간이 갖고 있는 잠재 능력을 최대한 발전시키는 것을 목적으로 하고 있다. 그러나 현금에 와서 교육은 그러한 개인들의 발전을 통해 이루어지는 한 사회나 국가의 발전, 특히 근대화를 통한 경제발전과 분리해서 논의하기는 어렵다.

1960년을 전후하여 Schultz, Becker, Mincer 등에 의해 주창된 인적자본론은 인적자본에 대한 투자를 물적자본에 대한 투자에 비유해서 해석하는 입장이다. 교육에 대한 투자는 물적자본에 대한 투자와 마찬가지로, 개인적으로는 소비에 의한 현재의 만족 대신 미래의 생산 및 소득을 증가시키며, 사회적으로는 좀 더 많은 지식과 기술을 구비한 인적자원들을 제공함으로써 노동 생산성을 향상시키게 된다고 보고 있다. 즉, 교육에 대한 투자의 주된 동인은 바로 이와 같은 투자비용에 대한 경제적 회수에 있다는 것이다.

교육을 통한 경제발전이라는 인적자본론의 명제는 자본축적과 노동 생산성의 향상을 곧 경제성장과 동일시하는 성장이론이나 발전이란 곧 교육을 통한 구조적 분화(structural differentiation)와 기능적 전문화(functional specialization)를 내용으로 하는 근대화 그 자체라고 보는 근대화 이론과 같은 발전모형들에 의해 지지되고 있다.

인적자본론은 교육과 발전전략에 관한 정책에 상당한 영향을 미쳤다. 사실상 발전에 대한 교육의 직접적인 공헌에 관한 대부분의 초기 낙관주의는 부분적으로 인적자본론에 근거를 둔 것이다. 많은 측면에서 인적자본론은 발전전략에 대한 경제학자들의 공헌을 나타낸다.

대부분의 경우, 사회에서 교육의 영향은 노동력의 질적 통상을 통해 달성될 수 있다. 노동자에 의해 획득된 교육은 물적자본으로 즉, 생산요소의 하나로서 사용될 수 있다. 인적자본론의 핵심은 생산증가에 대한 시장가치보다 더 생산력 있는 노동 유형에 의해 결정된다는 경쟁적인 노동시장을 가정하고 있다. 즉, 완전 경쟁시장 하에서의 생산 증가는 노동의 유형이나 질에 의해 결정된다.

대부분의 국가에서 보면, 교육을 많이 받은 사람이 교육을 적게 받은 사람보다도 더 많은 임금을 받고 있다. 이에 대해 인적자본론자들은 교육을 더 많이 받은 사람이 그렇지 않은 사람보다 더 생산적이기 때문이라고 주장한다. 그들의 높은 생산성은 경쟁적인 노동시장에서 파악될 수 있다(Becker, 1967; Mincer, 1970; Bhalla, 1973). 고용주들은 학력(credential) 또는 학력증명서에 의존하여 노동자들을 고용하게 된다. 왜냐하면 학력은 경제적 생산에 필요한 지식이나 기술을 개개인이 가지고 있다는 증거를 나타내주기 때문이다.

고용에 대한 교육적인 필요 조건들이 사회에서 증가하는 경향이 있는데, 이와 같은 기술적인 변화는 보다 고도로 숙련된 노동자를 요구하기 때문이다. 교육의 양적 확대는 경제뿐만 아니라 가족의 역할, 사회적 · 정치적 역할이 점점 더 복잡하게 됨으로써 이루어지게 되었다(Collins, 1971).

이와 같이, 고전적 발전 입장에서는 교육이 근대화와 경제발전에 기여하는 측면을 다음과 같이 요약하고 있다(Denison, 1966; Papi, 1970; Inkeles, 1983).

첫째, 의무교육을 통하여 문맹을 퇴치한다.

둘째, 사람들로 하여금 사회변화와 근대화 추진에 장애가 되는 사회적, 제도적 요인들(전근대적이고 전통적인 현상들)을 제거하는 데 보다 대응적으로 만든다.

셋째, 증가된 기술, 효율성, 그리고 작업에 대한 지식을 통해 노동의 질을 개선시킨다.

넷째, 발명과 발견을 통한 기술적 진보를 촉진하기 위하여 과학적, 기술적 지식을 증가시킨다.

다섯째, 생산 요소들을 효율적으로 배분하기 위해서 기업가적 능력을 향상시켜 주게 된다.

특히 제3세계 국가들은 경제발전을 위해 산업현장에 필요한 숙련된 노동력을 공급하기 위해서 직업교육을 강조하고 있다.

인간에 대한 투자는 물적자본에 대한 투자와 기본적으로 다른 성격의 것으로 경제적 이득 이외의 이유에서 행해지며, 설령 그것이 경제적 동기에서 이루어지는 투자라고 하더라도 특정액의 투자에 대한 특정액의 회수를 계산한다는 것도 불가능하다. 또한 그러한 계산이 가능하다고 할지라도 교육투자에 대한 정책결정의 좋은 근거로서 활용하는 데 문제점이 있다는 Shaffer(1961)의 지적 이래, 인적자본론은 많은 사람들에 의해 다음과 같은 비판을 받게 되었다.

첫째, 인적자본론은 특정 시점이나 미래의 선택이 "완전한" 정보

하에서 이루어진다는 근거없는 가정에 기초하고 있다. 둘째, 인적자본론은 투자 결정에 관여하는 개인이나 가정적 가치선호에 대한 고려를 하지 않고 있다. 셋째, 실제적 영향에서 보면 교육은 개인 간 소득차의 아주 작은 부분만을 설명할 수 있을 뿐이다. 실제로는 교육보다 가정적 배경과 그와 관련된 능력과 동기가 더 중요한 요인일 수가 있다. 넷째, 인간에 대한 자본투자가 실제로 생산성을 향상시키는지 분명치 않다는 점 등이다.

결론적으로, 인적자본론에 대한 최근의 비판점들에 비추어 볼 때 교육에 대한 지나친 기대는 삼가해야 되겠지만 국가나 사회발전을 위해 교육은 여전히 우리가 의지해야 할 수단이라고 할 수 있다. 부정적 시각이 어떠한 근거를 바탕으로 한 것이든, 한 가지 분명한 사실은 교육은 너무나 포괄적인 활동이기 때문에 표면적인 가치로만 그 역할을 판단해서는 안된다는 것이다. 따라서 정책결정자들은 폭넓고 장기적인 관점에서 교육에 투자하려는 자세가 요구된다고 할 수 있다.

2. 교육과 비판적 발전모형

비판적 발전론자들은 다른 기관들과 마찬가지로, 현대 교육제도는 선진국가로부터 모방한 것이라고 보고 있다. 현대 교육제도에서 제공되는 교수활동은 대중들 가운데서 사회의 각 부문에 참여하는 사회구성원 중에서 극히 소수에게 적합한 것만 가르치고 있다. 학교는 경제활동에 참여할 소수 학생들만을 선발하고 사회화 시킴으로써 대부분의 학생을 제외시킨다(Carnoy, 1974; Bowels & Gintis 1976; Carnoy & Levin, 1976). 더욱이 개발도상국의 지배계급은 그 사회의 불평등한 계급구조를 영속화시키기 위하여 교육을 이용하고, 국가교육자원을 독점화한다.

또한 Carnoy(1974)는 경제발전과 관련하여 학교교육의 주요기능은 기존의 사회질서를 정당화시키는 데 있다고 주장했다. 대중들에 의한 특정의 사회구조의 수용은 경제적 산출에 긍정적인 영향을 가져올 수 있다. 그러나 만일 그 수용된 경제적 조직이 -학교교육이 그 조직을 정당화시키는 데 도움을 주기 때문에 일부분 수용 가능한- 총산출을 극대화하는 것이 아니라 단지 특정 집단들의 소득만을 극대화한다면, 학교교육은 경제발전에 부정적인 양향을 미칠 수도 있다.

아마도 학교교육은 이 모든 효과를 가질 수도 있으나, 문제는 학교교육이 경제발전에 그 어떤 기여를 할 수 있느냐가 아니라 주요 논의의 초점은 이러한 기능들 가운데 어떤 것이 학교교육의 역할을 가장 잘 특성화하느냐에 모아진다.

Freeman(1976)은 미국에서 1960년대 후반과 1970년대에 "대학직업시장"(college job market)이 전례없는 경기침체를 겪었음을 파악하였다 그 경기침체는 산업구조의 변화와 대학에서 훈련받는 사람들의 공급의 증가율에 있어서 거의 절정을 이루는 것과 동시에 대학과 연계된 직업들(college-linked jobs)의 급속한 성장률을 감소시킨 고용추세에서의 변화에서 비롯되었다.

Freeman에 따르면, 대학취학률의 감소와 더불어 대학 졸업자의 임금과 대학교육에 대한 수익률, 고등학교와 비교하여 상대적인 취업

기회, 그리고 대학교육 졸업자에 대한 고용 등이 감소된 반면에, 공급 조정은 가까운 장래에 불균형을 막기에는 불충분한 것으로 생각되었다. 따라서, Freeman은 경제발전을 가져오는 하나의 길로서, 인적자본 투자 확대에 대해 다소 경종을 울리고 있다.

Bowles와 Gintis(1976)는 노동 생산성을 증진함에 있어 교육에 대한 투자가치를 부정하지는 않으나 발전에 대한 교육의 관계가 보다 더 비관적으로 검토되어야 함을 강조하고 있다. 왜냐하면, 기술과 가치를 전달하는 이외의 교육은 적어도 자본주의 사회에 있어서는 현상유지에 기여하고 결국에는 한 사회의 계속적인 경제성장을 저해할 것이기 때문이라고 그들은 지적하고 있다. 사실상, 교육은 경제의 권력구조의 필요에 봉사할 유순하고 적응 잘하는 노동력을 제공한다고 비판적 입장에서 보고 있다(윤정일 외 역, 1993: 72).

이 장에서 살펴본 것처럼, 각각의 발전패러다임은 직·간접적으로 교육 혹은 교육제도와 관련되어 있다. 특히 고전적 발전의 입장은 교육에의 투자에 대해 가장 지지적이다. 그러나 비판적 발전 입장인 종속이론과 신마르크스주의들은 교육과 학교들을 현존하는 자본주의 이데올로기를 재생산하는 것으로, 그리고 현재의 사회적 계층을 합법화하고 정당화하는 데 기여하는 것으로 보고 있다.

제3장
대안적 발전패러다임과 주요 가치

제1절
대안적 발전패러다임

대안적 발전론의 주창자들은 더 나은 세계를 향해 현대기술을 이용하여 생산능력을 촉진시켜 자본주의 생산체제에 대한 발전사고에 도전을 하고 있는 입장이다. 이 발전패러다임은 통상적인 비판적 발전모형에서 주장하는 것을 초월하는 입장이다.

대안적 발전 이념은 전통주의자(비서구의 문명과 종교, 지역공동체, 농민과 자영생산자 등), 주변인들(비고용, 임시고용 근로자, 여성, 청년, 교육받지 않은 사람 등), 그리고 탈물질주의자(post-materialists; 교육받은 젊은 엘리트, 비물질 가치에 의미를 부여하는 자)로부터 유래 된다고 할 수 있다. 이 세 집단들은 세계의 중심과 주변부 구조에서 각각 달리 위치하면서 전통적 발전을 지향하는 것과 다른 발전의 양상을 주장 · 추구하고 있다.

대안적 발전패러다임에 속하는 발전이론이나 접근 양태로서 Addo, Aseniero, Rahnema 등이 주창하는 탈 유럽중심주의(beyond Eurocentricism), Ingelhart, Haque, Sheth, Burnet 등이 제시하는 지역사회발전론(communtity development), Nandy, Esteva, Illich,

Eldridge, Lopesellera 등의 대응적 발전론(counter development), 녹색성장론(Green Growth Theary) 등을 들 수 있다.

1. 탈 유럽중심주의

전통적인 발전 모형은 사회주의나 자본주의에 의해 지지를 받으며, 이 모두는 공통된 목적을 가진다. 이에, Addo(1985)는 그 목적을 '유럽중심주의'로 간주하였으며, 지배적인 발전이론들의 특성에 있어서 세계체제가 유럽 내에서의 관점 -즉, 이런 체제의 서구 지배화- 로부터 관찰되는 지속적인 경향인 유럽중심주의적임을 부여해 줄 수 있다고 주장하였다.

고전적 발전모형과 비판적 발전모형은 둘 다 유럽중심주의이며, 선진국에서 표출된 것으로 동일한 주의가 적용되고 동일한 가치를 고취시켰으며, 그리고 동일한 과정으로 조장되는 것으로 동일한 기본적인 견해를 취한다(Aseniero, 1985: 69). 그들은 부모들이 그들의 "마지막 자손(last offspring)"이 되는 것과 같은 동질성과 종교를 가지고 이런 모형들을 양성하는 경향이 있다(Rahnema, 1986: 37). 두 모형은 자본의 축적과 1인당 GNP 증가에 목적을 두고 있다. 발전에 대한 자본주의와 비자본주의 노선은 동일하게 이기적이고 자기중심적이며, 또한 두 모형은 완전하게 동일한 구조이다(Aseniero, 1985: 71).

어쨌든, 서양과 동양은 그들의 발전에 대한 개념을 영속시키기 위한 노력으로 민족 간의 투쟁에 열중하며, 또한 서양과 동양 각각은 제3

세계에 대한 발전을 촉진하는 것보다 자신의 발전모형의 존속에 관심을 가진다. 따라서 서양과 동양 모두 발전의 성과에 집중하고 있으며, 발전이 성취되는 과정의 효과는 무시하는 경향이 있다.

2. 대응적 발전론

환경친화적 발전론이라 불리는 대응적 발전론(counter-development)은 단지 저항운동이 아니라 자생적인 네트워크와 자발적인 조직(Non-Government Organizations: NGO)에 의해 실행되는 건설적인 사업이다.

이 운동의 기원은 건설적인 노동에 대한 간디의 교의이다. 이러한 활동의 경험은 전통적인 발전 전략을 거부함으로써 발전에 대한 새로운 모형을 제공해 준다(Friberg and Hettne, 1985). 즉, 전통적 발전모형이 초래한 비인간화, 불평등성, 환경 파괴성 등을 비판하고 발전에 있어 참여, 형평성, 그리고 생태계 보존 등의 기본원칙을 강조한다.

따라서 대응적 발전론은 환경친화적 발전론으로 주민 중심적인 개발을 강조하는데, 이의 핵심은 개발의 의미를 경제적인 양적 성장만이 아니라 경제 외적인 사회, 문화, 환경 등을 동시에 고려하는 것이다. 이 이론은 전통적 이론이 경제적 요소에만 초점을 맞춘 것을 비판하고 개발의 진정한 의미는 경제적 성장과 분배 이상인 인간의 행복의 증진과 생활의 질의 향상 등으로 파악하는 것이다. 그러므로 인간의 물질적 번영뿐만 아니라 정신적 복지까지도 추구하는 것을 의미한다(Korten

& Carner 1984: 201).

Nandy(1989: 8-17)는 현재의 주요한 발전전략에 반대하여 발전에 대한 일곱 가지 대안을 제시하였다.

첫째, 사회변화에 대한 미래의 발전전략은 특히, 빈곤층과 주변지역의 생존을 위한 필요에 대응하여야 한다. 둘째, 사회생활의 모든 측면에서 인간의 민주적 권리가 우선적으로 고려되어야 한다. 즉, 개발을 위해 주민의 민주적 권리가 희생되어서는 안 된다. 셋째, 사회변화 이론은 그들의 이론으로 적용했던 것들에 대한 책임감을 공유해야만 한다. 넷째, 지역개발은 단순히 경제적인 관점에서만 파악되어서는 안 되고, 그의 정치적인 의미가 동시에 고려되고 인식되어야 한다. 다섯째, 지역개발에서 전통적인 중앙과 지방 간의 관계가 재정립될 필요가 있다. 여섯째, 역사적인 관점에서 발전을 조명할 때는 단기적인 측면을 무시하고 장기적이며 거시적인 맥락만을 강조해서는 안 된다. 마지막으로 정부가 개입함으로써 야기되는 인공적인 자기파괴성(built-in self-destructiveness)을 인식해야만 한다.

Esteva(1987)와 Illich(1984)는 전통적인 경제 중심적 지역개발로 인하여 주민상호 간의 진정한 교류가 상실위기를 맞이하게 되었다고 지적하고 있다. 그들은 인간의 경제적 욕구충족과 만족을 위해 과학과 기술에 의존하는 개발의 부작용을 강조하면서 전통적으로 지배적인 경제 중심적 지역개발 전략은 여러 가지 부정적인 결과를 야기시켰다고 주장하고 있다. 이러한 부작용과 역기능은 이제 중요한 사회문제가 되었는데, 그중 사회적 연대의식의 상실, 책임감의 상실, 환경오염 등이 대표적인 것으로 지적되고 있다.

여기서 특히 주목할 점은 환경오염과 관련하여 생태계의 균형유지이다. 생태계란 인간과 같은 한 실체가 환경과의 지속적이며 동태적인 상호작용관계로 규정된다. 환경에는 자연환경, 인공환경, 사회환경 등이 있지만 여기서는 그중에서도 자연환경에 초점을 맞춘다.

Shinn(1987)은 경제에 기초를 둔 지역발전은 현세대에서뿐만 아니라 후세대까지도 심각한 문제를 야기시키게 된다로 주장하면서 전통적 경제중심 개발을 비판했다. 그에 따르면 현세대는 대체 불가능한 자원을 소비하고 있다고 한다. 이렇게 된다면 지구는 전통적 과학기술이 감당할 수 있는 범위를 훨씬 넘어선 생태계의 불균형에 직면하게 되며, 이는 회복할 수 없는 대기 및 수질오염과 그로 인한 심각한 인간의 생존 위험을 후세대에게까지 물려주게 된다.

이러한 상황에 대한 반발로서 Esteva(1987)를 포함한 대다수 주민들은 지역개발에 있어 가장 중요한 요소는 주민집단 상호 간의 대면적 또는 인격적 관계이며, 이러한 기초 위에서 지역의 자조적 집단보존 내지 개발이 이루어져야 하는데 현 개발전략은 이와는 정반대의 성격을 지니고 있다.

대응적 발전론 주창자들은 오늘날에 나타나고 있는 문제의 원인과 특성을 규명하면서, 이의 해결과 사회발전을 위해서 근본적으로 집단 또는 지역사회 힘에 대한 헌신도를 강조하고 있다(Eldrige, 1984, 1985; Lopezellera, 1987).

3. 지역사회발전론

토착적 지역운동의 주창자들에 의해 제시된 주요한 목적과 전략은 지역발전에 있어 국가에 최소한으로 의존하는 반면에 주민참여는 최대한으로 추구하는 것을 강조하고 있다. 또한 지역발전의 지역 지향적 근거, 기업소유의 지역적 기초, 그리고 경제외적인 사회적 · 인간적 개발 등을 강조한다(Ingelhert, 1977; Hague, 1981; Morehouse, 1982; Sheth, 1983; Burney, 1988).

이들이 주장하고 있는 발전의 기본전략은 지역개발에 있어 공식적인 관료적 계층체제를 탈피하고 주민의 자율성을 확보하는 것이다. 이러한 주민 자율성을 바탕으로 하여 분권화된 소규모 일차집단의 네트워크를 조직화하여 지역개발에 있어서 주민의 직접적인 참여와 인격적 개발을 달성한다는 것이다. Haque(1981)에 의하면, 토착적 지역운동은 선진국과 제3세계 국가에서 서로 다른 기원을 가지고 있다.

선진국에서 토착적인 지역운동은 거대화된 제도와 이로 인한 인간소외, 심리적 억압, 실업, 인플레, 거대화된 관료조직으로부터의 탈피, 환경오염으로부터의 지역보전 등에서 연유한다. 다른 한편으로, 제3세계의 토착적 지역운동은 단 하나의 단일화된 이념에 의해서 고취된 단일체 운동으로 일어나지 않았다. 그들은 프로그램의 상징으로서 주민들의 참여와 자조를 강조한다. 이러한 토착적 지역운동의 접근은 다른 것을 개발하려는 의도가 아니며, 이전에 정의내려 졌던 표준화 혹은 보편적인 모형으로 그들을 재조형하려는 것도 아니다. 그들의 행동에 대한 더 큰 결합력을 주기 위해 사람들은 선천적으로 그들 자신 스스로에게 고정시키려는 경향 이외에는 사람들의 활동에 대한 목적과 목표의 할당을 배제한다.

이러한 접근의 방법과 수단은 지식이 있는 사람이 되기 위해서, 다른 인간집단과 문화를 배우기 위해서 각기 다른 집단에 허용되었다. 또한 이러한 접근에서 집단 혹은 촌락의 개념이 개인보다 더 중요하다.

또한, 토착적 지역운동은 지역적 자조(local self-reliance)를 달성하기 위해 대규모 개발단위보다는 소규모 개발단위를 선호하고 이것의 다양성과 적용성, 그리고 대응성을 강조한다. 특히, 개발의 추진력으로서 근린지역 정부(neighborhood government)와 지역위원회(local council)를 제안하고 이들과 대상 주민 간의 보다 친밀한 의사소통을 중요시 여긴다.

전통적인 생산중심 지역발전이론은 자연의 정복과 생산체계의 근대화를 통해 인간에게 물질적 번영을 가져오기는 했지만, 인간을 이러한 물질적 번영 속에 예속시키는 결과를 초래하기도 했다. 이는 지역개발로 빚어진 인간의 내적 식민지화 상태라고 말할 수 있다. 지역개발 과정에서 개발주체와 대상주민 간에는 점차 간극이 심화되어 의사소통이 단절되고 체계적으로 왜곡되어 버렸다. 따라서 토착적 지역운동에서는 개발과정에서 개발주체와 주민과의 의사소통의 중요성을 무엇보다 강조한다. 나아가 개발의 주체를 전문 계획가에서 대상주민으로 전환되어야 함을 강조한다.

토착적 지역운동에서는 지방, 지역 및 주민의 자율성을 강조하는데, 특히 중앙정부에 대한 지방정부의 자율성, 나아가 지방정부에 대한 주민집단의 자율성을 강조한다. 중앙정부는 지방정부들 간의 협조를 위한 기초를 제공하는 데 주력하며, 지방정부는 지역의 필요성과 자원의 이용가능성을 고려하여 자원을 배분하고 자조성을 고취시키기 위하여 창의성과 쇄신성을 발휘해야 한다. 자조성은 지역주민이 가장 필요한 기본 욕구를 충족시키는 것을 강조하고 주민참여를 보장하며, 지역적 요소들을 고려하는 데 효율적이다. 창조성과 지역조건 간의 상호교류성 증진을 도모한다.

또한 토착적 지역운동에서는 지역개발의 다양성과 소외감의 완화를 추구하고 생태계 균형을 강조하며, 지역개발에서 초래되는 여러 가지 외부효과가 지역 간에 균등화되고 내재화된다. 그리고 지역 간, 집단 간의 응집성을 강화하고 외부로부터의 조종을 배제하게 된다.

4. 녹색성장론

세계는 기후변화로 상징되는 '환경위기'와 고유가로 대표되는 '자원위기'에 직면하고 있다. 특히 기후변화 문제는 연이은 기상재해를 유발함은 물론 생태계 질서를 근본적으로 뒤흔들며 인류의 생존을 위협하고 있다. 기후변화나 자원의 한계 등의 글로벌 이슈와 더불어 전 세계의 경제와 사회에 영향을 미치는 글로벌 트렌드의 대표적인 쟁점은 세계화(globalization)와 개발도상국의 폭발적 성장이라고 할 수 있다(대한민국정부, 2013: 64). 녹색성장은 선진국이든 개발도상국이든 공통적으로 지니고 있는 기후변화, 에너지 위기, 성장동력 고갈이라는 문제에 대한 해법으로 제시된 국제적인 의제라고 할 수 있다.

녹색성장은 에너지와 자원을 절약하고 효율적으로 사용하는 기후변화와 환경훼손을 줄이고, 청정 에너지와 녹색 기술의 연구개발을 통하여 새로운 성장 동력을 확보하여 새로운 일자리를 창출해 가는 등 경제와 환경이 조화를 이루는 성장을 말한다(저탄소녹색성장기본법).

녹색성장은 경제성장과 환경보호가 상충의 관계에서 상호보완의 관계로 발전하는 새로운 패러다임을 지향하고 있다. 특히 기후변화와 에너지 위기에 적극 대응하는 것 자체를 새로운 성장과 일자리 창출의 핵심동력으로 삼고 있다. 녹색성장의 영역은 산업부문뿐만 아니라 교통, 의식주에서 소비와 문화활동까지 포함한다. 녹색성장은 추진전략에 있어 정부와 기업, 국민의 적극적인 참여와 협력에 의해 기반이 구축되며, 제도적으로 이를 뒷받침하여야 한다. 또한 녹색성장은 지구촌 공동의 도전에 대응하는 인류보편적 속성을 갖고 있는 만큼 적극적 추진과 협력을 통하여 국제사회에 기여하여야 한다(대한민국정부, 2013: 70).

우리나라는 선도적으로 국제사회에 녹색성장의 아젠다(agenda)를 제안하여 녹색성장기구(GGGI: Global Green Growth Institute)를 설치하고, 녹색기후기금(GCF: Green Climate Fund)을 인천 송도에 유치하였다. 우리나라에서는 구체적으로 녹색성장이 추구하는 이념과 가치를 실천하기 위하여 녹색성장 국가전략(2009-2050)을 수립하고, 녹색성장 5개년 계획(2009-2013)을 추진하였다. 그리고 저탄소녹색성장기본법을 제정하여 법적 · 제도적 기반을 마련하였다.

제2절 주요 가치

대안적 발전패러다임의 주창자들이 발전의 주요 이념 및 가치로서 강조하는 것으로는 문화적 정체성, 자조, 사회정의, 생태계의 균형, 군축 등을 들 수 있다(Arnau, 1981; Desjex, 1981; Preiswerk, 1981; Krieger and Ettinger, 1982; Friberg and Hettne, 1985; Shinn, 1985; Esteva, 1987; Nieuwenhuijze, 1987; Eckersley, 1988; Takei and Chung, 1989).

1. 문화적 정체성

대안적 발전패러다임의 주요 가치 중의 하나로서 문화적 정체성(cultural identity)은 인간의 존엄성을 나타내며, 생존을 위해서 굴복하지 않는 의지로 표현된다. 국가나 민족집단의 문화가 발전 과정에서 와해되어서는 안되며, 문화 파괴에 의한 발전, 예를 들어 강압에 의한 고유문화의 포기는 대안적 발전패러다임이 지향하는 이념과 상충되는 것이다.

그러나 문화적 정체성이 문화가 비판받지 말아야 한다는 의미는 아니며, 고귀한 삶의 방식을 나타내 주는 것으로 이해되어야 한다. 문화적 상대주의보다는 다원주의가 중시되는 바, 모든 개별 국가 및 민족의 문화나 각 지역의 문화는 동일하게 소중히 취급되고 존중받아야 한다는 점을 강조하고 있다.

2. 자조

발전의 전략으로서 자조는 대안적 발전모형에서 강조하고 있는 이념 중의 하나라고 할 수 있다. 대안적 발전이론에서 제시하는 자조(self-reliance)의 개념은 비판적 발전모형에서 강조라는 것과는 구분할 필요가 있다. 즉, 자조는 지방, 지역 및 국가 수준별로 구분되지만 특히 지방이나 지역단위의 자조가 부각되는 발전정책이나 전략이라고 할 수 있다. 그러나 기본적으로 국가수준의 자립이나 자조는 지역단위의 자조를 위한 전제 조건이 되며, 국가 혹은 중앙정부의 역할은 지역단위 간의 협력망을 구축하고 활성화하는 데 있다고 할 수 있다.

따라서 지역단위는 공동체를 형성하여 자조를 위해 자원, 창의성, 주도권을 가져야 할 것이다. 즉 기본 욕구 충족을 위한 생산증가, 지역구성원의 참여확대, 지역적 요인의 고려, 창의력 증진, 결속력 강화 등을 통하여 지역구성원의 효율성을 높여야 할 것이다.

3. 사회정의

정의는 사회생활의 중심이 되는 도덕적인 기준이 된다고 할 수 있는데, 사회의 기본구조를 판단하는 데서 일컬어진다. Rawls(1971)가 지적한 바와 같이, 사회정의(social justice)는 사회의 제도나 기관의 제1의 덕목이라고 할 수 있다. 일반적으로 논의되는 사회정의는 배분적 혹은 재배분적, 협력적 의미로, 또는 개인의 특성과 행동에 부여된 지위에 따라서, 그리고 적절한 산출과 절차와 관련된 수단이나 방법에 따라서 다양하게 정의되고 있다. 이러한 유형의 사회정의를 포함하여 대안적 발전론자들은 지식, 의사결정, 직업 등에 접근하는 제도나 형태까지 깊이 관여해야 한다는 주장이다. 아울러 재화와 용역뿐만 아니라 창의성, 자유, 권위의 향유까지도 포함하는 의미로서 사회정의를 주장하고 있다.

4. 생태계의 균형

자연환경을 포함한 생태계의 균형(ecological balance)에 관한 이슈는 대안적 발전이론 주창자들이 강조하는 가장 중요한 이념 중의 하나이다. 성장 지향의 전통적인 발전패러다임에서는 자연자원은 무한정이며, 발전을 위한 자연파괴와 생태계의 파괴를 당연시하였다. 이에 대해 최근에 인식되고 있는 것이지만 대안적 발전이론자들의 우려는 매우 심각하다고 할 수 있다. 특히, Shinn(1985)은 우리 자신에 의해 창출되고, 우리 후손에게 우리의 무지와 냉담으로 인하여 돌이킬 수 없는, 그리고 회복할 수 없는 지구환경의 피폐된 유산에 대해 심각함을 지적하고 있다. 그러므로 천연자원의 효율적인 이용과 보존, 환경의 질 보존과 풍요화가 필요함을 역설하고 있다.

대안적 발전이론가들은 환경문제를 다루는 데 있어 고갈과 오염방지 등의 소극적인 대응에서 벗어나 새로운 에너지 자원의 개발과 활용이 급선무라고 주장하고 있다 이는 자원의 오염과 고갈 문제와 같은 환경보존은 물론 생태계의 균형, 생존 또는 지속 가능한 발전(sustainable development), 자연 생태계 체제의 조화 등을 강조하고 있다.

5. 군축

군축(disarmament)과 발전은 물질적인 자원의 측면에서 상당히 밀접한 관계가 있다고 할 수 있다. 과도한 군비 지출은 개발도상국이나 선진국에 있어 중대한 문제 중의 하나이다. 선진국에서의 군비 지출이 경제성장을 줄일 수 있으므로 군비 축소는 개발도상국이나 선진국 모두에게 사회 발전에 긍정적으로 영향을 미치게 된다. 특히, 개발도상국에서의 지나친 군사비 지출은 사회 간접 시설에 대한 투자, 사회복지에 대한 투자를 약화시키고, 자원의 효율적인 배분을 저해하는 요인이 된다고 할 수 있다.

제3절 교육과 대안적 발전패러다임

오늘날 대다수 국가에서 교육은 하나의 조직화된 교수-학습체제이며, 의식을 형성하는 과정에서 중요한 역할을 수행한다. 문화를 수행하는 것과 마찬가지로, 교육은 통치력을 강화시키는 데 사용되기도 하지만, 또한 그것은 행위와 학습의 상호관련된 과정에서 해방을 위한 투쟁으로도 봉사할 수 있다.

Freire(1970)는 1960년대 이후 제기되어 온 제3세계 교육, 특히 브라질 민중을 위한 교육에서 전통적 교육에 대한 대안적 교육을 주장하였다. 그는 교육이 학교의 독점이 아니고 학교 외의 청소년, 성인 등의 문화적 해방을 위한 것으로 자신의 교육을 '자유를 위한 문화적 행위'(cultural action for freedom)로 간주하여, 문제 제기식 교육(problem-posing education)을 권장하였다.

또한 그는 교육이 모든 사람에게 진정한 인간이 되기 위한 것으로서, 전통적 교육을 은행저금식(the banking concept of education)의 수동교육으로, 지배층의 가치와 문화를 받아들여 지배구조에 순응하고 학생들의 창조력을 억제하여 적응과 순종을 강조하는 것으로 보았다. 이러한 전통적 교육인 은행저금식 교육에 대한 대안으로 문제제기식 교육을 주장하여, 교사와 학생 간의 존중, 대화, 결속감에 기반을 둔 교육으로 제도권 교육인 학교교육보다는 사회 · 성인교육을 더 강조한 것으로 교사와 학습자 간의 인격적인 대화, 상호 협력자로서의 역할,

주체적인 인간교육 등을 강조하여 능동적인 교육을 지향하였다.

Rahnema(1984; 10)는 다음과 같이 제3세계 국가의 교육을 비판하고 있다.

> "교육은 사람으로 하여금 그들 자신들의 문화를 진보와 보다 차원 높은 포괄적인 문화에 이르는 데 하나의 장애로서, 어떻게 경멸할 것인가를 가르칠 것이다; 즉, 자신의 땅을 경작하거나 자신들의 문화적 공허를 채우는 과업으로 주어지는 지배문화를 어떻게 가치롭게 여길 것인가? 어떻게 그들을 위해 과학적으로 건설될 미래의 능률적이고 생산적인 창조자가 될 것인가? 교육기관들과 발전기관들이 그들을 위해 보존하고 발전시킬 것인가? 마지막으로 그들이 미래에 태어날 땅의 경작자들을 어떻게 학습시키고 훈련시킬 것인가를 가르칠 것이다."

오늘날 대부분의 국가에서 알 수 있듯이, 학교에서의 교육은 압도도적으로 정신적 활동에 몰두하고 있다. 물론 그것은 정신적 노동과 육체적 노동, 그리고 양자를 포함하는 노동으로 구분되는 사회적 생산체제로 표현되는 현존하는 사회의 재생산에 기여한다. 학교교육의 한 가지 주요한 기능은 역할 선택이며, 선택은 항상 배제를 의미한다. 사회와 마찬가지로, 초·중등학교와 대학들은 위계적인 피라미드를 형성하고 있으며, 다양한 수준에서의 시험은 사람들이 위로 걸러져 올라가는 방편이다. 그리고 낮은 수준의 교육체제를 나온 사람들(학력이 낮은 사람)은 낮은 수준의 노동력을 가진 기업으로 들어가게 된다.

대다수의 사람들에게 노동현장은 속박과 해고의 위협, 위계질서와 통제, 그리고 소외와 정신적, 육체적 노동 간의 구분 등으로 특성화되는 착취 조건 아래에서 많은 교육적 잠재력을 상실한다. 대부분의 사람들의 활동시간들은 자신들이 무엇인지를 잊어버린 채 보내게 되며, 자신들이 소유하고 있는 것에 대해 부끄러워하게 된다. Illich(1983)의 말을 빌리면,

> "우리는 일관되게 우리의 것이 아닌 관점으로부터 유의미한 것을 배워왔으며, 언젠가 우리에게 유용할 것이라고 말해진 것들을 배우고 있다. 우리는 단지 우리가 지불할 수 있거나 아니면 사회가 우리에게 제공할 수 있는 만큼만 배우고 있다. 가르침의 결과로서, 교육은 언제나 하나의 상품이요, 봉사 따위는 거의 없다."

이러한 상황과 잡초제거 역할에서 교육이 실질적으로 행하는 것은 근본적으로 문화가 배제된 성질의 새로운 씨앗을 땅에 뿌리는 것이다 그것이 제공하는 학교제도는 교육받은 사람을 보다 성공적인 곳, 예를 들어 더 높은 사회적 지위나 농촌보다 도시에 보내기 위해 그들을 일상적인 사람들과 분리하는 과업을 지닌다.

학교교육과 더불어 현존 질서의 가치체계는 교육의 사회적, 공공적, 그리고 일상적인 역할을 왜곡시켜 왔다. 교육은 하나의 하위체제로 되어 특수화·전문화되었으며, 그리고 주로 부정적인 영향을 받는 사회 내의 대다수 사람들을 버려둔 채, 하나의 상품(commodity)으로서 소수집단에게 특권을 부여하고 있다. 많은 국가들, 특히 개발도상국가에서의 교육은 사회적 역할측면에서 보면, 학교교육 제도를 소홀히 하고 거부하는 사람들을 변화시키는 능력을 결여하고 있다.

새롭게 형성된 개념으로서의 교육은 사회 내의 전체 사람들에 대한

항구적인 의무와 책임을 지게 될 것이며, 사회전체의 환경에 대한 지속적인 기능을 수행하게 될 것이다.

그럼으로써 교육은 하나의 개인적 획득물이 아니라 사회진보의 수단이 될 것이다. 교육은 사회 내의 모든 사람들에 의해 수행되는 광범위한 협동적 노력이 되어야 하며, 또한 그것은 노동활동이나 생산과 분리되어서는 안 된다. 모두가 학습자와 노동자, 그리고 동시에 교사가 되어야 하는 것이다.

교육은 다른 발전의 준거를 충족시키기 위해 경제적, 사회적 체제의 변화와 유기적으로 연결되어야 한다. 예를 들어, 인도의 Gandhi는 새로운 사회적, 경제적인 혁명적 변화에 영향을 미칠 수 있는 기본교육(basic education)으로 알려진 새로운 교육체제를 생각해 냈다(Jha, 1955: 50~56). 만일 한 아동이 비폭력적인 사회에 적합한 필요 덕목들을 모두 갖추고 있는 아이들을 양육하기에 좋은 풍토를 만드는 필수적인 학문과 덕목들을 모두 갖추고 있는 환경에 있게 된다면, 나라를 구하는 유일한 방법은 농촌의 경제적 삶을 회생시키고, 교육을 그것과 연결시키는 것이다. 교육은 농촌의 직업들로부터 기초를 두고 있다. 그의 강조의 핵심은 공작 과목을 통하여 이루어지는 교육이다.

한편, 녹색성장을 실현하기 위한 녹색성장교육은 다음과 같은 특징을 지니고 있다(녹색성장위원회 외, 2009).

첫째, 글로벌 녹색시민양성교육으로, 생활 속에서 작은 것부터 실천해 나가도록 하는 실천적 교육이다.

둘째, 경제성장과 환경보전을 융합시킨 녹색생활교육으로 일상생활에서 바로 실천 가능한 것부터 실천하는 녹색생활교육이다.

셋째, 미래 녹색기술 · 산업에 대한 직업개척 능력, 전문지식 향상을 위한 녹색진로교육이다.

넷째, 국제사회에서 녹색성장 선도국 지위 확보를 위한 글로벌 · 리더교육으로 이는 교육기관, 가정, 지역사회, 더 나아가 나라와 전 세계가 더불어 노력하는 모두가 함께 하는 교육이라는 것이다.

Gregg는 소규모의 분권화된 사회조직에서 나타나는 현저한 결함은 미약한 지적 자극이라고 지적하고 있다. 그러나 훌륭한 교육제도와 교재, 논문, 잡지들의 현명한 사용, 그리고 진보된 의사소통 매체와 수송 수단들을 사용하여 이러한 결함이 거의 제거될 수 있다고 기대하지 않는다. 지성의 발달은 주로 의식 혹은 인식의 증진이다. 의식의 범위와 감수성은 아마도 서구 교육에 아직 알려지지 않은 방식으로 증진될 수 있을 것이다.

교육제도는 평생교육 과정을 제공해야 하며, 전 범위에 걸친 사회기관들의 이용과 가장 높은 수준의 교육은 모든 이들로 하여금 사회가 가지고 있는 기술공학적 자원의 역량 내에서 그들의 잠재력을 가장 충만하게 개발하도록 해야 할 것이다. 이는 곧 모든 사람들을 위한 종합적이고 전방위적인 교육을 의미하며, 정신적 및 육체적 능력의 발달을 의미한다.

또한 이는 사람들로 하여금 자신들의 문화와 사회에 전적으로 뿌리를 두고 가르치되, 국제주의적 연대성으로 다른 문화와 사회에 있는 사람들과 관계할 수 있게 됨을 의미한다. 그것은 사람들에게 모종의 전문화된 지식을 제공함과 동시에 다른 기술에 대한 지식을 제공하는 것이다. 또한 생산의 구체적인 과정과 더불어 그것의 기초가 되는 과학적 원리들을 학습하게 하는 것이다.

대안적 발전전략과 대안적 교육의 형식 및 방법들을 조장하는 데에는 상당한 이유들이 있다. 비참함과 곤궁함을 완화하고 직업을 창조하고, 교육과 훈련을 제공하며, 생산을 발전시키고, 양식을 증대시키며, 욕구들을 충족시켜 주는 프로그램들과 사업들이 이러한 조건들하에서 가장 필요한 것들이다. 자립적이고 자기관리적인 발전에 종사하고자 애쓰는 사람들에게는 도움이 필요하다. 그들은 대안들이 실행 가능하며, 자신들은 가난한 사람들에 해당된다는 것을 보여 준다. 과제는 단지 조건을 변화시키고 새로운 제도 혹은 기관들을 만들어 내는 것이 아니라, 그 과정에서 의식을 변화시키는 것이다.

교육은 사회구성원들의 삶을 보존하고 사회구조를 유지시키기 때문에 그 어떤 유형의 사회에서도 중요하다. 어떤 상황하에서, 교육은 사회변화를 촉진시키게 된다. 교육의 많은 부분들이 아동들에게 그 사회 내의 연장자들의 행동과 경험으로부터 배우게 되는 비형식적 교육을 강조하게 된다. 정상적인 상황에서 교육은 환경 내에서 성장하게 되며, 학습과정은 그 사회 내의 작업패턴과 밀접한 관련성을 지니게 된다.

새로운 사회적 · 교육적 융합은 교사와 학습자의 상호 협동적인 노력으로 말미암아 대다수의 사람들을 위한 더 나은 학습 효과성 체계를 제공하게 될 것이다. 협동은 많은 사람들의 학습 과정들을 극대화시키는 데 효과적이다.

이러한 새로운 체제에서, 교육과정과 교육목적은 사전에 결정되거나 계열에 따라 조직되어서는 안되며, 더욱이 차용된 사회적, 교육적 모형에 의하여 조직되어서도 안될 것이다. 그것들은 사회의 모든 수준에서의 지속적인 상담과 합의로부터 도출될 것이며, 끊임없이 실제적이고 직접적인 관심들과 연결될 것이다.

교육이 몰두하는 것은 사람들로 하여금 자신들과 그들의 지역사회에 대한 이해를 증진시키고, 그들로 하여금 자신들이 몸담고 있는 지역사회와 환경에 보다 원숙하게 관계하고 적극적으로 참여할 수 있게 만드는 것을 배우게 될 것이다. 그들은 단지 생존하기 위해 배우는 것이 아니라 그 어떤 존재가 되기 위해 배우게 될 것이다. 또한 교육은 인간 행위의 모든 요소들을 일관된 사회적 변형과 진보의 과정 속으로 인도하고 알려주는 것으로 이해된다. 따라서 대안적 발전 입장은 행함으로써 배우고, 벌어들임으로써 배우는 것 등과 같은 탈기관적이고 비형식적인 교육을 강조하고 있다.

제4장

사회발전의 이념에 대한 선호도 분석

제1절 개관

제1장, 제2장 그리고 제3장에서 사회발전의 제 모형을 전통적 · 대안적 발전패러다임으로 구분하여 이들이 지니는 이념, 특징, 주요 가치 등을 비교 · 설명하였다. 이 장에서는 사회발전의 패러다임에 대하여 국제비교를 위해 관련 집단인 미국과 제3세계 대학원생들 간의 선호도를 비교 · 분석한다. 사회발전에 대해서는 미국을 비롯한 선진국이나 우리나라를 포함한 개발도상국가와 공히 사회구성원들이 갖는 관심은 지대하다고 할 수 있다. 따라서 각 국가의 주요 구성원들이면서 미래의 사회 지도자가 될 대학원생들의 발전패러다임에 대한 인지도 및 선호도를 알아보는 것은 매우 중요하다. 즉 고전적 발전모형(Blue 입장)과 비판적 발전모형(Red 입장)을 포괄하는 전통적 발전패러다임과 대안적 발전패러다임에 대하여 구체적으로 이들이 어느 입장을 보다 더 선호하는가를 파악하는 것은 국제비교는 물론 자국의 향후 발전정책을 모색하는 데 주요한 정보를 제공하게 할 것이다.

전통적 및 대안적 패러다임에 대하여 미국과 제3세계 대학원생들의 선호도를 규명 · 비교하기 위하여 미국 펜실베니아 주립대학교 대학원생 630명(전체 모집단의 10%)을 표본 추출하였다. 국적, 전공, 성별 등을 고려하여 유층무선표집(stratified random sampling)에 의한 방법으로 조사 대상을 선정하였으며, 이 중 363명의 유효한 조사자를 분석하였다. 분석을 위하여 조사대상은 다음 〈표 4-1〉과 같이 10개의 집단으로 구성하였다.

표 4-1 **조사대상 집단**

전공	USA	OTW*	ROK*	PRC*	ROC*
인문 및 사회과학	그룹 1	그룹 2	그룹 3	그룹 4	그룹 5
자연과학 및 공학	그룹 6	그룹 7	그룹 8	그룹 9	그룹10

* OTW(Other Third World): 다른 제 3세계(아프리카, 다른 아시아, 남아메리카인), ROK(Republic Of Korea): 한국, PRC(Peoples Republic of China): 중국, ROC(Republic Of China): 대만

1. 조사도구 개발

전통적 및 대안적 발전패러다임에 대한 대학원생들의 선호도를 파악하기 위하여 조사도구를 개발하였다. 조사도구는 제1장에서 기술한 사회발전 관련 및 제 모형, 관련 선행연구 등을 토대로 개발하였다. 조사도구 개발을 위해 예비조사(pilot survey)를 거쳐 본조사(main survey)를 실시하였다. 설문지의 주요 구성내용을 제시하면 다음과 같다.

첫째, 인구 통계학적 특성으로 성별, 전공 및 국적을 포함한다.

둘째, 전통적 발전 이념에 대한 선호도를 조사하기 위하여 근대화이론, 인적자본론, 종속이론, 세계체제이론, 남-남 협력, 신마르크스주의, 교육적 시사 등의 내용을 포함한다.

셋째, 대안적 발전 이념에 대한 선호도를 알아보기 위하여 탈유럽중심주의, 지역사회발전론, 대응적 발전론, 문화적 정체성, 자조, 사회정의, 생태계의 균형, 군축, 탈제도화 교육 등의 내용을 포함한다.

이 연구를 위한 조사도구는 전문가들에 의해 내용 타당도를 검토받았으며, 아울러 요인분석(factor analysis)을 실시하여 전통적 발전 이념과 대안적 발전에 관한 문항을 추출하였다.

이와 더불어 전통적 발전 이념과 대안적 발전 이념에 관계된 질문지의 항목들을 명확하게 하기 위해 관련 대학원생들을 대상으로 예비조사를 실시하였다. 예비조사에 기초하여 최종적으로 문항을 수정하고 정교화하여 최종적으로 34개의 문항을 선정하였다.

1) 본조사

전통적 · 대안적 발전 이념에 관한 선호도를 조사하기 위하여 조사대상으로는 미국 펜실베니아 주립대학교에 재학하는 미국 및 제3세계 대학원생들을 표본 추출하였다. 대학원생들의 명부를 얻기 위하여 대학원 행정실과 제3세계의 경우는 각 국가의 대학원협의회와 펜실베니아 주립대학교의 OIS(Office of International Students, 외국학생 센터)를 통하여 수집하였다. 국적, 성별, 전공을 고려하여 유층무선 표집(stratified random sampling)으로 표본을 수집하였다. 표본의 사례 수는 다음 〈표 4-2〉와 같다.

표 4-2 표본의 사례 수

(단위: 명)

전 공	미국 학생	제3세계 학생				계
		OTW	ROK	PRC	ROC	
사회과학	70	60	60	60	60	310
자연과학	70	60	60	60	60	310
합 계	140	120	120	120	120	620

각 대상자들은 (1) 연구와 연구의 중요성에 대해 설명한 표지, 설문지를 작성하는 데 필요한 사항, (2) 질문지, (3) 반송용 봉투를 포함한 봉투를 받게 된다. 그 다음 편지는 설문지의 회수율을 높이기 위해 2주 후에 보내졌다. 본 조사는 1989년 3월 28일~ 4월 30일 사이에 행하여졌다.

2) 조사도구의 타당도

요인분석은 사회과학에서의 종종 구인척도(construct scales)로써 사용되며, 이 통계적 기법은 조사도구의 구인 타당도와 신뢰도를 측정하기 위해 사용되었다. 본질적으로, 요인분석은 상호 관련된 변인들의 군집을 발견하기 위한 통계적 방법으로 구성되어 있다(Harman, 1976; Kim and Muller, 1978). 각 요인은 다른 문항들보다 더 높게 관련된 문항들끼리 형성된다. 각 문항이 각 요인과 관련이 있는 범위의 통계적 지표는 요인 적재량(factor loading), 즉 주어진 요인에 기여하는 특별한 문항에 있어서의 범위를 측정하는 것에 의해 결정된다.

이 연구는 다양한 발전 이념과 쟁점으로 논의되는 발전패러다임을 전통적, 대안적 요인으로 분류하였다. 두 발전 이념의 기초 위에 31개의 질문지 문항을 구분하기 위해 요인 분석을 실시하였다. 결과적으로 31개의 문항은 두 요인으로 나누어졌고, 이것은 전통적 발전 이념(16개 문항)과 대안적 발전 이념(15개 문항)으로 나누어졌다. 이의 내용은 제1장에 구체적으로 제시되어 있다.

이와 더불어, 조사도구의 타당도를 제안하기 위하여 전통적 · 대안적 발전 이념을 총괄하는 32번의 문항을 개발하였다. 이 문항은 ① = Blue(전통적) 입장, ② = Red(대안적) 입장을 대표하는 내용을 제시한 것으로 응답자들은 ①, ②, ③번 중에서 하나를 선택하도록 하였다.

32. 귀하의 발전 이념에 대한 관점에 가장 가까운 것은 어느 것입니까? 귀하의 생각과 일치하는 것을 하나 고르시기 바랍니다.

① 사회발전을 위해서는 합리적이고 과학적인 가치가 중요하며, 안정된 정부가 필요하며, 숙련된 인력이 공급되어야 하며, 개인의 창의적 자유가 보장되어야 한다.
② 사회발전을 위해서는 합리적이고, 과학적인 가치가 중요하며, 강력한 중앙정부가 필요하며, 숙련된 인력이 공급되어야 하며, 국민들의 자원이 낭비되지 않도록 합리적인 계획이 필요하다.
③ 사회발전을 위해서는 인간의 존엄성이 존중되어야 하며, 개인의 창조적 능력이 보장되어야 하며, 경제성장이 진보와 동일시 취급되지 않아야 하며, 물질적 소유보다는 정신적 가치와 상호협력이 강조되어야 한다.

또한 조사도구의 타당도 검증을 위해, 분산분석(analysis of variance)을 이용하였다. 분산분석의 결과는 〈표 4-3〉, 〈표 4-4〉, 그리고 [그림 4-1], [그림 4-2]에 제시하였다.

응답자들은 32번 문항의 반응에 근거하여 세 그룹으로 범주화하였다. 그리고 나서 각 집단별로 16개의 전통적 발전 이념 문항의 평균점수를 구하였다. 분산분석 결과, 세 집단의 평균점수는 통계적으로 유의한 차이가 있는 것으로 나타났다($F= 43.69$, $p < .0001$). 〈표 4-3〉에서 보는 바와 같이, Blue와 Red 집단의 반응은 통계적으로 Green 집단의 반응점수보다 전통적 발전 이념 문항의 평균점수가 더 높은 것으로 나타났다.

표 4-3 전통적 발전패러다임 문항의 타당성 검증

집 단	사례 수 (명)	M	95% 신뢰구간		F값	P
			최저(M)	최고(M)		
Blue(C)	224	3.33	3.28	3.39	43.69	.0001
Red(C)	18	3.45	3.25	3.65		
Green(A)	121	2.89	2.81	2.97		
계	363	3.19	3.15	3.24		

〈표 4-3〉에서 제시한 바와 같이, 전통적 발전패러다임에 높은 반응을 보인 집단들은 Blue와 Red 입장(이론적으로 전통적 발전 이념)을 선택한 경향이 높은 것으로 나타났다. 평균 점수 간의 차이는 [그림 4-1]에 제시하였다.

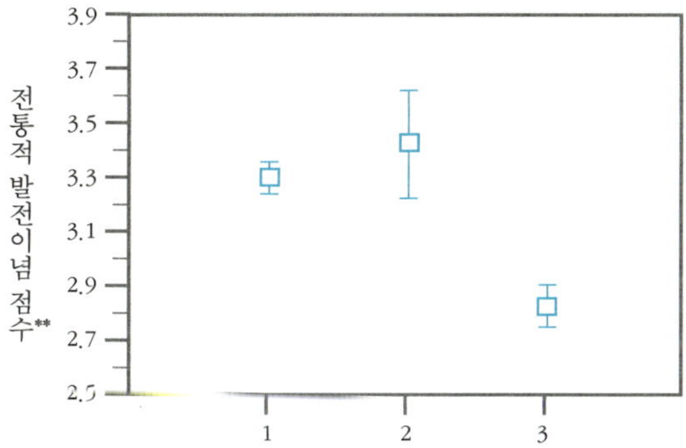

그림 4-1 전통적 발전패러다임 문항의 타당도 검증*

* 1: 전통적 발전 이념 문항(Blue 입장), 2: 전통적 발전 이념 문항(Red 입장),
3: 대안적 발전 이념 문항(Green 입장)
** 95% 신뢰구간

동일한 방법으로, 15개 대안적 발전 이념 문항의 평균 점수는 각 집단별로 계산되었다. 분산분석 결과 평균 간에 통계적으로 유의한 차이가 있는 것으로 나타났다(F= 20.92, p〈.0001). 〈표 4-4〉에서 보는 바와 같이, 대안적 발전 이념 문항에 높게 반응한 집단들은 32번 문항에서 Green 입장(이론적으로 대안적 발전 이념)을 선택하였다. 통계적으로 .001 수준에서 유의한 차이를 보였다(F=20.92, p〈.0001). 대안적 발전 이념 문항의 타당도는 [그림 4-2]에 제시되어 있다.

표 4-4 대안적 발전 이념 문항의 타당도 검증

집 단	사례 수(명)	M	95% 신뢰구간 최저(M)	95% 신뢰구간 최고(M)	F값	P
Blue(C)	224	3.49	3.43	3.55	20.92	.0001
Red(C)	18	3.61	3.42	3.80		
Green(A)	121	3.79	3.72	3.86		
계	363	3.60	3.56	3.64		

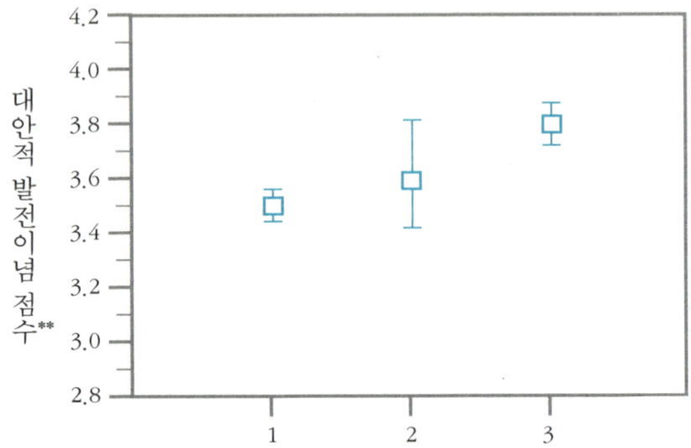

그림 4-2 대안적 발전 문항의 타당도 검증*

* 1: 전통적 발전 이념 문항(Blue 입장), 2: 전통적 발전 이념 문항(Red 입장), 3: 대안적 발전 이념 문항(Green 입장)
** 95% 신뢰구간

이와 같은 결과는 질문지의 개별 문항에 대한 반응과 Blue, Red, Green 사고의 발전 이념의 이론적 입장을 명확하게 표현한 분류 항목에 대한 반응 간의 일관성이 있음을 보여 주고 있다.

2. 전통적 및 대안적 발전패러다임 척도 간의 상관관계

기본적으로, 조사도구는 전통적 발전 이념(고전적 및 비판적 발전모형)과 대안적 발전 이념(대응적 발전론과 지역사회발전론 등)의 두 요인을 포함하고 있다. 그러나 전통적 발전 이념과 대안적 발전 이념간의 관계는 경험적으로 조사될 수 있다. 따라서 두 상반되는 발전 이념의 관계를 밝히기 위해 상관관계 분석(correlation analysis)을 실시하였다.

전통적 및 대안적 발전 이념 점수 간의 상관관계는 다음 〈표 4-5〉에 제시하였다. 두 변인 간의 상관관계 계수는 -.40으로 나타났다. 이러한 양자 간의 부적 상관계수는 전통적(대안적) 발전 이념의 점수가 증가하면 대안적(전통적) 발전 개념의 점수는 감소한다는 것을 나타낸다. 특히, 전통적 발전 이념 문항과 이를 반영하는 전통적 발전 교육이념 문항 간에서는 상당히 높은 관계(상관계수 r=.80)를 보였다. 또한 대안적 발전 이념 문항과 이를 반영하는 대안적 발전 이념 문항 간에도 비교적 통계적으로 높은 상관(r=.50)을 보였다. 상관관계 분석의 결과는 .001 수준에서 통계적으로 유의한 차이를 보이는 것으로 나타났다.

Herzberg와 그의 동료들(1959)의 '동기-위생이론'에서 제시한 바와 같이, 개인의 직무만족을 높이는 명확한 요인들은 여러 가지 존재하지만 이 요인들의 결핍이 직무만족을 낮추는 데 필수적인 요인은 아니라는 것이다. 이와 같이, 전통적 발전 이념에 대한 척도의 낮은 점수는 대안적 발전 이념에 대한 척도의 높은 점수를 반드시 유도하지는 않는다는 것이다.

표 4-5 전통적 · 대안적 발전 이념 척도 간의 상관관계

발전척도		전통적 발전 이념 척도	대안적 발전 이념 척도
전통적 발전 척도	상관계수	1.000	-
	사례 수(명)	363	-
대안적 발전 척도	상관계수	-.3948	1.0000
	사례 수(명)	363	363
	유의수준	p〈.0001	

1) 조사도구의 신뢰도

Theta(세타: θ) 계수는 조사도구의 신뢰도를 측정하는 데 사용되었다. theta는 주성분 요인분석모형(principal component factor analysis)에 기초한다. 주어진 문항들의 구성은 내적 상관관계를 완벽하게 알 수 없고, 주성분 분석은 이 문항들에 성분들을 산출하게 된다. 이 성분은 각 성분에 결합된 무수한 분산을 가장 잘 설명해 주게 된다. 주성분의 중요성을 증대시키기 위해 구해지는 것으로 요인 적재량(squared loading, 예를 들어 고유치)의 합은 마지막으로 구해진 주성분보다 첫 번째 주성분이 더 설명력이 높게 된다. 이 결과 척도의 신뢰도는 theta 공식에 따라 계산할 수 있다.

$$\theta = (N / N\text{-}1)(1\text{-}1 / \lambda\ 1)$$

여기서 θ 는 theta, N은 사례수 그리고 λ 1은 가장 큰 고유치이다.

theta 계수는 Crobach α 의 특별한 경우로 신뢰도를 구할 때 이보다 훨씬 더 간단하게 사용할 수 있다(Carmines and Zeller, 1979). 특히 theta는 가중 벡터(weighting vector)가 최대의 α 을 선택할 수 있도록 하는 척도를 위한 α 계수이다. 다시 말하면, theta는 최대의 α 계수로 고려된다.

위 공식에 근거하여, 조사도구의 theta 계수를 계산하면 다음과 같다.

$$\theta = (31 / 31\text{-}1)(1\text{-}1 / 5.06) = .83$$

이 조사도구의 신뢰도 측정을 한 theta 계수가 .83으로 나타나 조사도구는 신뢰할 만하다고 할 수 있다.

2) 독립 변인

이 연구의 주요 관심은 펜실베니아 주립대학교의 미국 대학원생과 제3세계 대학원생 간에, 인문 및 사회과학 전공 대 자연과학 및 공학전공 간에, 그리고 남학생과 여학생 간에 전통적 · 대안적 발전 이념에 대한 선호도를 확인하고 그 유사점과 차이점을 비교 · 분석하는 데 있다. 그러므로 주요 독립변인은 국적(nationality)과 학문 전공(academic major)이다. 성(gender)은 역시 독립 변인 중 하나로서 포함된다.

그리고 앞에서 기술한 바와 같이, 종속변인은 전통적 · 대안적 발전 이념의 척도점수가 된다. 그러나 각 발전 이념에 대한 척도점수는 역시 다른 종속변인을 설명하기 위한 독립변인으로 활용되었다. 즉, 전통적 발전 이념의 점수가 종속변인으로 설정되었을 때 국적, 성별, 학문 전공과 더불어 대안적 발전 이념의 점수가 독립변인으로 활용되었다. 여기서 두 개의 주요 독립변인, 국적과 학문전공에 대해 간략히 기술한다.

국적변인 : 국적변인은 선진국(제1세계)인 미국과 제3세계라는 정치적 이념과 경제적 부의 수준에 의해 구분되었다. 그리고 제3세계 국가는 두 개의 하위 집단, 즉 신흥산업국가(NICs: Newly Industrializing Countries)와 다른 제3세계 국가로 구분하였다. 다시 말하면, 신흥산업국가(대만, 한국)에서 온 대학원생들과 이들 국가를 제외한 다른 제3세계 국가 출신의 대학원생들 간의 발전 이념에 대해 어떠한 차이가 있는가를 비교하였다. 또한 전통적 · 대안적 발전 이념에 대한 선호도

를 분석하기 위하여 대만(자본주의 경제체제, 정치적으로 약한 권위주의, 자유 기업, 발전 스펙트럼의 Blue 입장)과 중국(사회주의 경제체제,중앙정부 수준에서의 계획, 집권화된 정치체제, 발전 스펙트럼의 Red 입장)을 비교대상으로 선정하였다. 따라서 다섯 개의 지정학적 단위, 즉 미국, 대만, 중국, 한국과 기타 제3세계 국가로 구분하여 비교·분석하였다.

학문전공 변인 : Feldman과 Newcomb(1969)은 학생들이 입학하는 다양한 전공 분야는 학생들의 가정 배경 혹은 인구통계학적 특성에서 다소 차이가 있는 것으로 보고하고 있다. 이들 배경의 차이는 학생들이 다른 전공분야나 과목을 추구하는 학생들의 태도나 성격을 반영해 준다. 학생들의 발전 이념에 관한 가치, 정향, 성격에 대한 전공분야의 차이를 논하는 데 있어서 이러한 학문적 배경이 정확하게 어느 정도 기여하는가는 완전히 알려져 있지 않다.

그러나 이 연구는 인문 및 사회과학과 자연과학 및 공학 전공 학생 사이에 전통적·대안적 발전 이념에 대한 선호에 차이가 존재할 것이라는 가설을 규명하는 데 초점을 두고 있다.

정치 성향과 경제 지향에 대한 경험적인 연구에서 Feldman과 Newcomb(1969)은 일반적으로 사회과학을 전공하는 학생이 자연과학을 전공하는 학생들보다 자유가 높다는 자유주의 내지 진보주의 성향이 높다는 것을 밝히고 있다.

표본은 응답자의 학문전공과 국적 모두를 고려해서 분류되었다. 그러므로 국적과 학문전공의 효과는 전통적·대안적 발전 이념의 선호도 분석에서 이들 집단 간에 유사점과 차이점을 밝히는 데 기여하게 될 것이다.

이 연구에 있어서 두 개의 종속 변인은 전통적 · 대안적 발전 이념 점수가 된다. 이 두 종속변인 즉 전통적 · 대안적 발전 이념 항목에 대한 응답자들의 동의 정도를 측정하기 위해 SA-아주 동의한다, A-동의한다, U-그저 그렇다, D-동의하지 않는다, SD-아주 동의하지 않는다. 등의 Likert 5단계 척도를 사용하였다. 전통적 · 대안적 발전 이념에 대한 동의 정도는 5까지 1의 서열척도를 사용하였다. 그러므로 서열척도에서 점수가 전통적 혹은 대안적 발전 이념을 대단히 선호한다는 것을 의미한다.

제2절 전통적 및 대안적 발전 이념에 대한 집단별 선호도 비교

1. 미국과 제3세계 학생 비교

이 연구에서 주요 관심 중 하나는 전통적 및 대안적 발전 이념의 선호에서 미국과 제3세계(NICs와 기타 제3세계) 학생들 간의 유사점과 차이점을 확인하는 것이다. 〈표 4-6〉은 세 집단(미국, NICs, 기타 제3세계

학생들) 사이에 전통적 및 대안적 이념에 대한 평균 점수를 산출한 결과이다.

한국과 대만을 제외한 기타 제3세계 국가 출신 학생들은 세 집단 중에서 전통적 발전 이념의 평균 점수가 가장 높게 나타났다(M=3.25). 다음 높은 집단은 신흥산업국가 출신학생들(M=3.24)이었으며, 반면에 전통적 발전 이념 선호도에서 가장 낮은 점수를 보인 집단은 미국 학생들(M=2.99)이었다.

〈표 4-6〉은 미국학생들과 제3세계 학생들 간에 전통적 발전 이념 선호도에서 통계학적으로 의미 있는 차이를 보여주고 있다(F=9.012, p=.0002).

표 4-6 미국과 제3세계 학생들 간의 전통적 발전 이념의 평균점수

국 적	사례 수(명)	M	F	P
미 국	79	2.99	9.012	.0002
신흥산업국가	143	3.24		
기타 제3세계 국가	141	3.25		
계	363	3.19		

df=2, 360

〈표 4-7〉은 대안적 발전 이념에 대해 제3세계 학생과 미국 학생 간의 선호도를 비교한 결과이다. 미국 학생들은 세 집단 중에서 대안적 발전 이념의 선호도에서 가장 높은 점수를 보이고 있다(M=3.67). 다음으로 높은 집단은 제3세계 출신 학생(M=3.64)이었고, 가장 낮은 집단은 신흥산업국가 출신 학생들(M=3.52)이었다(F=4.402, p=.0129). 따라서 신흥산업국가 출신 학생들은 전통적 발전 아이디어를 지지하는

경향이 높은 반면에, 세 집단 중에서 대안적 발전 이념에 대해서는 가장 낮은 선호도 점수를 보였다.

표 4-7 미국과 제 3세계 학생들 간의 대안적 발전 이념의 평균점수

국 적	사례 수(명)	M	F	P
미 국	79	3.67		
신흥산업국가	143	3.52	4.402	.0129
기타 제3세계 국가	141	3.64		
계	363	3.60		

df=2, 360

2. 인문 및 사회과학 대 자연과학 및 공학 전공학생 비교

자연과학 및 공학 전공(M=3.25)학생들은 인문 및 사회과학 전공(M=3.11) 학생들보다 전통적 이념 선호도에서 〈표 4-8〉에서 제시한 바와 같이 평균점수가 높게 나타났다(F=6.842, p=.0093).

표 4-8 학문전공에 따른 전통적 발전 이념의 평균점수

전 공	사례 수(명)	M	F	P
인문 및 사회과학	153	3.11		
자연과학 및 공학	210	3.25	6.842	.0093
계	363	3.19		

df=1, 361

학문적 전공과 관련해서 인문 및 사회과학 전공과 자연과학 및 공학 전공 간에 대안적 발전 이념의 평균 점수에서 〈표 4-9〉에서 제시한 바와 같이 의미 있는 차이가 없었다.

한편, 인문 및 사회과학 학생들은 자연과학, 공학 학생들(M=3.57)보다 대안적 발전 아이디어에 대해 약간 높게 나타났으나(M=3.64) 통계적으로는 유의한 차이는 없었다(F=2.782, p=.096).

표 4-9 학문전공에 따른 대안적 발전 이념의 평균점수

전 공	사례 수(명)	M	F	P
인문 및 사회과학	153	3.64		
자연과학 및 공학	210	3.57	2.782	.0962
계	363	3.60		

df=1, 361

3. 남학생 대 여학생 비교

남학생들(M=3.22)은 여학생들(M=3.13)보다 전통적 발전 이념에 대해 선호도가 〈표 4-10〉에서 제시한 바와 같이 약간 높은 것으로 나타났으나 통계적으로는 유의미한 차이가 나지 않는 것으로 나타났다 (F=2.951, p=.0867).

표 4-10 성별에 따른 전통적 발전 이념의 평균점수

성 별	사례수(명)	M	F	P
남학생	254	3.22		
여학생	109	3.13	2.951	.0867
계	363	3.19		

df=1, 361

한편, 〈표 4-11〉에서처럼 여학생들(M=3.69)은 남학생들(M=3.55)보다 대안적 발전 이념에 대한 선호도에서 높은 점수를 나타냈다. 남학생과 여학생 간의 대안적 발전 이념 선호도에서는 통계적으로 의미 있는 차이를 보인 것으로 나타났다(F=7.759, p=.0093).

표 4-11 성별에 따른 대안적 발전 이념의 평균점수

성 별	사례 수(명)	M	F	P
남학생	254	3.55		
여학생	109	3.69	7.759	.0056
계	363	3.60		

df=1, 361

4. 중국 대 대만 출신 학생비교

유교 문화의 영향을 받았지만 다른 정치적인 이데올로기와 경제적 체계를 지닌 중국과 대만 출신 학생들 간에 전통적 발전 이념에 대한 선호도를 비교하는 것은 다소 의미 있는 것이다. 일원변량분석 결과 〈표 4-12〉에서 제시한 바와 같이 전통적 발전 이념 선호도에서 중국과 대만 출신 학생들 간에 통계적으로 의미 있는 차이가 없는 것으로 나타났다(F=3.68, p=.0573).

중국 출신 학생들(M=3.52)은 대만 출신 학생들(M=3.40)보다 전통적 발전 이념에 대한 선호도가 약간 높게 나타났다.

표 4-12 중국과 대만 출신 학생 간 전통적 발전 이념의 평균점수

국　가	사례 수(명)	M	F	P
중　국	64	3.52		
대　만	68	3.40	3.679	.0573
계	132	3.46		

df=1, 130

한편, 〈표 4-13〉에서 제시된 바와 같이 대만 출신 학생들(M=3.42)은 중국출신 학생들(M=3.31)보다 대안적 발전 이념에 대해서는 보다 높은 선호도를 보인 것으로 나타났다. 그러나 다소 높은 선호도를 보였으나 통계적으로는 유의미한 차이는 없는 것으로 나타났다(F=3.32, p=.071).

표 4-13 중국과 대만 출신 학생 간 대안적 발전 이념의 평균점수

국　가	사례 수(명)	M	F	P
중　국	64	3.31		
대　만	68	3.42	3.32	.0706
계	132			

df=1, 131

이와 같이 전통적 · 대안적 발전 이념에 대해 정치이데올로기와 경제체제가 상이한 국가에서 온 학생들이 그 선호도에 있어서 통계적으로 차이가 없이 나타난 이유 중의 하나는 그들이 미국에서의 유학생활과 펜실베니아 주립대학교에서 유사한 교육경험에서 기인했다고 할 수 있다.

또 다른 이유는 학업을 위해 미국에 온 이후, 그들의 가치 체계는 경제적 삶에서 정치적으로 민주주의와 경제적으로 자본주의와 시장원리를 강조하는 사회에서 생활하기 때문에 변화되었을 것으로 해석할 수 있다. 바꾸어 말하면, 비록 그들이 원래는 가장 바람직한 경제적 체제에 관하여 다른 정치적 이데올로기와 신념을 가졌을지도 모르지만, 미국에서의 삶의 양식과 교육은 발전에 대한 그들의 견해에 영향을 미쳤을 것이다. 그러나 중국과 대만 출신 학생은 대안적 발전 이념보다는 고도의 경제성장을 중시하는 전통적 발전 이념에 대하여 강한 선호도를 보여 주었다.

제3절 사회발전 이념에 대한 위계모형 회귀분석

성, 대안적 발전 이념, 전공, 국적, 전공과 국적의 상호작용, 대안적 발전 이념과 전공의 상호작용, 대안적 발전 이념과 국적의 상호작용의 독립변인들을 가지고 전통적 발전 이념에 대한 위계모형 회귀분석(hierarchical model regression analysis)방법이 가설들을 검증하기 위해 실시되었다. 본 연구에서 설정하는 연구가설을 제시하면 다음과 같다.

가설 1. 전통적 발전 이념과 대안적 발전 이념에 대한 선호도의 두 측정치와 국적, 전공, 성, 발전이데올로기, 그리고 그들의 상호작용을 포함하는 일련의 선택된 독립변인들 사이에 관계가 없을 것이다.

가설 2. 국적, 전공, 발전이데올로기의 주 효과에 대해 펜실베니아 주립대학교 대학원생들의 평균 선호도 점수 간에 유의미한 차이가 없을 것이다.

가설 3. 펜실베니아 주립대학교 대학원생들의 선호도 점수에 대한 국적, 전공, 발전이데올로기의 이원 상호작용은 유의미하지 않을 것이다.

가설 4. 펜실베니아 주립대학교 대학원생들의 선호도 점수에 대한 국적, 전공, 발전이데올로기의 삼원 상호작용은 유의미하지 않을 것이다.

위계모형 회귀분석은 각 독립변인이 방정식에 더해짐에 따라 각 독립변인에 의해 설명된 종속변인에 증가된 변량을 검토하게 된다. 위계모형은 이전에 방정식에 투입된 변인에 의해 설명된 양을 넘어서 종속변인에서 부가적으로 설명된 변량의 통계적 유의미성을 검증한다. 따라서 위계모형은 이전에 투입된 변인들의 효과를 통제하게 된다.

전공, 국적, 전통적(대안적) 발전 이념의 삼원 상호작용(three way interaction)을 포함하는 방장식이 통계적 유의미성을 위해 검증되었다. 삼원 상호작용은 .05 수준에서 유의미하지 않았다. 따라서, 가설 4는 기각될 수 없었고, 삼원 상호작용은 계속된 분석의 방정식에서 제외 되었다.

1. 전통적 발전 이념

전통적 발전 이념에 대한 회귀방정식은 다음과 같다.

$$C = a+G+A+N+M+N \times M+A \times M+A \times N$$

여기서,

C = 전통적 발전 이념 점수

G = 성

A = 대안적 발전 이념 점수

N = 국적

M = 전공

N×M = 국적과 전공의 상호작용

A×M = 대안적 발전 이념과 전공의 상호작용

A×N = 대안적 발전 이념과 국적의 상호작용

a = 상수

회귀방정식은 다른 독립변인들을 상수로 간주하고 선택된 독립변인들의 여러 수준을 가지고 전통적 발전 이념을 예언하기 위해 사용되었다. 이원 상호작용(two way interaction)을 갖는 회귀방정식은 〈표 4-14〉에서 나타난 바와 같이, 종속변인 변량의 30.3%를 설명하였다.

따라서, 전통적 발전 이념과 관련하여 이들 자료의 분석은 가설 1을 기각하게 하였다.

표 4-14 종속변수의 위계모형 회귀분석 : 전통적 발전 이념

변 수	R^2	누가R^2	자유도		F값	P값
			집단 간	집단 간		
성	.0081	.0081	1	361	2.95	.0867
대안적 발전 점수	.1489	.1570	1	360	63.57	.000
전 공	.0094	.1663	1	359	4.05	.05
국 적	.0843	.2508	4	355	39.99	.0001
전공×국적	.0076	.2564	4	351	3.62	.05
대안×전공	.0208	.2792	1	350	10.10	.0001
대안×국적	.0240	.3032	4	346	11.89	.0001
계	.3032		16	346	9.41	.0001

선택된 일곱 개의 독립변인들 가운데, 성은 전통적 발전 이념 점수와 유의미하게 관련되지 않았다(R^2=.008, p=.086). 성의 변인은 전통적 발전 이념 변량의 1% 이하를 설명하였다. 다시 말하면, 성은 전통적 발전 이념에 대한 학생의 선호도에 효과를 미치지 않았다.

대안적 발전 이념은 성에 의해 설명된 양을 넘어 종속변인 변량의 부가적인 14.9%를 설명하였다. 대안적 발전 척도에 의해 설명된 변량의 14.9%는 전통적 발전 이념 변량의 약 1/2를 설명하였다. 비록 이론적으로는 이들 두 발전 이념은 반대되는 입장을 나타내지만 두 발전 패러다임을 상호 배타적이지 않다. 이들 자료는 대안적 발전 이념 변인은 전통적 발전 이념과 부적으로 유의미한 관련이 있었다(R^2=.149, p=.0001). 대안적 발전 점수는 전통적 발전 점수가 감소함에 따라 증가하였다(b=-.10)

전공과 국적 변인은 〈표 4-14〉에서 볼 수 있는 것처럼 통계적으로 유의미하였다. 전공은 성과 대안적 발전 이념에 의해 설명된 변량을 넘어 전통적 발전 이념 변량의 부가적인 1%를 설명하였다. 국적은 성, 대안적 발전 이념, 전공에 의해 설명된 변량을 넘어 전통적 발전 이념 변량의 부가적인 8.4%를 설명하였다. 따라서 가설 2는 .05수준에서 기각되었다.

전공과 국적의 상호작용은 성, 대안적 발전 이념, 전공, 국적의 주효과에 의해 설명된 변량을 넘어 전통적 발전 이념 변량의 부가적인 0.8%를 설명하였다. 통계적으로 유의미한 상호작용 효과는 전공과 전통적 발전 이념 사이의 관계는 국적의 여러 수준에 따라 다양하다는 것을 의미한다. 따라서 전공과 국적의 효과는 전통적 발전 이념에 대한 효과를 해석할 때 결합하여 고려되어야 한다.

대안적 발전 이념과 전공의 상호작용은 성, 대안적 발전 이념, 전공, 국적, 전공과 국적의 상호작용에 의해 설명된 변량을 넘어 전통적 발전 이념 변량의 부가적인 2.1%를 설명하였다.

대안적 발전 이념과 국가의 상호작용은 성, 대안적 발전 이념, 전공, 국적, 전공과 국적의 상호작용, 대안적 발전 이념과 전공의 상호작용에 의해 설명된 변량을 넘어 전통적 발전 이념 변량의 부가적인 2.4%를 설명하였다. 따라서 가설 3은 .05수준에서 기각되었다.

〈표 4-15〉은 집단별 전통적 발전 이념의 예언된 점수를 보여준다. 10개의 집단들 간에 전통적 발전 이념의 예언된 점수들은 회귀방정식을 사용하여 계산되었다.

표 4-15 집단별 전통적 발전 이념에 대한 예언 점수(다른 변수 통제)

국 적	사례 수(명)	인문 및 사회과학	자연과학 및 공학
미 국	79	2.99	2.87
기타 제3세계	67	3.16	3.17
한 국	75	3.09	3.08
중 국	66	3.51	3.45
대 만	68	3.44	3.46
계	363	3.17	3.23

인문 및 사회과학 전공 학생들 가운데, 중국 출신 학생들(M=3.15)이 전통적 발전 이념에 대해 가장 높은 선호도를 보였으며, 다음 집단은 대만출신 학생들(M=3.44)이었고, 그 뒤로 제3세계(M=3.16), 한국(M=3.09), 그리고 미국(M=2.99) 학생들순으로 선호도를 보였다. 특히 놀라운 것은 이데올로기적으로 사회주의이고 경제적으로 중앙집권체제 국가인 중국 학생들이 전통적 발전이 념과 전략을 가장 높게 지지한 반면에, 전통적 발전 이념의 옹호자들로 인식된 미국학생들은 오히려 전통적 발전 이념과 전략을 가장 낮게 지지하는 것으로 나타났다. 자연과학 및 공학전공자들 가운데, 대만 출신 학생들(M=3.46)이 전통적 발전 이념에 대해 가장 높은 점수를 나타냈으며, 다음 집단은 중국 출신 학생들(M=3.45)이었고, 그 뒤로 제3세계(M=3.17), 한국(M=3.08), 그리고 미국(M=2.87) 학생들순이었다.

전체적으로, 10개의 집단 가운데 중국의 인문 및 사회과학 전공자들이 전통적 발전척도에 대해 가장 높은 점수(M=3.51)를 보인 반면에, 미국의 자연과학 및 공학전공자들이 가장 낮은 점수(M=2.87)를 보였다. 한편, 전통적 발전 이념에 대한 선호도에 있어서는 자연과학 및 공학전공 학생들(M=3.23)이 인문 및 사회과학전공 학생들(M=3.17)보다 비교적 더 높은 점수를 보이는 것으로 나타났다.

이와 같은 분석 결과는 [그림 4-3]에 제시된 바와 같이, 전통적 발전 이념을 지지하는 각 집단의 경향성을 비교적 자세히 나타내 주고 있다. 자연과학 및 공학전공자들이 인문 및 사회과학 전공자들보다 전통적 발전 이념을 더 선호하는 가능한 이유는 자연과학 및 공학전공자들이 오늘날 발전의 한 지표로 고려되는 과학 발전이나 기술 진보에 주로 관심이 많기 때문이라는 것이다.

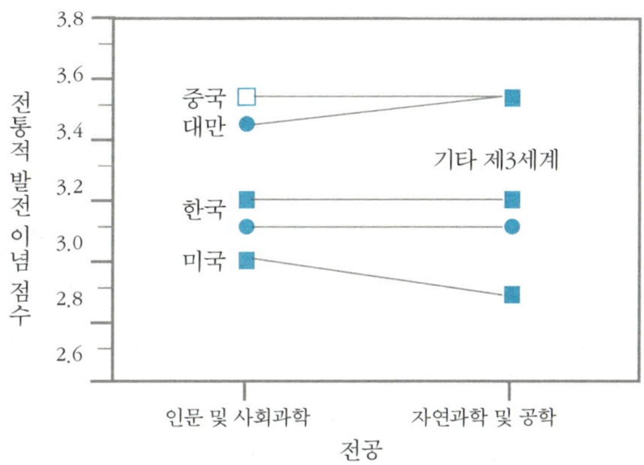

그림 4-3 집단별 전통적 발전 이념에 대한 예언 점수(다른 변수 통제)

일반적으로 인문 및 사회과학 전공자들은 인간의 개인적 및 사회적 행위에 더 많은 관심이 있다. 이에 비해 자연과학 및 공학전공자들은 사회를 위해 편리하고 유용한 현대과학과 기술을 개발하고 발전시키는 데 관심이 있다. 이들은 이러한 기술과 개발의 성취가 사회발전에 기여할 것이라고 대체적으로 지각하고 있다.

한편, [그림 4-6]에서 제시한 바와 같이, 자연과학 및 공학전공자들은 인문 및 사회과학 전공자들보다 대안적 발전 이념에 대해 덜 선호적이었다. 이러한 결과는 전공별 발전 이념과 대안적 발전 이념 사이에 부적인 상관관계가 있음을 보여주게 된다.

미국 학생들의 경우 가장 낮은 전통적 발전점수와 대안적 발전 척도에 대한 비교적 높은 점수를 나타내는 가능한 이유는 환경보전(environmental conservation)에 대한 최근의 관심과 발전의 지역사회수준(community level of development)에 대한 강조이다. 전통적 발전 이념에 대한 10개 집단의 예언된 점수들의 범위는 2.87과 3.51사이였다. 전통적 발전 이념에 대한 반응자의 선호도는 대안적 발전 이념에 대한 싫어함의 직접적 함수는 아니다. 선호도는 종종 다른 것과 독립적이다.

독립변인으로서 국적과 대안적 발전 이념별 전통적 발전 이념의 예언된 점수는 〈표 4-16〉에 제시되어 있다. 대안적 발전 이념 점수의 범위는 2.5와 4.5 사이였다. 따라서 이들 값은 국적 집단별 낮은 대안적

표 4-16 대안적 발전 이념과 국적별 발전 이념에 대한 예언 점수(다른 변수 통제)

국 적	사례 수(명)	대안적 발전 이념 점수	
		최저 = 2.5	최고 = 4.5
미 국	79	3.47	2.83
기타 제3세계	67	3.51	2.86
한 국	75	3.37	2.88
중 국	66	3.40	3.69
대 만	68	3.22	3.59
계	363	3.32	3.08

발전 이념과 높은 발전 이념에 대한 예언된 전통적 발전 이념 점수를 계산하는 데 사용되었다.

대안적 발전척도의 낮은 점수(M=2.5)로 계산된 예언된 전통적 발전 이념 점수들을 고려하면, 제3세계 학생들(M=3.51)이 전통적 발전 이념에 대해 가장 높은 예언된 선호도를 보였다. 다음으로는 미국(M=3.47), 중국(M=3.40), 한국(M=3.37), 그리고 대만(M=3.32) 출신의 학생들순이었다.

한편, 대안적 발전 이념의 높은 점수(M=4.5)를 사용하면, 중국 출신 학생들(M=3.69)이 전통적 발전 이념에 대해 가장 높은 예언된 선호도를 보였고, 다음으로는 대만(M=3.59), 한국(M=2.88), 제3세계(M=2.86), 그리고 미국(M=2.83) 출신의 학생들 순으로 나타났다. 특히 대안적 발전 이념에 대한 높은 선호도를 가정하면, 미국 학생들은 5개의 국적 가운데 전통적 발전 이념에 대해 가장 낮은 예언된 점수를 보였다.

이 결과는 [그림 4-4]에 제시되어 있는 바, 대안적 발전척도의 높은, 그리고 낮은 수준을 가정하고 전통적 발전 이념을 가지는 것에 있어서 각 국적의 경향성을 잘 나타내준다. [그림 4-4]는 대안적 발전척도에 대해 높은 점수를 가진 중국과 대만 출신의 학생들이 또한 전통적 발전 이념과 전략에서 높은 점수를 나타낸 것을 보여준다. 역으로 대안적 발전 이념에 대해 높은 점수를 가진 제3세계, 한국, 미국출신의 학생들은 전통적 발전 이념에 대해 낮은 점수를 보였다. 다시 말하면, 중국과 대만 출신의 학생들 가운데 전통적 발전 점수와 대안적 발전점수 사이에 정적인 상관관계가 있지만 제3세계, 한국, 미국 출신의 학생들 가운데 전통적 발전점수와 대안적 발전점수 사이에는 부적 상관관계가 있다. 전통적 발전 이념에 대해 10개 집단의 예언된 점수의 범위는 2.83과 3.51사이인 것으로 나타났다.

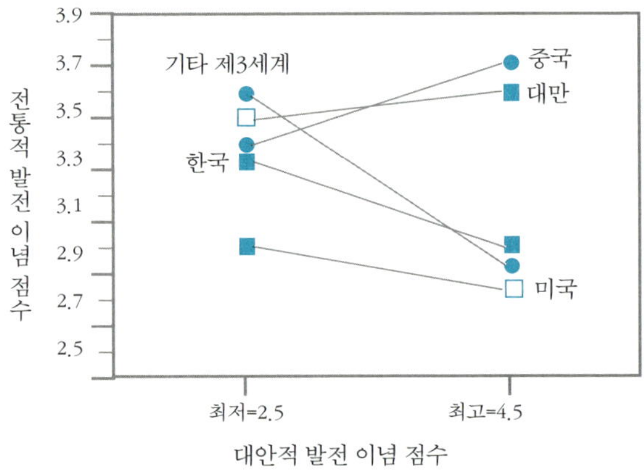

그림 4-4 대안적 발전 이념과 국적의 두 수준별 전통적 발전 이념에 대한 예언 점수(다른 변수 통제)

〈표 4-17〉에서 제시된 바와 같이, 독립변인으로 대안적 발전 이념을 사용하면서 전공별 전통적 발전 이념의 예언된 점수를 보여주고 있다. 대안적 발전척도의 낮은 점수(M=2.5)를 가정하면 인문 및 사회과학, 자연과학 및 공학전공 학생들의 예언된 점수는 전통적 발전 이념에 대한 선호도에 있어서 각각 3.67과 3.96이었다. 한편, 대안적 발전 이념 점수(M=4.5)에 대한 높은 선호도를 가정하면, 인문 및 사회과학 전공자들(M=2.85)이 자연과학 및 공학전공자들(M=2.55)보다 전통적 발전 이념에 대해 더 높게 예언된 점수를 반응한 것으로 나타났다.

표 4-17 **대안적 발전 이념과 전공의 전통적 발전 이념에 대한 예언 점수 (다른 변수 통제)**

전공	대안적 발전 이념 점수	
	최저 = 2.5	최고 = 4.5
인문 및 사회과학	3.67	2.85
자연과학 및 공학	3.96	2.55
계	3.84	2.68

이 결과는 [그림 4-5]에 제시되어 있는 바, 대안적 발전 이념의 두 수준을 가정하고 전통적 발전 이념을 가지는 것에 있어서 각 전공의 경향성을 잘 나타내준다. [그림 4-5]는 대안적 발전척도에 대해 높은 점수를 가지는 학생들이 그들의 전공에 상관없이 전통적 발전 이념에 대해 낮은 점수를 가졌다는 것을 보여준다. 따라서 전공에 따른 전통적 발전점수와 대안적 발전점수 사이에 부적인 상관이 있는 것으로 나타났다.

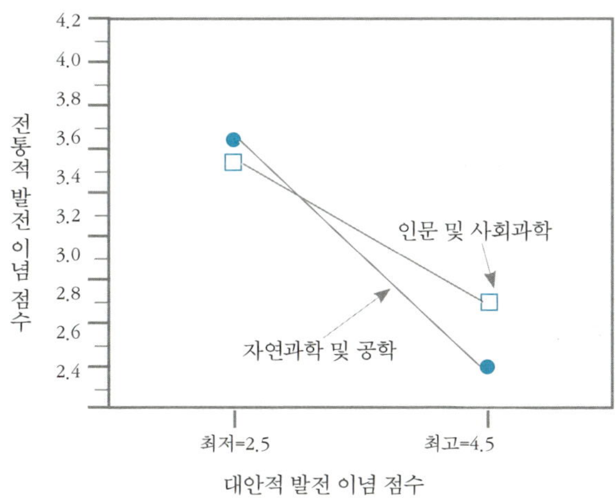

그림 4-5 **대안적 발전 이념과 전공의 두 수준별 전통적 발전 이념에 대한 예언 점수(다른 변수 통제)**

인문 및 사회과학 전공자들이 현대과학과 기술발달로 야기된 사회의 문제나 역기능에 대해 더 많은 관심을 갖는 경향이 있다. 이것은 인문 및 사회과학 전공자들이 그들 스스로를 현대 기술의 중요한 매개자들이라고 생각한 자연과학 및 공학전공자들보다 인권, 환경파괴, 발전의 지역수준에 더 많은 관심을 보이는 것으로 해석할 수 있다. 전통적 발전 이념에 대한 두 전공자들의 예언된 점수의 범위는 2.55와 3.67사이로 나타났다.

2. 대안적 발전 이념

앞에서 전통적 발전 이념에서 분석한 것과 동일한 방법으로 성, 전통적 발전 이념, 전공, 국적, 전공과 국적의 상호작용, 전통적 발전 이념과 전공의 상호작용, 전통적 발전 이념과 국적의 상호작용의 독립변인들을 가지고 대안적 발전 이념에 대한 위계모형 회귀분석 방법이 가설들을 검증하기 위해 실시되었다.

회귀방정식은 다른 독립변인들을 상수로 간주하고 선택된 독립변인들의 여러 수준을 가지고 대안적 발전점수를 예언하기 위해 사용되었다. 대안적 발전 이념 점수의 회귀방정식은 다음과 같다.

$$A = a+G+C+N+M+N\times M+C\times M+C\times N$$

여기서,

A = 대안적 발전 이념

C = 전통적 발전 이념 점수

G = 성

N = 국적

M = 전공

N×M = 국적과 전공의 상호작용

C×M = 전통적 발전 이념과 전공의 상호작용

C×N = 전통적 발전 이념과 국적의 상호작용

a = 상수

이원 상호작용을 갖는 회귀방정식은 종속변인 변량의 33.2%를 설명하였다(〈표 4-18〉 참조). 따라서 이들 자료 분석은 가설 1(전통적 발전 이념과 대안적 발전 이념에 대한 선호도의 두 측정치와 국적, 전공, 발전이데올로기, 성, 그리고 그들의 상호작용을 포함하는 일련의 선택된 독립변인들 사이에 관계가 없을 것이다)을 기각하게 하였다.

표 4-18 종속변수의 위계모형 회귀분석 : 대안적 발전 이념

변 수	R2	누가R2	자유도		F값	P값
			집단 간	집단 내		
성	.0210	.0210	1	361	7.76	.005
전통적 발전 점수	.1469	.1680	1	360	63.58	.0001
전 공	.0000	.1680	1	359	.01	.9006
국 적	.1181	.2861	4	355	59.38	.0001
전공×국적	.0044	.2905	4	351	2.18	.05
전통×전공	.0150	.3055	1	350	7.54	.0001
전통×국적	.0265	.3319	4	346	13.72	.0001
계	.3319		16	346	10.74	.0001

선택된 일곱 개의 독립변인들 가운데, 성은 대안적 발전 이념 점수 변량의 2.1%를 설명하였다. 성이 전통적 발전 이념에 대한 학생의 선호도에 효과를 미치지 않았다는 이전에 기술된 결과와는 반대로, 이들 데이터는 성이 대안적 발전 이념과 유의미하게 관련되었다는 것을 나타낸다. 남학생들이 여학생들보다 대안적 발전 이념에 대해 더 낮은 선호도를 갖는 경향이 있다.

전통적 발전 이념 점수는 성에 의해 설명된 양을 넘어 종속변인 변량의 14.7%를 부가적으로 설명하였다. 이것은 이론적으로 두 발전 이념이 반대의 견해를 나타낸다는 사실을 부정한다. 따라서 이들 두 발전패러다임은 상호 배타적이지 않다. 이들 데이터에서 전통적 발전 이념은 대안적 발전 이념과 유의미한 관련이 있었다(R^2=.147, p=.0001)는 것을 나타낸다. 전통적 발전 이념 점수는 대안적 발전 이념 점수가 감소함에 따라 증가하였다(b=-.11).

전공은 대안적 발전 이념 점수와 유의미한 관련이 없는 것으로 나타났다(R^2=.000, p=.906). 전공은 성과 전통적 발전 이념에 의해 설명된 변량을 넘어 대안적 발전 이념에 부가적인 변량을 설명하지 않았다. 국적은 〈표 4-18〉에 제시한 바와 같이, 통계적으로 유의미한 것으로 나타났다. 국적은 성, 전통적 발전 이념, 전공에 의해 설명된 변량을 넘어 대안적 발전 이념 변량의 부가적인 11.8%을 설명하였다. 따라서 가설 2(국적, 전공, 발전이데올로기의 주 효과에 대해 펜실베니아 주립대학교 대학원생들의 평균 선호도 점수 간에 유의미한 차이가 없을 것이다)는 .05수준에서 기각되었다.

전공과 국적의 상호작용은 성, 전통적 발전 이념, 전공, 국적에 의해 설명된 변량을 넘어 대안적 발전 이념 변량의 부가적인 0.4%를 설명하였다. 통계적으로 유의미한 상호작용효과(F=2.18, p=.05)는 전공과 대안적 발전 이념 사이의 관계는 국적에 따라 다양하다는 것을 의미한다. 따라서 전공과 국적의 효과는 대안적 발전 이념에 대한 효과를 해석할 때 결합하여 고려되어야 한다.

전통적 발전 이념과 전공의 상호작용은 성, 전통적 발전 이념, 전공, 국적, 전공과 국적의 상호작용에 의해 설명된 변량을 넘어 대안적 발전 이념 변량의 부가적인 1.5%를 설명하였다(F=7.54, p〈.001).

전통적 발전 이념과 국가의 상호작용은 성, 전통적 발전 이념, 전공, 국적, 전공과 국적의 상호작용, 전통적 발전 이념과 부가적인 2.7%를 설명하였다(F=10.74, p〈.0001). 따라서, 가설 3(펜실베니아 주립대학교 대학원생들의 선호도 점수에 대한 국적, 전공, 발전이데올로기의 이원 상호작용은 유의미하지 않을 것이다)은 .05수준에서 기각되었다.

〈표 4-19〉는 집단별 대안적 발전 이념의 예언된 점수를 보여준다. 10개의 집단들 간에 대안적 발전 이념의 예언된 점수들은 회귀방정식을 사용하여 계산되었다. 계산은 Lotus 1-2-3 프로그램을 통해 수행되었다.

표 4-19 집단별 대안적 발전 이념에 대한 예언 점수(다른 변수 통제)

국 적	사례 수(명)	인문 및 사회과학	자연과학 및 공학
미 국	79	3.43	3.41
기타 제 3세계	67	3.68	3.52
한 국	75	3.36	3.25
중 국	66	3.30	3.27
대 만	68	3.45	3.46
계	363	3.44	3.39

인문 및 사회과학 전공학생들 가운데, 제3세계 출신 학생들(M=3.68)이 대안적 발전 이념에 대해 가장 높은 선호도를 가졌고, 다음 집단은 대만출신 학생들(M=3.45)이었고, 그 뒤로 미국(M=3.43), 한국(M=3.36), 그리고 중국(M=3.30) 학생들순으로 나타났다.

자연과학 및 공학전공자들 가운데, 제 3세계 출신 학생들(M=3.52)이 대안적 발전 이념에 대해 가장 높은 점수를 가졌고, 다음 집단은 대만 출신 학생들(M=3.46)이었고, 그 뒤로 미국(M=3.41), 중국(M=3.27), 그리고 한국(M=2.87)학생들의 순으로 응답하였다.

전체적으로, 10개의 집단 가운데 제3세계의 인문 및 사회과학 전공자들이 대안적 발전이 추구하는 이념과 전략을 선호하면서 가장 높은 점수(M=3.68)를 보였으며, 반면에 한국의 자연과학과 공학전공자들이 가장 낮은 점수(M=3.25)를 보였다. 대안적 발전 이념에 대한 선호도에 있어서 인문과 사회과학전공 학생들(M=3.44)이 자연과학과 공학전공 학생들(M=3.39)보다 비교적 더 높은 점수를 가졌다.

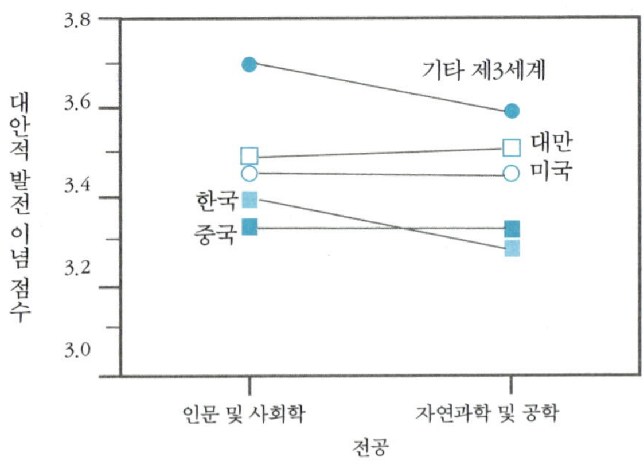

그림 4-6 집단별 대안적 발전 이념에 대한 예언 점수(다른 변수 통제)

이와 같은 분석 결과는 [그림 4-6]에 제시된 바와 같이, 대안적 발전 이념을 지지하는 각 집단의 경향성을 잘 보여주고 있다. 대안적 발전 이념에 대한 평균점수의 범위는 3.25와 3.68사이인 것으로 나타났다.

앞에서 기술한 바와 같이, 대안적 발전 이념에 대한 응답자의 선호도는 전통적 발전 이념에 대한 역의 함수가 아니다. 선호도는 다른 것과 독립적일 수 있다.

국적과 전통적 발전 이념별 대안적 발전 이념의 예언된 점수는 〈표 4-20〉에 제시되어 있다. 전통적 발전 이념 점수의 범위는 2.5와 4.5로 나타났다. 따라서, 이들 값들은 국적집단별 낮은 전통적 발전 이념과 높은 전통적 발전 이념에 대한 예언된 대안적 발전 이념 접수를 계산하기 위해 사용되었다.

표 4-20 전통적 발전 이념과 국적별의 대안적 발전 이념에 대한 예언 점수 (다른 변수 통제)

국 적	사례 수(명)	대안적 발전 이념 점수	
		최저 = 2.5	최고 = 4.5
미 국	79	3.98	3.31
기타 제3세계	67	4.11	3.68
한 국	75	4.05	3.27
중 국	66	3.22	3.34
대 만	68	3.37	3.47
계	363	3.68	3.33

전통적 발전척도의 낮은 점수(M=2.5)를 가지고 계산된 예언된 대안적 발전 이념 점수를 고려하면, 제3세계 학생들(M=4.11)이 대안적 발전 이념에 대해 가장 높은 선호도를 보인 것으로 나타났다. 다음은 한국 출신 학생들(M=4.05)이었고, 그 뒤를 미국(M=3.98), 대만

(M=3.37), 그리고 중국(M=3.22)학생들의 순으로 반응을 보였다.

한편, 전통적 발전척도의 높은 점수(M=4.5)를 사용하면서, 제3세계 출신 학생들(M=3.68)이 대안적 발전 이념에 대해 가장 높은 선호도를 가졌다. 다음이 대만(M=3.47), 중국(M=3.34), 미국(M=3.31), 그리고 한국(M=3.27) 출신 학생들이었다.

이 결과는 [그림 4-7]에 제시된 바와 같이, 전통적 발전척도의 높은 수준과 낮은 수준을 가정하고 대안적 발전 이념을 가지는 것에 있어서 각 국적의 경향성을 잘 나타내준다. 전통적 발전척도에 대해 높은 점수를 가진 대만과 중국 출신 학생들이 대안적 발전 이념에 대해 높은 점수를 보였다. 반면에 대안적 발전척도에 대해 높은 점수를 가진 제3세계, 한국, 그리고 미국 출신의 학생들이 전통적 발전 이념에서 낮은 점수를 보인 것으로 나타났다. 다시 말하면, 중국과 대만 출신의 학생들 가운데 전통적 발전점수와 대안적 발전점수 사이에는 정적 상관관

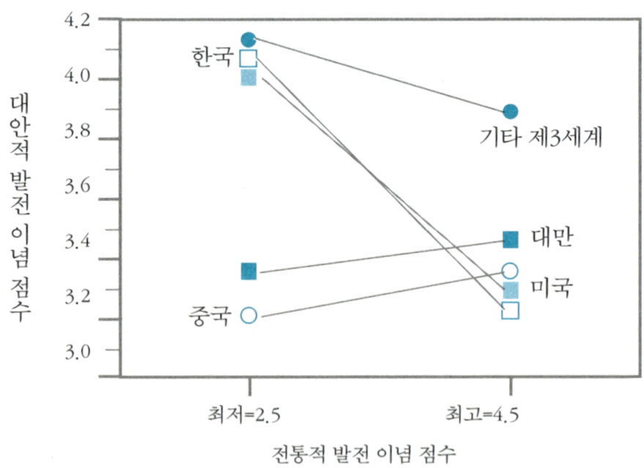

그림 4-7 **전통적 발전 이념과 국적의 두 수준별 대안적 발전 이념에 대한 예언 점수(다른 변수 통제)**

계가 있지만, 제3세계, 한국, 미국 출신의 학생들 가운데 전통적 발전점수와 대안적 발전점수 사이에는 부적인 상관관계가 있는 것으로 나타났다.

대안적 발전 이념에 대한 10개 집단의 예언된 점수의 범위는 3.22와 4.11사이였다.

〈표 4-21〉는 독립변인으로 전통적 발전 이념을 사용하여 전공별 예언된 대안적 발전 이념 점수를 나타내 주고 있다. 전통적 발전척도의 낮은 점수(M=2.5)를 가정하고 인문 및 사회과학, 자연과학 및 공학 전공자들의 예언된 점수는 대안적 발전 이념에 대한 선호도에 있어서 각각 3.87과 4.03이었다.

표 4-21 전통적 발전 이념과 전공의 대안적 발전 이념의 예언 점수(다른 변수 통제)

전공	전통적 발전 이념 점수	
	최저 = 2.5	최고 = 4.5
인문 및 사회과학	3.37	3.34
자연과학 및 공학	4.03	3.23
계	3.96	3.28

한편, 전통적 발전척도에 대한 높은 점수를 가정하면, 인문 및 사회과학 전공자들(M=3.34)이 자연과학 및 공학전공자들(M=3.23)보다 대안적 발전 이념에 대해 더 높은 점수를 보인 것으로 반응하였다. 이와 같은 결과는 [그림 4-8]에 제시된 바와 같이, 전통적 발전척도의 두 수준을 가정하고 대안적 발전 이념을 가지는 것에 있어서 전공의 경향성을 잘 나타내 주고 있다. 대안적 발전 이념에 대한 두 전공의 예언된 점수의 범위는 3.23과 4.03인 것으로 나타났다.

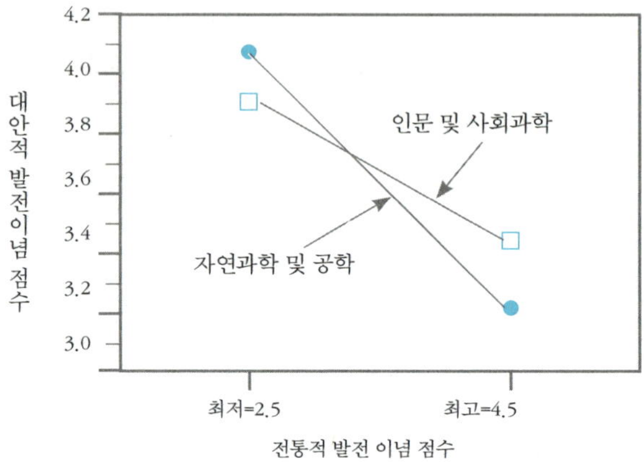

그림 4-8 전통적 발전이념과 전공의 두 수준별 대안적 발전 이념에 대한 예언 점수(다른 변수 통제)

이상에서 전통적 및 대안적 발전 이념에 대한 국가별, 집단별 차이는 향후 국가발전정책의 방향과 전략수립 시 관련 집단의 의견을 수렴하는 데 유용한 정보를 제공해 줄 수 있다. 따라서 글로벌시대에 교육 국제화에 따른 개별대학의 외국인 학생 수 증가 등을 고려할 때, 개별대학에서 타당성이 검증된 조사도구를 통해 미래 국가지도자들인 국내외 대학생들에 대한 인식조사를 실시하는 것은 매우 의의가 있을 것이다.

제5장

사회발전의 이념과 교육적 기능에 대한 선호도 분석

제1절 | 전통적 발전패러다임

제2절 | 대안적 발전패러다임

제2장과 제3장에서 기술한 바와 같이, 전통적 · 대안적 발전모형은 사회에서 교육기능이나 교육제도에 직접적 혹은 간접적으로 연관되어 있다. 교육기능이나 역할과 관련한 선호도를 밝히기 위하여 검사도구에는 전통적 및 대안적 발전패러다임과 관련된 7가지 항목을 포함 시켰다. 7가지 항목 중에서, 5가지 항목은 전통적 발전패러다임과 관련되고 나머지 2가지 항목은 대안적 발전패러다임과 관련된다.

여기에서는 앞에서 구분한 10개의 비교집단들 간에 전통적, 대안적 패러다임과 관련된 교육적 기능 혹은 역할에 대한 선호도에 있어서 어떠한 차이가 있는가를 분석하였다.

제1절
전통적 발전패러다임

기본적으로 고전적 발전 입장은 교육에 대한 투자를 매우 중요시한다. 이러한 입장은 교육에 대한 역할이 개별 국가에서 근대화와 경제성장에서의 기여도가 매우 크다는 것을 강조한다. 이들이 보는 관점은 교육이란 사회구성원들로 하여금 근대화를 위해서 사회적 장애물(탈

근대화, 전통적 사상)을 제거하는 데 보다 순응적으로 작용한다는 것이다. 그러나 종속이론이나 신마르크스주의자들과 교육을 기존 자본주의 제도를 재생산하거나 현행 계급구조를 정당화하는 데 기여하는 것으로 보고 있지만, 본질적으로는 이들 입장에서는 국가발전을 위한 형식 교육을 확대시키는 정책에는 이론의 여지없이 동의한다. 전통적 발전패러다임에 관련된 교육적 기능을 살펴보기 위하여 다음과 같은 다섯 가지 질문 항목이 제시되었다.

(1) 개발도상국가들은 교육발전이나 국가발전을 위해서는 선진국의 교육이론과 실제들을 반드시 채택하여야 한다.
(2) 학교교육(형식적 교육)은 사회의 생산성을 증가시키는 데 필수적이다.
(3) 학교교육은 사회구조의 평등화 실현에 기여하고 있다.
(4) 교육이란 사람들로 하여금 전통적 가치에서 현대적 사고 방식으로 변화시키도록 한다.
(5) 교육을 많이 받은 사람이 교육을 적게 받은 사람보다 보다 많은 임금을 받아야 한다.

선정된 10개의 집단 중에서 전통적 발전패러다임에 관련된 교육적 기능에 대한 평균점수가 〈표 5-1〉에 제시되고 있다. 10개 집단 중에서 집단 9(중국의 자연과학 및 공학 전공자들)가 가장 높은 선호도 점수(M=3.98)를 보였고, 반면에 집단 2(제3세계 인문 및 사회과학 전공자들)는 전통적 발전패러다임과 관련된 교육적 기능에서 가장 낮은 선호도 점수(M=3.39)를 보였다.

또한 학문전공분야별로 보면, 자연과학 및 공학 전공자들이(M=3.75) 인문 및 사회과학 학생들(M=3.57)보다도 전통적 발전패러다임과 관련된 교육적 기능에서 더 많은 지지를 보였다. 이러한 집단 간의 차이는 통계적으로 유의한 것으로 나타났다(F=4.49, p=.0000).

표 5-1 집단별 전통적 발전 이념과 관련된 교육적 기능의 평균

집 단	사례 수(명)	M	F	P
1	49	3.45		
2	29	3.39		
3	36	3.57		
4	22	3.91		
5	17	3.82		
소 계	153	3.57		
6	30	3.80	4.49	.0000
7	48	3.64		
8	39	3.53		
9	42	3.98		
10	51	3.78		
소 계	210	3.75		
계	363	3.67		

df=9, 353

제2절 대안적 발전패러다임

대안적 발전 입장은 행하면서 배움(learning by doing), 직장을 다니면서 배우는(learning by earning) 비공식적, 비형식적 교육(제도권 밖의 교육)을 강조하고 있다. 대안적 패러다임을 지지하는 사람들에 따르면, 교육이란 사회 속에서 모든 구성원들을 위하여 사회전반에 대한 항구적인 의무와 책임이며, 나아가 전체 사회 환경에 대하여 지속적인 어떤 작용을 하는 요인이 된다는 것이다. 그리고 교육은 사회의 모든 구성원에 의한 폭넓은 협동적 노력이 있어야만 하며, 노동과 생산으로부터 분리되어서는 안 된다. 사회구성원 모두는 학습자, 근로자, 교사가 되어야 한다. 대안적 발전패러다임과 관련된 교육적 기능을 측정하기 위하여 다음과 같은 두 가지 질문 항목이 제시되었다.

(1) 교육은 문화적 동질성보다는 문화적 다양성에 기여해야 한다.
(2) 교육은 사회의 모든 구성원들에 의한 폭넓은 협동적 노력이 있어야 한다.

대안적 발전패러다임에 관련된 사회의 교육적 기능에 대한 선호도를 분석한 결과는 〈표 5-2〉와 같다. 10개 집단 중에서 집단 3(한국의 인문 및 사회과학 전공자들)은 가장 높은 선호도 점수(M=4.36)를 보인 반면에 집단 9(중국의 자연과학 및 공학 전공자들)는 대안적 발전패러다임에 관련된 교육적 기능에 대하여 가장 낮은 선호도 점수

(M=3.83)를 보였다.

학문전공별로 보면, 인문 및 사회과학 학생들(M=4.29)이 자연과학 및 공학 전공학생들(M=4.18)보다도 대안적 패러다임에 관련된 교육적 기능에 더 많은 지지를 보였다.

〈표 5-2〉에서 제시한 바와 같이, 10개 집단 간에는 대안적 발전패러다임과 관련된 교육적 기능이나 역할에 따른 선호도에서 통계적으로 유의미한 차이가 있었다(F=3.45, p=.0004).

분석 결과 개별국가의 다소 다른 교육과정과 교육제도가 전통적, 대안적 발전 이념과 관련하여 사회에서 교육적 기능에 대한 다양한 선호도를 반영하고 있다는 사실이다. 또한 응답 학생들의 교육적 배경(학문전공)이 상이한 교육관을 반영하고 있다는 것을 보여 주고 있다.

표 5-2 집단별 대안적 발전과 관련된 교육기능의 의미점수

집 단	사례 수(명)	M	F	P
1	49	4.32		
2	29	4.34		
3	36	4.36		
4	22	4.07		
5	17	4.26		
소 계	153	4.29		
6	30	4.07	3.45	.0000
7	48	4.34		
8	39	4.32		
9	42	3.83		
10	51	4.28		
소 계	210	4.18		
계	363	4.23		

df=9, 353

제6장

사회발전에서의 새로운 인식과 주요 쟁점

이상에서 기술한 제1부에서는 그동안 학자들 간에 다양하게 논의되어 온 사회발전 이슈에 대해 패러다임을 정립하고자 시도하였다.

즉, 자본주의 체제에서 신봉되어 온 근대화 이론과 인적자본론의 고전적 발전모형과 사회주의 체제와 제3세계에서 주장되어 온 종속이론, 세계체제이론, 남-남 협력 접근, 신마르크스주의 등을 소위 비판적 발전모형을 발전목표의 동일성 측면에서 새로운 패러다임에 대응하여 전통적 발전패러다임으로 설정 · 제시하였다.

그리고 이에 대응하여 양적인 경제성장 위주의 가치에서 탈피하여 문화, 사회복지, 생태계, 사회구성원의 심리적 만족 등을 주요 가치로 표방하는 대안적 발전패러다임을 제시하였다. 이와 같이 이론적으로 설정된 사회발전패러다임을 실증적으로 규명하기 위하여 다양한 발전이념이나 전략을 파악할 수 있는 내용들은 개별국가의 발전정책이나 전략 수립 시 활용할 수 있다.

따라서 본 장에서는 최근 사회발전에 대한 새로운 인식 전환으로 이에 대한 역사적, 정치적, 사회적 그리고 경제적 등의 종합적인 관점에서 발전에 대한 회고와 전망을 기술하며, 이를 토대로 하여 사회발전의 주요 쟁점을 빈곤, 욕구, 평등, 생활 표준, 시장, 하나의 세계, 참여, 환경 등을 중심으로 제시한다.

제1절 발전에 대한 회고와 전망

우리 나라는 광복과 한국전쟁 후 오늘에 이르기까지 그동안 정치, 경제, 사회, 문화, 과학기술 등의 부문에 있어 큰 발전을 이룩하였다. 실제로 그 당시의 생활상을 담은 필름이나 사진을 접하게 될 때면 누구나 이를 실감하게 될 것이다. 당시 헐벗고 굶주렸던 우리 국민들에게 경제성장은 아마도 제일의 목표였을 것이다. 정부와 국민들의 산업화, 공업화에 대한 높은 의지와 노력으로 오늘날 우리는 세계적인 높은 성장을 이룩한 국가로 발돋움할 수 있었다. 그 당시 우리 국민들에게 발전이란 곧 경제 성장이나 산업화, 공업화를 의미하는 것이라고 해도 과언이 아니었을 것이다. 그러나 지난 반세기 동안의 발전은 물질적인 풍요라는 긍정적인 측면 못지 않게 여러 가지 사회문제, 환경문제 등을 야기하고 있다. 앞으로도 우리 사회가 계속적으로 이런 발전을 추구해 나아간다는 것을 가정할 때, 이러한 부정적인 문제들은 이제까지 우리들이 추구해 온 '발전' 개념에 대한 인식의 전환을 요구하고 있는 것이다.

20세기 초에 이르러서 발전이란 용어는 그 쓰임이 널리 퍼져 산업화에 기반한 도시 발전으로, 식민주의 지배를 받고 있는 원주민들의 문명화로도 쓰이게 되었고 그 개념은 문맥에 따라 다양한 의미로 쓰여지게 되었다. 이러한 과정을 거치면서 발전은 growth, evolution, maturation과 같은 단어들과 밀접히 관련되었고, 이 단어는 항상 '바람직한 변화를 의미하며 단순한 것에서 복잡한 것으로, 열등한 것에서 우수한 것으로, 나쁜 것에서 좋은 것으로의 변화'를 뜻하는 것이었다. 발전이란 단어는 어떤 것이 피할 수 없고 필요한 보편적인 법칙과 바람직한 목적으로 나아가고 있기 때문에 잘 이루어지고 있다는 뜻을 가리키는 긍정적인 의미를 가진 것이다.

제2차 세계대전의 막바지에 이르러 미국은 세계의 중심, 지배 국가로서의 그들의 지위를 공고히 하길 원했으며 그런 목적 하에 세계적인 규모의 정치적 캠페인을 생각해 냈다. 1949년 1월 20일 Truman 대통령이 취임하던 그날 드디어 이 캠페인을 착수하게 되었는데 그 캠페인은 '발전'의 시대였다. Truman은 'Underdevelopment(저발전)'를 사용함으로써 'Development(발전)'란 단어의 의미를 바꾸었고, 그 때 이후로 미국 패권주의의 시대를 일컫는 것으로 하나의 상징을 창조한 것이다.

Truman 대통령이 처음으로 남반구에 있는 대다수의 국가를 '저발전 지역'으로 명명했을 때 우리들은 다음의 사실을 받아들일 수밖에 없게 된다. 즉, 미국이나 서구 사회와 같은 근대화, 산업화를 이룩하지 못한 국가의 국민들은 '저발전' 상태에 있게 되었다는 것이다. 그 말은 과거 다양성을 지닌 채로 살아가던 20억의 사람들의 존재를 부정하고 그들의 모습을 왜곡하는 것이었다. 그들은 과소 평가되고 낙후된 이들로 여겨졌으며 다양한 대다수로서의 정체성은 단순히 균일하고 적은 소수라는 용어로 정의되고 말았다.

발전의 의미가 산업화로 변형되어진 결과는 이제까지 '저발전' 지역에서 살아왔던 사람들에게는 자신들의 고유한 문화나 사회를 열등한 것으로 보게 하였고, 자신들이 발전하기 위해서는 우수한 것으로 인식되는 선진국의 가치나 경제 체제를 맹목적으로 따라야만 한다는 인식을 심어주게 되었다.

그러나 Sachs(1992)는 Truman 대통령이 내세웠던 발전의 시대는 다음의 전제에 의해서 무너지고 있다고 했다. 첫째, 미국과 몇몇 산업화 된 나라들이 사회 진화 등급의 최상에 있다고 하는 과정의 문제이다. 그러나 이들 산업화된 국가들은 엄청난 천연 자원의 소모를 필요로 하며 산업화의 결과 심각한 환경오염을 일으키고 있다. 만약 전세계적으로 산업화된 국가들을 맹목적으로 따른다면 지구상의 생태학적인 곤란은 더욱 커질 수밖에 없을 것이다. 따라서 이러한 우월성의 전제는 옳지 않다는 것이다.

둘째, 이 발전의 개념은 제2차 세계대전 후 구 소련을 중심으로 한 공산주의 국가에 대항하기 위해 식민 통치로부터 해방된 국가들을 미국을 중심으로 규합하고 그 국가들의 충성심을 유도하기 위해 제시한 것이다. Truman의 전 세계적인 발전프로젝트는 신생 독립국가들에게 그들이 따라야 할 미래상으로서 제시되었던 것이다. 전 세계적인 발전프로젝트의 추진은 선진국들로 하여금 후진국가, 제3세계 국가들에 대한 내정 간섭을 위한 인지적 기반이 되었던 것이다. 그러나 오늘날 역사의 무대에서 이러한 시대적인 동서 이념 대결은 이제 더 이상 찾아 볼 수 없게 되었다. 더불어 세계가 점점 다원주의화 되어감에 따라 Truman의 발전프로젝트는 관념적인 힘을 잃고 어떤 정치적 연료도 없는 채로 남겨졌을 뿐이다.

셋째, 발전은 지구의 표면을 바꾸어 왔는데 그것은 발전이 원래 의

도했었던 그런 방식의 변화는 아니었다는 것이다. 즉 Truman의 발전 프로젝트의 결과, 선진국과 남반구의 국가, 제3세계의 국가들과의 경제적 차이는 시간이 갈수록 더욱 커졌다는 것이다. 1960년대 북반구의 국가들은 남쪽보다 20배 더 부유했으나 1980년대는 46배 정도 더 부유해졌다고 한다. 이러한 현상은 더욱 심화되고 있다. 이것은 어떻게 된 일인가? 그 이유는 이런 종류의 경쟁에서 부유한 국가들은 언제나 다른 국가들보다 더 빨리 나아간다는 것이다. 선진국가들은 그들이 내놓았던 진보된 기술들을 토대로 좀더 보다 더 진보한 것을 개발해 내어 이전 것들을 구식화해 버리기 때문에 그런 진보된 기술을 가지지 못한 나라들은 끊임없이 선진국을 따라 갈 수밖에 없다는 것이다. 또한 산업화의 결과 각 국가들에서는 사회적 양극화가 널리 퍼지고 있다. 실수입의 감소, 불행, 자포자기의 이야기는 너무도 흔한 것이 되었다. 전통적인 인간을 근대화된 인간으로 만드는 캠페인은 많은 문제점을 야기했다.

넷째, 발전은 처음부터 잘못 생각된 계획이었다는 의심이 커진다는 것이다. 만약 지구상에 존재하는 전 인류가 몇몇 선진국과 같은 상태만을 따라가는 것이 발전이라면 그것은 결국 세계의 서구화 이외에는 아무 것도 아닌 것으로 된다. 세계적인 서구화의 결과는 다양성의 거대한 손실을 말한다. 건축, 의복, 일용품들에서의 세계적인 단순화, 다양한 언어, 관습, 행동의 소멸은 이미 덜 눈에 띄는 것이 되었고 소망과 꿈의 표준화는 각국 사회의 국민들의 잠재 의식 속으로 깊이 내려앉고 있다. 인간 정신이 이러한 서구의 심상들로 채워지고 그 결과 단일 문화가 형성된다면 이는 쓸모 없고 위험하다. 단일 문화의 확산은 산업화, 발전 지향의 사회에 대한 실용 가능한 대안들을 서서히 파괴해 왔으며, 창조적인 반응으로 다른 미래를 찾게 하는 인간의 역량을 무력하게 하고 있다. 지난 60여 년은 문화적 진보를 위한 발전가능성을 심각하게 피폐시켜왔던 것이다.

한편, Esteva(1992)는 Truman의 발전 개념을 다음과 같은 점들을 들어 비판한다. Truman의 대대적인 발전프로젝트 이후에도 남반구 국가와 제3세계 국가들은 아직도 '저발전'의 상태에서 머무르고 있었다. 그래서 '저발전'의 물리적, 역사적 원인들에 대한 집중적인 조사가 시작되었다. Hirschman(1958, 1981)이나 프래그머티즘적 관심도 저발전의 주요 원인으로 보이는 내부적, 외부적 요소들(불균형 무역, 의존, 보호주의, 시장의 불완전성, 부패, 민주주의적 결핍, 기업가 정신의 결핍 등)로부터 쏟아졌다. 특히 라틴 아메리카의 종속 이론가들과 또 다른 좌익 지식인들에 따르면 '가난한' 국가들은 식민지화의 과정에서의 강탈과 국가나 국제적인 수준에서의 자본가들의 착취에 의한 끊임없는 강탈에 기인한 상태에 놓여 있었다는 것이다. 즉 이들은 '저발전'을 미국이 성공적으로 대중화시킨 발전의 산물로 보았다.

이러한 '저발전'에 대한 연구와 더불어 Truman의 '발전' 개념은 그 후 시대의 변화와 함께 변모해 갔다. 초창기 발전은 '경제성장'의 의미로 인식되었다. 그러나 UN에 의해 정기적으로 출판된 보고서(The Reports On The Social Situation)에서 '사회 발전'이라는 표현이 서서히 소개되기 시작했고, '사회적'이라는 말과 '경제적'이라는 말은 서로 다른 실재들로서 간주되었다. 이들 견해들 사이의 '균형'에 대한 생각이 요구되었다.

어쨌든 UN에 의해 설정되었던 첫 번째 발전 시기 동안 급속한 경제성장의 결과로 발생한 부정적인 면들이(빈곤 지역의 확대, 경제 침체, 소외, 사회적, 경제적 진보로부터의 실제적인 배제 등) 좀 더 인식되기 시작했고, 양적인 지표에 토대를 두고 있던 발전에 대해 그 이상의 다른 무엇인가가 필요함을 깨닫게 되었다.

두 번째 발전 시기 동안에는 발전의 사회적인 면과 경제적인 면의 통합이 고려되었다. 특히 발전과 계획에 대한 '통합적인 접근'의 설명을 위한 프로젝트를 만들었던 UN은 발전정책과 프로그램을 체계화하는 데 있어 정치적 요소와 사회적 요소를 완전히 통합해야 한다고 했다. 그리고 이 통합은 아래의 구성 요소들을 가리킨다.

- 변화와 발전의 부문 밖에 사람들을 남겨 놓지 않는 것
- 국가적인 규모의 변화를 꾀하는 구조적인 변화를 초래할 것과 발전의 과정에 모든 사람들을 참여시키는 것을 활성화할 것
- 국가 내의 수입과 부의 공평한 분배의 달성을 포함하는 사회적 형평성을 목적으로 할 것
- 인간의 잠재 능력의 발전에 우선을 둘 것- 잠재 능력의 발전은 고용 기회와 아동들의 필요를 충족시켜 주는 것임

UNESCO의 전문가들은 토착적 발전(endogenous development)의 개념을 증진시켰다. 토착적 발전의 논제는 '단계적'이라는 발전의 가설에 대한 엄격한 비판으로부터 나온 것이기 때문에, 단순히 기계적으로 산업사회를 모방할 필요성과 가능성에 반대하는 것이었다. 대신, 이 개념은 각 개별 국가의 개별성 또는 특이성을 중요한 것으로 여길

것을 제안했다.

1990년대에는 재발전(redevelpment)이 유행하게 되었고, 개념적으로, 정치적으로, 재발전은 이제 지속가능한 발전(sustainable development)으로 전환하고 있다. 지속가능한 발전은 환경적이며 민주적인 재발전에 의해 활발하게 증진되었다. 이렇게 발전에 대한 인식은 초기의 '경제성장' 중심에서 점차 사회 형평성을 고려하는 발전, 참여적인 발전, 개별 국가의 특수성과 문화를 고려하는 발전, 환경을 고려하는 발전 등으로 변모하고 있다. 특히, Esteva(1992)는 경제학의 발달 과정에 대한 검토에서 경제학의 근본 원리가 사람들의 삶에 미친 부정적인 면을 언급하였다. 전통적인 경제학자들은 모든 사회에서 보편 타당하게 받아들여지는 원리로 '희소성의 원칙(law of scarcity)'을 제시하였다. 이것은 인간의 요구는 크지만, 반면 그 요구를 만족시킬 수 있는 수단은 제한되어 있다라는 가정이다. 이 가정은 자원 배분에 관한 선택을 의미하는 것이다. 이 사실은 '경제적인 문제'로 정의될 수 있는데, 이에 대한 해결책은 시장과 계획을 통해서만 제시되었다.

이러한 경제의 근본 원리에 바탕을 두고 19세기 동안 유럽에서는 경제 성장을 위하여 식민지의 확대를 도모하였다. 경제 성장은 식민지 확대와 같은 의미로 쓰였다. 그러나 Truman의 연설에 의해 이런 부정적인 어감은 사라지게 되었으며, 그 이후 발전론자들은 Truman의 발전 개념에 따라 경제 성장을 발전의 핵심으로 삼게 되었다. 경제적 원리와 경제 성장의 가치는 세계적으로 보편 타당한 것으로 받아들여지게 되었다. 그러나 이런 경제적인 가치만이 소중한 것으로 받아들여지다보니 기존의 자립적인 인간으로서 지니고 있던 특성들은 사라지게 되고, 이제 인간은 '시장(market)'이라는 경제적 논리에 의해서만 움직이는 '경제적인 인간'으로 되었다. 오늘날 대부분 발전의 역기능으로 나타나고 있는 결과들은 아마도 이런 양적인 경제 논리에 의해 생긴 것이라고 보아도 좋을 것이며 그 심각성은 매우 커지고 있다. 이제 지구상의 대다수의 사람들은 그들의 저항을 이러한 경제 논리에 묶여 있는 상태에서 자신들 스스로를 자유롭게 하려는 사회적 상호작용의 기본 형식들의 창소적인 재구싱으로서 간주한다. 그들은 이제 그들의 전통 밖에서부터 가져온 경험과 치료 요법들의 도움과 더불어 자신들의 고유한 문화와 환경에서 배우려고 노력하며 새로운 삶의 방식을 찾으려 한다. 그들에게 발전은 새롭게 인식되기 시작한 것이다.

이상에서 기술한 바와 같이, 발전의 개념은 더 이상 어떤 한 국가의 정치적 지배를 목적으로 하는 세계적인 헤게모니도 아니고, 단순히 양적인 면에서의 '경제성장'만을 의미하는 것은 더더욱 아님을 알 수 있을 것이다. 특히 경제적, 사회적 근본 원리로 가정되었던 희소성의 원칙은 일반 대중들의 의식에까지 자명한 원리로 침투되어 우리들 삶의 사회적 상호작용의 대부분을 경제적 논리로 채우고 말았다는 것도 알 수 있었다.

전통적인 인간을 경제적인 인간으로 바꾸려 했던 경제 성장의 결과 전 세계적으로 나타난 인간 소외 현상, 다양한 문화의 소실, 환경문제 등의 부정적인 면은 우리들로 하여금 단순히 서구적인 발전모형만을 따라가는 것만이 최선의 길은 아님을 말해 준다. 경제적인 측면뿐만 아니라 사회적, 환경적 요인들과 함께 하는 발전에 대한 새로운 인식의 전환이 필요하다는 것을 알 수 있을 것이다.

제2절 사회발전에서의 주요 쟁점

본 절에서는 선진국이든 개발도상국이든 사회구성원들에게 '발전'의 개념이 무엇인가를 새롭게 인식하고 논의하는 데 필요한 이론적 준거와 실증적 토대를 마련·제시해 보았다. 즉, 사회발전에서의 주요 쟁점으로 부각되는 빈곤, 욕구, 평등, 생활 표준, 시장, 하나의 세계, 참여, 환경 등을 중심으로 하여 사회발전에 대한 단일의 정의보다는 방전과 관련된 중요한 요소를 내포하는 다양성을 지닌 개념으로 파악할 필요가 있다. 학자에 따라서 역사적, 경제적 생산성, 정치체제에 초점을 두고 발전의 정의를 내리는 한편, 자연자원과 연관된 문화적인 가치나 쟁점을 강조하는 학자들도 있다. 따라서 본 절에서는 사회발전에 대한 새로운 인식 전환과 더불어 빈곤, 욕구, 평등, 생활 표준, 시장, 하나의 세계, 참여, 환경 등의 주요 쟁점을 종합적인 시각에서 다양한 요소들을 복합적으로 고려하여 구분·제시한다(Berthoud, 1992; Illich, 1992; Latouche, 1992; Lummis, 1992; Rahnema, 1992; Sachs, 1992).

1. 빈곤

오랫동안 많은 문화 속에서 '빈곤(poverty)'은 언제나 '부'의 반대말은 아니었다. 어떤 자격에서 박탈당하거나, 노동이 없는 상태거나, 어떤 사람의 직업이나 신분이 손실되거나, 보호의 결핍, 어떠한 공동체로부터 쫓겨나고, 유기되고, 불안정하고, 공적으로 무시당하는 이런 것들이 '빈곤'을 일컫는 말이다. 그러나 빈곤에 대한 거의 대부분의 공통되는 생각들은 '결핍'이나 '부족'이다. 빈곤에 대한 네 가지 차원은 다음과 같다.

- 물질성(materialities) : 물질(things)이 결핍된 상태이다. 경제적인 생존을 위한 '필요조건'이 결여된 상태로서, 모든 종류의 결핍, 기근, 허기짐, 영양실조, 주거할 곳이 없으며, 나쁜 건강상태, 그리고 교육기회의 박탈 등이다.
- 자신의 처한 조건에 대한 주관적 인식 : 어떤 물질의 상황과 세계를 바라보는 자신이 의미에 따라 달라지기도 한다. 자신이 겪는 결핍된 상태에 대한 스스로의 감정이 그런 상태를 극복할 수 있는 능력을 좌우한다.
- 타인들의 빈곤에 대한 시각 : 반드시 빈곤한 자들의 생각은 다른 이들이 나를 어떻게 생각하는가에 영향을 받는다. 자신이 자유로 빈곤을 선택하게 되었을 때에는 그것을 미덕으로 여기나, 빈곤은 일반적으로 당황스러움과 심지어 폭력적인 상태까지도 유발시킨다. 그러나 빈곤은 다른 사회적, 문화적 간섭으로 달리 보여지기도 하는데, 예를 들어, 자선, 원조, 교육 등의 활동이나 오히려 반대로 어떤 도움이나 원조도 그들의 빈곤을 절대로 바꿀 수 없다는 무용론적 반응이 있기도 한다.
- 사회적 문화적 공간-시간이 빈곤에 대한 다양한 관점에 영향 : 빈곤한 이들이 속한 시간과 공간에 의해 이들이 영향을 받게 된다.

다른 장소와 다른 시간에서 그들이 같은 물질을 가지고 있더라도 다르게 인식된다.

세계적인 빈곤은 완전히 새로운, 현대적인 개념이다. 지역중심의 사회에서 세계 경제로의 강제적 통합과 경제화된 삶이 이의 기본이 되었다고 볼 수 있다. 1948년 세계은행 첫 보고서에서 세계적인 가난의 문제를 국가의 GNP와 밀접히 연관시켰다. 국가의 수입은 한 나라의 경제 발전의 다양한 단계를 나타내는 새로운 세계적 지수이다. 전 사회의 확고히 된 경제화는 먼저 지역 경제활동에 대하여 국가의 경제가 패권을 쥐게 되고, 나아가 다른 여러 나라들에 대하여 세계 경제가 그 주도권을 잡게 되었다. 이러한 극적인 변화는 빈곤에 대한 다양한 근본적인 생각들이 재해석되고, 재구성됨으로써 영향을 받게 될 것이다. 요즘 경제적 빈곤은 세계적인 단계에서 수치와 고통거리로서 보여지고 이에 따라 행해지고 있다. 탐욕스러운 영리 추구를 통하여 부를 증가시키고자 하는 것은 도덕적인 빈곤을 초래하는 것이 된다. 풍요로움을 위한 노력은 경제와 도덕적인 정의를 위해서도 바람직한 목표가 되었다.

일반적으로 빈곤의 기본가정을 두 가지로 제시하면 다음과 같다. 첫째, 빈곤은 저개발(underdeveloped)을 뜻하며, 자신의 이익을 가질 수 없는 상태이다. 둘째, 빈곤에 대한 생각은 문화에 따라 다르다. 그러나 경제적인 발전이 가장 기본이 되는 개념이다. 현재 빈곤퇴치 운동을 추진하는 데 있어서 일반적으로 복지국가에서는 하나의 의무와 유대감의 실천으로 보고 있다.

위에서 말한 정책이나 계획들의 실질적인 영향력은 발전계획론자들의 기대와는 아주 다르다. 그들은 사회구성원들의 전반적인 요구에는 반응하지 않았으며, 빈곤이라는 이름하에 전개되었던 이러한 경제적 활동들은 더욱 만족할 줄 모른다는 비판을 받기도 했다. 또한 현대 경제적 용어에서 빈자(the poor)들의 요구에 관한 문제화는 지역이 통합되지 못하게 하는 결과를, 그리고 그들은 더욱더 무책임한 상태로 노출시켜 버리는 상태를 만들어 내었다. 부자가 가난한 이들의 상황을 낫게 만든다는 증거는 없다. 세계에서 가장 잘 사는 미국도 빈민층이 3천만 명 정도 된다(Boston Globe, 1989). 이들의 요구가 경제적인 지원이나 서비스의 생산이 아니라, 오히려 자신이 속한 지역에 필요한 자원, 이는 일반적으로 경제학자가 말하는 자원과는 다르며, 이러한 자원을 개발하기 위한 자신들의 실질적인 능력을 개발하는 것이다.

'한 세계', '지구촌'이라는 말은 세계가 변하고 있다는 의미이다. 이는 모든 이들이 근대화라는 정점에 도달하기 위한 전문화되며, 보편적인 용도로서 나타내는 말이기도 하다.

이러한 기본 가정에 의한 세 가지 기본 신조는 첫째, 빈곤은 전문적이고 제도적인 도움으로 해결하기에는 너무나 세계적이고 민감한 문제이며, 둘째, 경제적인 지원이나 욕구에 의하여 빈곤을 해결하고자 하는 계획이 구성되어야 하고, 셋째, 이런 계획을 설계하고 수행하는 기관은 공식적으로 정부와 다른 기관이 되어야 하며, 사회구성원의 요구의 파악과 필요한 해결책 제시를 반드시 해야 한다.

요구사정은 세계적으로 설정된 경제지수와 비교체제에 근거하여 평가되며, 예를 들어 UNESCO나 WHO 그리고 FAO는 일인당 국민소득, 신문 구독률 및 독서률, 보건복지 상황이나 단백질 섭취율 등으로 평가된다.

제도의 계승과 국가수준에서 전문적 기술개발은 국가적인 그리고 세계적인 빈곤퇴치 운동의 장기계획으로 UN이 말한 "기관형성(institution building)"이라는 "국가체제 능력"을 키우고 전문적인 기술을 강화한다는 말이다.

재화와 서비스의 생산은 모든 빈곤퇴치를 위한 주요 구성요소로서 일종의 부적(general talisman) 같은 경제성장을 이루는 것이다. 영역별 · 부분적인 개혁은 좀 더 다양하고 확대된 서비스의 요구가 영역별 혹은 사회부문별 개혁, 가령 실업률, 인구 통제, 교육 및 보건 서비스와 같은 곳에 이런 정책을 사용할 수 있다. 재분배정책은 좀 더 진취적이고 민주적인 국가에서 재분배정책은 경제 발전의 역동성 속에서 일반적으로 생겨나는 빈민이라는 구조적인 과정을 막는 데 가장 효과적인 방법이다.

지구촌(global village)이라는 말에서는 지역적이라는 개념을 사용하고 있다. 수 천 개가 되는 지역의 다양성은 실질적으로 세계를 더욱 독창적이고 풍요롭게 만든다. 앞에서 지적한 '한 세계'라는 것도 오직 자신의 이익만을 추구하는 비문화적, 비도덕적인 하나의 세계라고 할 수 있는 이러한 것을 대체하고자 하기 위해서이다. 세계의 전체성은 각 지역에 속해 사는 개인들의 인간관계의 망을 통해, 그리고 그들이 속한 공동체 안의 다양한 형태의 유대감, 협동성, 그리고 상호보완을 통해서 이루어진다. 이러한 행위들은 사람들이 구체적이고 즉각적인 문제를 해결하고 그들이 필요로 하는 것들과 변화를 이루도록 하는 데에 일반적인 방법이다.

수십년 전부터 간디 혁명운동(the Gandhian revolution)이나, 라틴 아메리카와 아프리카와 같은 곳에서 민중운동(grassroots movement)이 일어나고 있다. 이러한 운동은 지역마다, 세대마다 그 접근에 있어서 아주 다르지만 그 빠른 증가율은 중요하다. 이 운동이 제시하는 메시지를 요약하면 다음과 같다.

- 토속적인 반응(indigenous responses) : 정부의 근대화를 지향하는 정책에 대한 반발들은 이러한 민중으로 돌아가자는 운동을 낳게 되었다. 이는 주로 근본주의자와 인종주의자와 같은 이들의 새로운 결성으로 일어나게 되었다.
- 위협을 넘어서(surfing over threats) : 이런 민중운동은 그 자신들의 경험과 다른 모든 혁명에서부터 영향을 받았다. 이 운동의 실천으로 폭력과 권력의 역학에 대해 더 잘 알게 되므로, 더욱더 세계와 자신들을 좀 더 예리하고 새롭게 바라보는 방법을 발견하고 있다. 서구 현대사회에서 자신들의 부조리성을 보게 된 현대인은 더욱 실존하는 실질적인 근대화를 원하게 된다. 이렇게 될 때, 그는 자신의 삶을 위협하는 많은 역경을 바라보는 전통적이면서도 토착적인 방법을 알게 된다.
- 토착적 우주(vernacular universe) : 우리는 자신에 익숙했던 수평선상 내에서, 우리들의 삶에 가능하고 의미 있는 변화를 일으키고자 한다. 이런 민중운동자들은 인간이 만드는 거대 세계(macro world)를 만들고 싶어한다. 인위적일수록, 우리의 꿈은 열망에 위험이 많을수록 자신을 더욱 거대한 세계의 부분으로 보게 된다. 이것이 바로 인간에게 희망과 강함을 주는 토착적 혹은 지역적 우

주이다.

- 영적인 차원(spiritual dimension) : 대부분의 현대 민중운동은 강력한 영적인 측면을 가진다. 즉 내적변화, 도덕적 순화, 자기발견, 자기인식, 또한 신이라는 관념이 많은 다른 식으로 해석되면서 신학적인 중요성이 가미된다. 이는 열광적이고 단결된 새로운 전염성의 형태로 그 집단의 조작적인 효율성을 크게 높이는 영적인 면을 공유하고 있다.
- 즐거운 빈곤(convivial poverty) : 물질적인 풍요에만 의미를 두는 나라 간의 경제적인 비교는 모든 인간이 동일한 풍요로운 삶을 누리는 것을 결국 막게 된다. 즐거운 빈곤은 자발적이고 도덕적인 빈곤으로서 단순화, 청렴함, 모든 인간에 대한 존경, 자족함 등과 같은 아주 오래된 도덕적 원리에 바탕을 두고 있다.

2. 욕구

발전은 지구를 황폐화시키고 기후를 변화시켰다. 이러한 변화와 더불어 생존하는 것보다 더 어려운 것은 지난 60여 년의 발전이 만들어온 욕구의 습관을 가진 생활의 공포이다. 발전을 부추긴 욕구는 지구의 황폐와 오염을 정당화하였고, 더 깊은 수준에서 작용하였다. 욕구는 인간의 본성을 변형시켰다. 욕구는 호모사피엔스(home sapiens)의 마음과 감각을 호모 미저라비리스(homo miserabilis)의 마음과 감각으로 변형시켰다. '기본욕구'는 발전의 뒤에 남겨진 가장 음흉한 유산이 될지 모른다.

변형은 수 세기에 걸쳐 일어났다. 이 기간동안 확실한 것은 때때로 진보, 발전, 성장이라고 불리어지는 변화였다. 이 세속적인 과정 속에서 인간은 문화와 자연의 '자원'을 발견하였다고 주장하였다. 제2차 세계대전 후 세대는 서민에서 욕구에 찬 인간으로 인간의 본성에 있어서의 변화를 목격하였다.

진화, 진보, 성장, 발전의 깃발 아래 서구의 역사적 발달은 욕구를 발견했고 규정하였다. 이 과정에서 우리는 서투른 노동자라는 인간에서 욕구의 탐닉자인 인간으로의 전환을 관찰할 수 있다. 욕구의 역사성에 대해서는 확증적으로 말하기 어렵다. 인간의 조건은 구성원들에게 공통된 욕구에 의해 규정되어 왔다. 욕구는 인간 한계에 관한 고유한 문화적, 종교적 가정들을 소위 개인적 가치의 영역으로 떨어뜨린 공통된 사회적 확실성의 전 세계적인 기초가 되었다. 현대의 발전이 만든 욕구의 파급은 발전담론의 마무리에 의해 저지되지 않을 것이다.

호모사피엔스(현명한 인간)의 욕구에 찬 인간으로의 사회적 재구성은 필요의 지위를 변형시켰다. 그러한 인간조건의 부분이 되면서부터 필요는 적 혹은 악으로 바뀌었다. 10년의 발전은 신기원으로써 이해될 수 있다. 그동안 전 세계적인 축제가 필요의 목표를 의례화하였다.

현대 발전담론에서 욕구가 일어날 때 그 욕구는 필요도 아니고 갈망도 아니다. 선을 추구하려는 희망은 욕구가 정의되고 만족될 것이라는 기대에 의해 대체되었다. 희망은 갈망을 높이는 필요에서 나온다. 희망은 예기치 않음, 기대치 않음, 놀라움을 지향한다. 기대는 발전의 약속에 의해 높아진 욕구로부터 나온다. 기대는 주장, 계몽, 요구를 지향한다.

욕구는 최근에 하나의 보편적인 경험이 되었고 바로 지금 사람들은 보호, 교육, 사랑, 친밀감의 욕구에 대해 목소리를 높이게 되었다. 오늘날 욕구의 존재를 거부하는 것은 거의 불가능하게 되었다. 욕구는 호모 미저라비리스(home miserabilis)의 정상적 조건을 나타낸다. 욕구는 대다수가 도달하기 어려운 어떤 것을 나타낸다.

발전의 정치적 추구는 서구의 정치담론 속에 욕구를 불러일으켰다. 초점은 가난에 있었다. 1949년 미국의 Truman 대통령은 앞에서도 지적한 바와 같이, '저개발'이란 용어를 사용하여 '경제적 기초'를 만든 욕구를 역설하였다. 또한 1961년 Kennedy 대통령도 경제 발전을 위한 대체가 아닌 성장을 위해 불가피한 사회적 진보를 위한 욕구를 주장하였다. UN은 가난을 조작하기 시작하였다. 가난을 '수용할 수 있는 최소한의 표준 아래에서 살고 있는 사람들'로 규정하였다. 이런 표준을 만들기 위한 첫 번째 도구가 GNP라 불리는 것이었다. 욕구의 준거가 되는 GNP는 사회과학자들과 관료주의자들이 단순한 성장과 진정한 발전사이를 구분할 수 있는 방법이 되었다. 사람들은 경제성장의 구성요소들을 합법화하게 되었다. 더 이상 경제적 발전과 사회적 발전을 구분할 필요가 없었다. 왜냐하면 발전-GNP의 성장으로 구분되는-은 자동적으로 양자를 포함했기 때문이다.

발전은 전통적인 문화적 공통성에서 사람들이 끌어올리는 하나의 과정으로서 시각화될 수 있다. 이 전환과정에서 문화적 결속은 와해된다. 이러한 기초 위에서 생존하기 위해 사람들은 새로운 소비의 최소수준을 성취하도록 강요된다.

이러한 새로운 구조의 틀 속에서 가난의 문화적 근본 원리는 보호될 수 없으며, 그것은 파괴된다. 전통적인 가난에서 사람들은 하나의 문화적 그물침대를 찾아 의존할 수 있다. 그러나 오늘날 복지는 문화적인 그물침대가 아니며, 사회보장도 마찬가지이다. 발전을 위한 준거로써 논의된 욕구는 분명 전통적인 필요나 갈망과 관련이 없다. 그럼에도 불구하고 두 번째, 세 번째 '발전의 10년' 동안 많은 사람들은 충족되지 않은 조작된 욕구에 의해 그들의 가난을 경험해 오고 있다. 하나의 개념으로써, 하나의 아이디어로써 욕구는 이전 신기원의 의미의 별자리에 존재하지 않았던 현재의 정신적 위상 내에 한자리를 차지하고 있다. 공통된 욕구에 의해 우리의 공통된 인간성을 규정함으로써 우리는 개인을 그의 욕구의 단순한 프로파일로 감소시킨다.

우리는 계몽의 꿈에 뿌리를 둔 진보, 성장, 발전에 기초한 정치적 의식으로부터 욕구만족의 '유지할 수 있는 체계'를 보장하는 통제에 의해 규정된 새로운 그러나 아직 이름이 없는 의식으로 전환하려는 그 경계선 위에 있다. 발전의 담론 내에서 '욕구'의 단어와 개념은 점점 매력을 끌었다. 욕구라는 용어가 새로운 맥락 내에서 사용될 때, 욕구는 한 인구 내에서 하위체계로써 재개념화되어 왔던 시민들의 다룸을 위한 완곡 어구로서 기능한다.

3. 평등

평등(equality)의 의미는 크게 두 가지로 나눌 수 있다. 첫째, 평등은 "정의(justice)"나 "공정한 다룸(fair treatment)"의 한 종류이다. 둘째, 평등은 "같음(sameness)" 또는 "동질성(homogeneity)"을 나타낸다. 어떤 맥락에서 두 의미는 중첩될지도 모르나 다른 것이다. 어떤 사람들을 공정하게 다루는 것은 그들을 다르게 다루는 것을 요구할지도 모른다. 한편, 마치 그들을 똑같이 다룬다는 것이 필수적으로 그들을 공정하게 다루는 것이 아니다. 더욱이 두 의미는 종류에서 다르다. '정의'로서 평등은 어떻게 사람들이 다루어져야 하는지에 관한 가치진술이다. 이것은 사람들 사이의 관계를 말한다. 그러나 '같음으로서 평등'은 사실의 집합이다. 이것은 사람들에 있어서 공통 특성을 가정한다.

유럽 중세기 동안 "평등한"이란 표현은 봉건계급체계에 의해 같은 사회계급의 사람을 의미하기 위해 사용되었다. 이 평등의 개념은 역사적인 흐름 속에서 여러 가지 의미를 나타내는 것으로 변천하였다. 이후 19세기 미국에서 평등은 "기회의 평등"으로 재정리되었다. 기회의 평등은 경제적 불평등을 합법화하기 위한 장치로 볼 수 있다. 그리고 기회의 평등은 어떤 동질화하는 효과를 가진다.

여기에서 평등의 의미는 두 부분으로 나눌 수 있다. 하나는 경제적 발전이 약속하는 평등과 다른 하나는 경제적 발전이 실제로 생산하는 평등이다. 그것이 약속한 것은 평등한 정의(경제적 평등)이며, 그것이 생산한 것은 동질성(경제적 불평등을 유지하고 강화하는 것)이다.

경제적 발전 평등의 본질은 "격차해소" 또는 "격차의 좁힘"으로 표현된다. 이것은 경제적 평등이 성취될 수 있고 최소한 불평등이 계속적인 경제발전에 의해 감소될 수 있다는 생각이다. 또한 경제발전은 풍부함의 수준에서 국제 경제적 평등으로 이끌 수 있다는 생각이다.

기회의 평등처럼, 세계 발전 평등의 생각은 세계의 모든 사람들이 같은 게임을 뛰고 뛰어야만 한다는 것이다. 그러나 발전은 먼 미래를 위해 경제적 평등을 약속하지만 지금 그것이 만들고 있는 것은 참담한 불평등을 산출하고 있다.

세계은행의 1988년 세계발전보고서(World Development Report)에 따르면, 선진시장경제(industrial market economics)라 불리는 20개국의 가장 부유한 자본주의 국가의 국민 1인당 GNP는 1986년 기준 $12,960이었다. 연간 평균 성장률은 2.3%였다. 같은 해에 가장 가난한 33개 국가들의 경우 국민 1인당 GNP는 $270이었다. 연간 평균 성장률은 3.1%였다. 세계발전보고서의 성장률이 변화되지 않는다고 가정하면 가난한 국가들(저개발국가들)은 부유한 국가들(선진국)의 1986년 수입수준을 127년만에 성취할 것이다. 이들 국가들은 497년만에 부유한 국가들을 따라잡을 것이다. 세계경제체계는 불평등을 생산하고 그것은 불평등을 가속화시킨다. 결국 세계경제는 부와 빈곤 사이의 차이에 의해 가속화될 것이다.

발전평등 -경제활동을 통해 선진국을 따라 잡는- 은 상식과 경제과학에 반하는 한 개념이며, 이는 물리적으로 달성할 수 없는 불가능이고 논리적으로 모순되는 개념이라고 할 수 있다. 이것이 작용됨과 동시에 새로운 형태의 불평등을 조장하게 된다. 격차해소 평등은 불평등의 조직과 합리화가 현실인 믿음이다.

불평등은 하나의 경제적 문제가 아니다. 엄격히 말하여 경제는 하나의 문제로서 불평등을 기술하기 위한 단어를 가지고 있지 않다. 이것은 단지 사실이다. 만약 불평등이 하나의 문제라면 그것은 하나의 정치적 문제이다. 그것의 해결책은 발전의 문제가 아니라 짐을 없애버리는 문제이다.

4. 생활 표준

여론과 과학적 용어에 따르면, '생활 표준 혹은 삶의 표준(standard of living)'은 물질적 복지를 의미하며, 측정할 수 있는 개념을 구성한다. 만족스러운 생활에 대한 희망은 인간의 관심사이지만 '생활의 표준'에 중점을 둔 것은 비교적 최근의 일이다. 전문가들은 여러 가지 생활의 양태를 연구하는 데 오랫동안 집중하여 왔다. 이들은 한 지역이나 한 사회구조에 특수한 생활의 방식을 기술하려고 하였다. 양적 및 규준적인 측정은 매우 부족하였다. 생활의 여러 가지 질에 대한 관심이 압도적이었다. 그러나 오늘날 경제학자들은 생활 표준의 개념을 사용한다. 왜냐하면 생활의 방식이 점차 정형화되어 가기 때문이다. 이러한 정형화는 생활의 양태에 있어서의 차이는 생활의 수준에 있어서의 차이로 더욱더 옮겨갈 수 있는 결과를 낳는다.

생활의 표준 자체의 표현은 매우 오래되었으나 그것의 의미는 많이 변화되었다. 원래의 생활 표준은 '줄일 수 없는 최소한의 수입', 즉 생활의 유지수준, 직장의 재생산 비용 등을 나타내었다. 이러한 의미를 상실하지 않고 생활 표준이란 표현은 '생활의 바라는 태도(생활의 계획)', '정상적인 생활의 조건(생활의 내용)' 등을 나타낸다.

생활 표준을 현 시대의 과대망상과 지배적인 경제정치학이 되게 한

몇 가지 상황들 가운데 세 가지가 관심의 대상이 된다. 여기에는 국가회계의 개념의 확대, 주요 산업국가들에서 대중 소비의 성장, 제3세계에서 발전 신념의 보편화가 포함된다.

사회적 조건의 측정을 위한 회계체계의 부재로 생활 표준의 개념을 양적 크기로 환산하여 그것의 사용을 확대해 나가는 것이 어려웠다. 따라서 생활 표준의 척도는 수입의 양이었다. 주요 산업국가들은 통계 연구기구를 만들어 통계자료가 사용되기 시작하였다. 따라서 표준화된 측정방법이 개발되었으며, 생활 표준은 양화될 수 있었고 비교될 수 있었다. 가구당 GNP는 전 세계에서 편리한 측정방법이 되었다. 제2차 세계대전 후 60년 동안 선진국가는 눈부신 성장을 경험하였고, 생활 표준에 많은 효과를 미쳤다. 이들 국가들에서 빈곤은 거의 사라졌다.

발전의 신념이 태동하게 되었으며, 국가들 사이의 차이는 단순한 지체로 여겨졌고, 이러한 차이는 불공정하고 수용할 수 없는 것으로 비난되었다. 그리고 이러한 격차의 제거가 시도되었다. 생활표준의 기본적 지표인 가구당 GNP는 발전수준을 측정하기 위한 기초적인 준거가 되었다. 점차적으로 부가적인 준거가 만들어졌다. 1954년 UN이 '표준'과 '생활 수준'의 의미와 측정에 대해 국제비교를 위해 12개의 생활표준 구성요소들을 제안하였다. 여기에는 ①건강, ②음식과 영양, ③교육, ④직장의 조건, ⑤고용상황, ⑥소비와 저축, ⑦교통, ⑧주택, ⑨의복, ⑩여가와 휴가, ⑪사회보장제도, ⑫자유 등이 포함되어 있다.

'생활 표준'은 서구, 근대성, 발전의 지배적인 패러다임의 모든 차원을 포함한다. 이 패러다임은 매우 제한된 수의 요소들만을 포함하는 자동적인 준거분야가 된다. 이러한 요소들의 상호작용은 자동적이며 무제한의 물질적 부의 성장을 불러일으킨다. 따라서 '생활 표준'의 개념은 일반적인 경제패러다임 자체와 같은 기원을 갖는다.

'좋은 생활(good life)'의 목표는 그 자체가 총체적인 형태로 표현될 수 있다. 그러나 좋은 생활이 총체적인 상품으로 표현되면 생활의 다면적인 측면과 앎의 다양한 방식은 '상품'이라는 단일한 프로젝트로 축소된다.

그러나 현대에서 모든 사람들에게 공통적인 유일한 상품은 생리적인 속성으로서의 생활이다. 그 첫 번째가 정신적인 욕구이다. 이 욕구는 두 가지 수준을 갖는데 생리적인 수준과 사회적인 수준이다. 생리적인 수준에서 욕구는 칼로리의 수이며, 사회적인 수준에서 욕구는 달러의 수이다. 만족을 최대화하고 고통을 최소화하려는 유용한 개인의 출현은 각 개인의, 그리고 모든 개인의 가장 높은 생활수준을 보장할 수 없었다. 이러한 경제적인 패러다임은 매우 성공적이었고 단일 차원의 순환론으로 결정되었다.

생활 표준은 거주자에 의해 소비 재화와 서비스의 양에 의해 측정된다. 그러나 시장에서 규칙적으로 교환되는 재화와 서비스만이 이 계산에 포함된다. 이러한 결과는 생활의 질의 중요한 측면이 설명되지 않는다. 현재의 지배적인 계산범주는 문화적 제국주의의 급진적 형태를 나타낸다. 제3세계 국가들에서 생활의 행복과 즐거움은 가구당 GNP의 수준으로 축소된다. 그러나 생활의 실질적인 다양한 측면들은 부와 잠재력으로 오해된다.

생활 표준에 대한 과대망상은 그것의 주요한 차원들을 무시함으로써 생활의 예기치 않은 빈곤을 야기시켰다. 모든 사회는 부의 개념을 가지고 있고 이 개념은 보여지는 지표들에 의해 반영된다. 그것은 모든 천연자원 혹은 인간 자원, 문화적 제스처, 창조물들을 포함한다. 이러한 가치의 소유는 지위, 특권, 권력을 부여한다. 발전, 근대성, 서구화에서 분명한 실패는 이런 대상이나 생활 표준의 환상적인 측면들을 볼 기회를 제공한다는 것이다.

5. 시장

1980년대 이후부터 시장(market)의 개념은 전통적인 방법과 비교되어 변화해 왔다. 시장은 새로운 개념으로서 단지 상품과 서비스를 분배하는 기술적인 장치로서만이 아닌 전체 사회를 통제하는 유일한 방법이 되었다. 지금 시대에 시장의 위력은 세계 발전의 문제를 해결하는 데에 깊이 관여되어 있다.

시장은 수많은 어려움과 역경이 있었지만 발전을 위한 유일한 가능성 있는 행로가 되어 왔다. 특히, 가난한 자들을 위해서 시장 체제는 자본주의를 선택하였다. 많은 정책 입안자들이 전체적으로 시장을 사회를 통제한다는 관점으로 보았다. 그러므로 시장은 개인과 집단의 행동을 이끌어내는 주요 원리가 되는 것이다.

시장의 원리와 그 기제를 세계적인 수준에서 본다는 현대의 경향성에서 발전이라는 개념은 전통을 완전히 벗어난 자들과 전체적인 사회적 · 도덕적 의무를 희생시켜서라도 그 자신은 영리 추구만을 위해서 노력하는 자들에게만 가능한 것이다. 지난 60여 년 동안, '발전'이라는 개념은 국가 및 국가 간 자본주의 시장 경제체제로의 통합으로서 의미를 가져왔으며, 이러한 통합은 '선진화된(developed)' 나라로서 간주되는 지역이나 나라에 대한 최소한의 조건이 되어 왔다. 이러한 시장의 논리에서 개인적, 집단적인 수준 간에 상호연관성이 반드시 필요하다는 것을 의미한다.

시장을 통한 발전은 반드시 경제적인 성장이 있는 곳에서만 일어나게 되며, 이러한 이상적인 것에 의해서 시장은 모든 발전이론과 정책 속에서 암시적인 가정으로 나타나게 된다. 이런 이상적인 확신은 시장경제를 주장하는 데에 필요한 조건이지만, 아직까지는 불충분하다.

시장의 역동성 때문에, 상품화는 어떤 제한성도 가지지를 않는다는 인상을 준다. 모든 것이 매매할 수 있다는 생각은 기술과학과 시장 간에 밀접한 연관성을 두고 나온 것이다. 현대의 기술의 이상적인 성공 아래에서 시장의 확대아래에서 모든 물건들이 만들어지면서 팔릴 수 있다는 생각이 지배적이며, 기술과학의 진리와 시장이라는 법칙의 만연성 아래에 우리의 우주가 구조화되어 가고 있다.

약 60여 년전 그 시작 무렵부터 발전정책은 세계적인 패권을 위한 동 · 서양(East and West)간의 널리 퍼져 있는 갈등 내에서 규명되어 오고 있다. 발전의 두 가지 모델은 이러한 역사적 상황에 의해 나타났으며, 그 한 가지는 시장적 자본주의(Blue 입장), 다른 하나는 사회주의(Red 입장)였다. 지난 60여 년간 경제 성장은 여러 가지 다른 면으로 간주되어 오고 있는데, 1960년대의 신좌파 운동의 극비판적 관점에서부터 1980년대 신우파 이데올로기(신자유주의)의 독단적인 발언까지 이른다.

성장이란 의미는 우리 인간 삶을 보는 현대적인 방법에 본질적인 것이다. 지속적인 기술개발에 근거한 경제적 팽창이야말로 세계가 가지는 문제점을 해결할 유일한 방법으로 여겨지고 있다. 이런 면에서 발전이라는 것은 서구화된 삶의 방식이 인간의 행복을 보장하는 유일한 수단임을 암시하고 있다. 단순히 더 많은 상품과 서비스를 만들어내야 한다는 자명한 논리를 뛰어넘어 발전을 새로운 유형의 인간을 출현시키며, 이에 상응하는 조직을 만들어내야만 하는 하나의 과정이다. 그 시작에서부터, 발전의 목표는 지속되었으나, 시장 경제의 확산이나 민간 부분의 자본주의를 이루기 위한 수단은 변했다. 간단히 말해서, 두 개의 큰 조직인 국가(state)와 시장(market)이 발전을 촉진시키고 있으며, 1950년대에서 1970년에 말까지 국가가 Bentham의 '최대다수의 최대행복'을 실현해야 한다는 일반적인 논리가 있어 왔다.

그러나 시장의 확산을 촉진하는 것은 바로 국가와 시장 간의 상보성이다. 이론적으로 살펴볼 때, 국가를 통해서 한 개인의 경제적 성장을 위해 시장을 유지하고 규제해 나가며, 사회를 통해서 그 결과물들이 공정하게 분배되어야 한다. 이것이 사회정의의 이상적인 모형이다. 말할 것도 없이 이러한 과정은 남(South, 저개발국가)에서는 전적으로 실패하였던 것이다.

1980년대 이후로 시장이 유일한 발전 촉진의 수단이라는 견해가 급증해 왔다. 이러한 신자유주의의 이론적 틀(neo-liberal framework) 속에서 경제성장은 전 세계의 빈곤의 극적인 문제를 가진 자들에게 부여된 최소의 분배 없이 해결해 왔다. 효율성이 목적을 위한 수단으로서 선호되며, IMF와 세계은행을 통하여 구조조정의 과정을 거쳐 세계적인 규모에서 자유주의를 실현시키려고 의도한다. 이러한 명백한 목표는 잘 사는 자와 못 사는 자들에게 단지 경제적인 동기만을 심어주려는 것이다.

원조(aids)에 대한 이런 정책적인 영향력은 아주 명백하다. 과연 원조가 이미 진행중인 발전을 촉진시키는가 아니면 저해하는가에 대한 논쟁과 함께 의문이 제기되고 있다. 시장의 위력이 너무나 크므로 오늘날 원조는 더 이상 일반적인 정책으로 보여질 수는 없다. 중앙계획적인 모델(centralized planring model)의 실패와 새로운 시장 논리의 부흥으로 원조는 순수 공리주의적인 용어로 분명히 규명된다. 극명한 차이점이 있지만, 여기서 목적을 위해 반드시 밝혀져야 하는 것은 발전의 두 모델(시장에서 국가의 적극적 개입 또는 시장만의 역동성)로서 이는 모든 도덕적 혹은 사회적 의무에 자유롭게 개인의 이익을 가져다 준다는 점이다. 아마도 역설적이지만, 세계 대부분의 첨예한 문제들을 해결하는 데에 실질적인 장애들은 다수의 문화적 전통보다는 기술과 시장에서 나오는 경제 없는 발전이 다소 우리를 자연과 사회에서 자유롭게 해준 것이라는 우리 속에 깊이 박힌 신념 때문일 것이다.

하나의 기관(institution) 이상으로, 시장은 인간의 상황의 건설적인 부분으로 본다. 기존에 우리가 가져왔던 시장에 대한 개념 즉, 공급, 수요, 그리고 가격, 이 세 가지의 용어로 표현하는 것은 시장의 원리를 보는 데에 다소 한계가 있다. 경제논리의 보편적 타당성을 지지한 Becker(1976)는 '경제적인 방법은 모든 인간 행동에 적용될 수 있는 종합적인 방법이다'라고 주장하며, 그가 말한 이런 접근은 '인간의 행동, 시장의 형평성(equilibrium), 그리고 안정된 선호도(stable preference)를 극대화하려는 종합적인 가정'이었다.

여기서 우리가 당면한 문제는, 공공적인 장소로서 시장과 사회적인 관계를 만들어가는 원리로서 시장간의 명백한 차이점이다. 장소로서 시장은 구분된 상황이 있는 현상으로서 일상생활과는 확실하게 분리된다. 많은 사례들이 이러한 형식적인 특징을 설명하고 있다. 그러면 시장 내에서 어떠한 상호작용을 볼 수 있는가? 인간이 행동하도록 만드는 동기나 목적은 무엇인가? 이상적으로는 개인은 그 자신의 이익을 취하는 행동을 위해서는 완전히 자유롭다. 어떤 외부적인 제한도 여기에 부여되지 않는다. 한 개인은 자신이 선택한 누구와도 공리적인 상호교환을 행할 수 있어야만 한다.

이런 이상적인 상황에서, 시장은 상호이익을 교환하고자 하는 타인간의 공동체로 볼 수 있다. 사실 시장은 훨씬 더 복잡한 장소이다. 일면으로, 시장원리의 주요한 면들은 이미 시장 안에 존재하고 있다. 인간사회는 시장원리에 대한 제한된 표현을 일반화시킬 필요가 있음을 지적한다. 현 사회에서 시장은 특정한 현상에서 보편적인 현상으로 점차 본질적으로 변화되어 오고 있다. 명백하게 그 정체성과 차이점을 동시에 구분하기 위해서, 시간과 공간을 통하여 장소로서 시장과 추상적인 원리로서 시장을 비교하는 것은 정말 쉬운 작업이 아니며, 이에 대한 많은 논쟁과 질문은 계속된다.

시장에 대한 생각은 하나의 사회통제 원리로서, 그리고 사회와의 양식으로서 역사적으로, 논리적으로 중산층과 연관되어 있다. 중산층은 도시화된 '인간으로서' 이들에게 부에 대한 바람(desire)은 자연스럽고도 보편화되어 있는 동기이다. 중산층의 세계관에 의하면 인간의 소유에 대한 질(acquisitive quality)은 전통적인 생각으로 잘 표현되는 이분법 즉, 부자와 가난한 자, 그리고 소유자와 노동자 간의 구분으로 보여진다. 이러한 사회상황의 복잡성에 대한 아주 추상적인 견해이지만, 성공적인 시장행동을 위한 분명한 조건을 만들어주는 방법이다. 인간 세계에 대한 진리가 자유롭고, 자발적 · 의도적으로 행해지며, 시장이 제도적으로 조직하고 통제하는 인간 개개인의 이익의 논리로 한정된다.

이와 같은 사회 상황 내에서, 중산층의 관점에서 볼 때에, 인간과 상품은 모든 이런 부여된 관계로부터 다소 탈사회화(desocisalized)되거나 벗어나려는 경향이 있다. 공리적인 상호교환의 얽힌 망으로서 시장은 문화의 제국주의로 산만하게 정해진 것으로부터 인간과 물질을 해방시키는 하나의 장치가 된다. 한 사회의 중산층의 개념은 사회 활동에 대한 기본원리가 많은 제도적 필수조건에 근거한 활동 혹은 실제가 된다. 시장은 자유로운 개인들이 단순히 자발적으로 교환하는 장소가 아니다. 돈은 단순히 하나의 상품이 아니라, 그 경제적인 의미는 반드시 정치적, 사회적인 의미가 부여되어야 한다. 동전의 한 면은 경제적인 가치를 상징하며, 다른 면은 정치적인 힘을 나타내 준다. 그러나 이러한 두 가지의 결정은 충분하지 않다. 시장체제에서 더욱 알려진 돈이라는 현상은 개개인 속에 내제해 있는 무엇인가에 대해 어떤 의미를 암시한다. 공통되는 가치, 단일 언어, 도덕적 의무들, 널리 공유되는 자신감, 습관, 그리고 심지어 위계질서의 형태까지 이러한 사회구성원의 다양한 감정이 시장의 기본 전제를 구성하게 된다.

시장이 자기형성적인 것보다 인위적으로 형성된 시장체제를 이해하기 위해, 시장은 다양한 전통적인 정치, 사회, 도덕적 구속력이 지배 당하고 있으며, 많은 정치 및 문화적인 변화가 이를 강화하고 있음을 알아야 한다. 즉, 시장의 생성과 그 확산은 제도와 문화적 가치에 의존한다. 그러나 동시에 시장 또한 구체적인 사회·문화적 상황에 따라 전체 사회적인 맥락을 지배하는 경향도 가지게 된다. 그러나 최근 상황 속에서 이러한 경향성은 반대로 시장으로 하여금 변형적인 힘을 가지게 한다. 시장은 불가피한 하나의 세력으로서 보여지며, 그 팽창을 제한시키기가 점차 힘들게 되었다.

사회 분배의 독점적인 형태로서 시장에 대하여, 위력 있는 기술과학은 의문의 여지가 없는 것이다. 이 기술과학은 세계의 행복으로 가는 유일한 통로가 된다. 기술과학과 시장은 현 공리주의자들의 신조에 따르면, 우리 인간 환경의 가장 바람직한 목표를 달성하고 많은 사람에게 물질적 번영을 나누어주는 것이라고 한다. 모든 사회생활의 부분을 변화시킨 이 상품화(commoditization)의 과정은 전 세계를 통하여 다양한 효과를 가지며 이루어지고 있다. 주지하다 싶이, 정책으로서, 그리고 하나의 실제(practice)로서 발전은 시장의 원리를 따르려고 하는 새로운 사고 방식을 키워나가고자 하는 강력한 의지이다.

식민지 시대에서 오늘날에 이르기까지 발전은 시장의 역동성을 위한 기본전제로서 가치를 지니게 되는 새로운 이론적 틀이었다. 대부분의 세계 인구를 위해, 발전은 근본적인 인간의 동기로서 자기이익의 정당화를 높여주기 위해 윤리적 정체성과 유대관계를 파괴시켰다. 종종 발전이란 것은 다수를 희생시키면서 소수의 우리가 많은 이익을 얻도록 하는 가능성을 의미하였다. 이러한 영리주의 행위가 많은 사람의 생명을 위협하였다. 모든 사람을 시장이라는 공동체로 이끌어 들이기 위해, 다양한 사회적 관계를 이용한 공용징수와도 같은 것이었다. 인간을 위한 자연스러운 속성을 지니는 것으로 부의 축적을 보는 이들에게 발전은 단지 발전 그 자체를 이루기 위해 인간을 돕는 어떤 방향으로 강요하는 것뿐이다. 역설적이지만, 발전이라는 현상을 완전히 이해하기 위해서는 우리 자신에 대한 근본적인 물음이 필요하며, 아울러 발전은 기술과학과 시장의 무한정 팽창되고 있는 우리 서구사회와 현대문화의 보편성에 대한 우리 시대가 가지는 진정한 문제일 것이다.

6. 하나의 세계

식물이나 동물도 거대한 생태계의 유지를 위해 필요하듯이, 언어도 역사를 거쳐서 복잡한 문화를 생성시키고 있다. 종(species)이 사라지게 되면 생태계도 파괴되듯이, 한 나라의 언어가 소멸되면 문화도 사라진다. 언어를 생각해볼 때, 인간이란 의미도 1950년 이후로 발전의 시기 동안 사라져왔다. 그러나 언어의 소멸이 세계 문화의 소멸에 가장 유일한 극적인 징조를 나타내었다.

'한 세계'라는 모델의 부흥에 따라 지난 60여 년 동안의 '발전'도 지나갔다. '세계적인 사회', '통합된 세계시장' 혹은 '세계의 책임'과 같은 생각들이 수년 전 보다 훨씬 더 도덕적인 어조로 불려지기는 하지만, 과거를 통해서 많은 사람들의 마음을 자극시켜 왔다.

세계의 역사는 하나의 역사로 모아져 왔으며, 한 방향으로 지향해 왔다. 인류, 진보, 그리고 평화가 UN기구의 이념적 초석이 되었다. 진보와 발전을 통해 인간과 평화는 스스로를 실현시키게 되었다. UN헌장은 유럽의 계몽주의로부터 많은 영향을 받았다. 이는 모든 인류가 같은 위치에 서 있다는 것인데 이를 인본주의적 신조로 보는 것이다. '인간성(humanity)'이 모든 인간을 통합하는 공통적인 분모가 되며, 인종간, 신념과 및 사회 관습에서 차이점은 크게 중요시되지 않고 있다.

계몽주의에 있어서 '인류(mankind)'라는 것은 단지 지구의 거주자와 같은 경험적인 개념이 아니라 무엇인가 실현되어야 할 상태, 인간진보의 길을 따라 움직이게 됨으로써 점차 실현되어야 하는 어떤 임무로서 자율성과 이성의 단계에까지 나아가는 것이다. 인류의 유토피아는 그 장소와 그 지역의 유대관계로부터 분리되는 것이 아니라 과학, 시장, 그리고 국가라는 통제 아래에서 통합되는 것이다.

UN 선언문의 서문에 평화를 향한 갈구는 전 세계 인구의 발전을 위한 희망일 것이다. 18세기 말까지 지켜져 왔던 평화는 정의의 열매라는 전통적 관념은 이제 그 설 자리를 잃었다. 문명의 성취라는 거명 아래 다시 통합되는 인류의 결과가 평화가 될 것이다. 이성과 자유가 선입견과 닫힌 마음을 극복해 낼 것이다.

20세기 중반까지 '저개발'이라는 용어는 '미개'하다는 말로 사용되었으며, 경제적인 활동이 인간의 척도로서 이성을 대신하였다. 그러나 그대로 이어온 개념으로서 세계 사회(world society)는 과거의 발전을 통하여 이뤄져야 하며, 이러한 세계를 위해 평화를 바라는 것은 오히려 비극적인 딜레마를 불러오게 될 것이다. 이 문제는 평화에서 발전을, 그리고 발전에서 평화와 같은 상호 연관성 없이는 불가능할 것이다.

교환 혹은 거래(exchange)는 상호 간의 이익을 만들어내며, 상호 이익은 서로 적대적인 것을 없애게 한다. 세계의 통합은 거대하면서도 서로 밀접히 연관된 경제적 한계성의 망에 의해서만 존재하게 된다. 국가 간의 무역은 상호의존도를 만들어내었다. 호전적인 국가의 외국정복은 자국의 이익을 추구하기 위한 산업으로 외국시장을 정복하는데 까지 이른다. 제2차 대전 이후, 세계질서는 이러한 통합된 세계시장으로 인식되었다. 세계시장의 가장 칭송할 만한 미덕은 바로 상호 간의 의존도가 있게 했다는 점이다. 자유무역협정(FTA, Free Trade Agreement)이 대표적인 예이다. 형성된 이익의 망이 국가간을 더욱 우호적으로 혹은 더욱 적대적으로 만들었다. 그러나 이러한 상호이익이라는 생각은 오랫 동안 그 오류를 숨길 수 없었다. 상대적 비교 우위라는 경제학자들의 논리는 강대국과 약소국 간의 균형 없는 상호거래에 의한 약소국이 더욱 손해를 보게 되는 것이다. 이러한 차별성과 불평등의 경향성 가운데에서도 전 세계의 통합의 수단으로서 모든 나라들은 이 작은 시장에 집착하고 있다. 국가 간의 경쟁은 나라를 단일화시키며, 다양성은 이러한 상황에서는 제거되어야 할 장애가 된다. 결론적으로, 승자와 패자들 둘 모두에게 마찬가지로 세계 시장의 구속력은 마치 악몽과도 같은 것이다.

우리는 같은 인간성을 지니며, 우리는 '세계시장'과 연결되어 있고, 우리는 한 지구의 거주자들이다. 지구는 하나의 몸이라는 사실이 우리 모두에게 알려져 있다. 우리 모두에게 알려진 대로, '하나의 세계'는 윤리적인 집단이며 이 말은 '하나의 지구'라는 의미이다. 인류 공동체라는 말은 더 이상 계몽주의자들의 이론이나 상업적인 행위에서 나온 것이 아닌 하나의 생물리학적 사실(biophysical fact)이다.

지구의 단일성은 역사적 임무와 지구의 각 부분들 간의 상호연관을 통한 이러한 체제를 통하여 이해된다. 세계를 하나로 묶는 것은 더 이상 문명의 지배나 수요와 공급에 의해서가 아니라 생물리학적 생명 지원 체계에 서로 의존하는 공유성으로 인해서이다.

하나의 세계라는 말에서 우리는 장소 중심으로 사고하게 된다. 이런 생각에서 세계는 하나의 수준 위에 존재하며, 각 점은 다른 점과 동일하게 연결되는 2차원의 선으로 생각된다. 지도를 볼 때에도 세계는 평평하게 그려지며 위도와 경도를 선으로 표현하여 그 위치가 어떤 장소를 나타낸다. 그러나 어떤 사람들도 단지 '공간(space)'에서만 살 수는 없지만 모든 사람들은 또한 '장소(place)'에서 산다. 인간의 물리적인 육체는 장소와 연관이 있다. 인간의 경험은 어떤 특정 장소를 통해서 발전해 왔다. 다른 사람과 연관해 기억을 가진다는 것, 어떤 거대한 이야기 속에 참여한다는 것은 어떤 존재감(presence)을 필요로 한다는 것이다. 인간은 어떤 장소를 통하여 역사를 지녀 왔고 그와 관련된 기억을 가지고 있다. 결론적으로 말해서, 장소에 관한 이런 사고들은 장소가 단순히 물리적인 곳이 아닌 인간에게 특정한 영감을 발산시키는 의미 있는 인간 행동으로 보아야 할 것이다. 그러나 동질화되어 버린 세계에 대한 실망으로 이런 우려는 좌절된 상태에서 위축되고 있다.

더욱더 큰 통합된 공간을 만들려는 야망으로서 국가와 정부 중심으로부터 지역의 통합, 그리고 세계 정부와 같은 생각은 국수주의와 폭력이 좌절됨으로써 더욱 가열화되고 있다. 그러므로 자국어는 다시 재평가 되며, 전통적인 지식체제도 다시 발견되며, 그리고 지역경제는 다시 살아난다. 이러한 '재(re-)'라는 접두어는 문예 부흥과도 같은 전조 아래에서 오늘날 일어나는 비전통적인(unconventional) 것이다. 문화와 마찬가지로 자연 속에서도 다양성이 변화를 위한 잠재력을 지니며, 창의적이고 비선형적인 해결책을 위한 길을 열어주게 되는 것이다.

세계의 단일성이 먼 장래에 약속된 목적을 위해서 따라가야 할 어떤 보편적인 길이라는 생각이 널리 퍼져 있다. 그러나 현재 상황을 위해서 상호존재성(coexistence)이 꼭 필요된다. 현재라는 수평적 상황에서 통합성을 생각하는 것은 모든 이들에게 더욱 필요하며, 이는 세계 평화구현을 위한 결코 미루어질 수 없는 오늘날의 의제(agenda)가 되기 때문이다. 다양성을 지향하지만, 단일화된 세계를 위한 정치적 움직임으로써 재생산, 지속적인 자기 통제와 문명의 대화이다. 재생성(regeneration)은 각 문화 속에 존재하는 좋은 사회상의 특정부분을 실현시키는 것이다. 지속적인 자기 통제란 어떤 경제적, 환경적인 부담이 자신의 길을 선택하는 데 제한되지 않도록 각 나라가 자신의 공간을 가지는 것이다.

끝으로, 문명의 대화는 각 문화 속에서 자기 시험이라는 시련을 통하여 평화롭고 자기 지속적인 상호 존재감을 얻고자 하는 데 필수적이다. 새로운 지역주의가 세계로 향하는 하나의 창을 가지게 될 것이다. 세계주의적인 지역주의(cosmopolitan localism)는 다양한 일면을 가지는 세계에 대한 올바른 생각을 가지고 지역성의 풍요로움을 한층 더 하고자 하는 것이다. 이는 특정지역에 대하여 소중하게 생각하지만 동시에 모든 다른 지역에 대하여 더 알고자 하게 된다.

7. 참여

참여는 목적이 추구하는 정의된 본질에 따라 하나의 도덕적 측면을 얻는다. 이것은 일반적으로 도덕적 또는 바람직한 목적과 연관되어 있다. 참여는 하나의 자유로운 행사로서 지각되는 경향이 있다. 마지막으로 참여는 참여의 조작된 형태와 자발적인 형태 사이를 구분한다. '참여' 그리고 '참여적인' 이라는 말은 1950년대 말 발전과정에서 처음 나타났다. 사회활동가들은 행위의 '위에서 아래로(top-down)' 전략의 종결과 발전의 본질적인 차원으로서 상호작용의 참여와 참여적인 방법의 포함을 옹호하기 시작하였다.

정부와 발전기관들이 참여의 개념에 대하여 전례없는 관심을 가지게 된 여섯 가지 이유를 제시하면 다음과 같다.

첫째, 참여의 개념은 더 이상 하나의 위협으로 생각되지 않는다. 저비용으로 보다 높은 생산성에 관심이 정부와 기관들은 그들의 목적을 위해 '참여'를 필요로 한다. 이러한 맥락에서 참여는 사람들이 원하는 것과는 완전히 반대로 조작적 설계 속으로 쉽게 변형된다. 사람들의 생활의 경제화 과정은 정보와 발전기관들이 사람들의 참여의 성과에 의해 더 이상 두려워하지 않게 된다.

둘째, 참여는 정치적으로 매력적인 슬로건이 되었다. 참여적인 슬로건은 환상의 공공 제조업자들과 소비자들 사이에 연계감을 만든다.

셋째, 참여는 경제적 호소력 있는 명제가 되었다.

넷째, 참여는 투자의 새로운 원칙으로뿐만 아니라 보다 더 큰 효과성을 위한 도구로서 생각된다.

다섯째, 참여는 풍부한 자금조성을 위한 장치가 되고 있다.

여섯째, 참여의 확장된 개념은 민간부문이 발전사업에 직접 가담하도록 도울 수 있다.

참여적 발전을 강하게 선호하는 활동가들은 왜 정치인들과 발전계획자들이 그들의 목적을 위해 참여의 개념을 임의적으로 쓸려고 하는지 그 이유를 충분히 알고 있다고 주장한다. 이런 활동가들은 참여의 개념이 더 세련되어야 한다고 믿는다. 즉, '대중참여(popular participation)'가 현 위기에서 발전을 구할 수 있고, 민중들이 그들이 생활공간을 재생산하도록 하기 위한 새로운 힘을 제공한다고 믿는다. 대중 참여 접근에 기저하는 가정들은 다음과 같이 요약될 수 있다.

첫째, 사람들의 발전에 대한 현 장애물들은 관심 있는 민중들에게 발전과 관련된 모든 활동에 참여할 충분한 기회를 제공함으로써 극복될 수 있고, 또한 극복되어야 한다.

또한 참여는 정당화된다. 왜냐하면 참여는 대다수 사람들의 의지를 표현할뿐만 아니라 더 인간적이고 효과적인 발전의 중요한 도덕적, 인본주의적, 사회적, 문화적, 그리고 경제적 목표들이 평화롭게 달성될 수 있다는 것을 확신시키게 만들 유일한 방법이기 때문이다.

셋째, '대화적 상호작용', '양심화', '참여적 현장연구(Participatory Action Research: PAR)', 그리고 비슷한 다른 활동들은 모든 사람들이 바라는 목적을 달성하기에 가장 적합한 방법으로 자신들을 조직하는 것을 가능하게 만들 수 있다.

어떤 활동이나 사업에 참여하는 것은 다르게 살아가고 관계를 맺어가는 과정이다. 결국 그것은 개인의 내적 자유의 회복을 암시한다. 즉,

듣는 것과 공유하는 것을 배우고, 어떠한 두려움, 사전에 규정된 결론, 신념이나 판단에서 벗어나는 것을 배우는 것이다. 내적 자유는 필수적으로 외적 자유에 의존하는 것이 아니므로 그것의 회복은 본질적으로 개인의 문제이다.

다르게 산다는 것은 변화가 내면에서 시작하는 하나의 과정으로서 지각될 수 있으며 개인이 알려지지 않은 세계로의 창조적인 여정을 추구하는 것으로 정의될 수 있다.

8. 환경

'환경'이라는 개념은 원래 발전정치학(development politics)을 고발하기 위해 나왔지만 지금은 발전의 새로운 시대를 발표하기 위한 슬로건처럼 떠오르고 있다. 사실, 이전의 10년 동안에 '무지'와 '가난' 후 '지구의 생존'은 1990년대의 도래로 공론화된 것 같다. 환경과 발전세계위원회(World Commission on Environment and Development, 1987: 1)의 보고서(Brundtland Report)는 다음과 같은 진술로 서문의 결론을 의미 있게 내리고 있다. "도피할 곳이 없는 이 새로운 현실은 반드시 인식되어야 하고, 반드시 다루어져야 한다"는 것이다.

세계대전 후 경제를 부흥시키려는 서구의 갈망은 가속화되었으며, 1957년 sputnik의 발사는 미국인들의 고급인력에 대한 강조로 이어졌고, 가난을 벗어날려는 인간의 기본적 욕구가 자극되었다. 발전이 의미하는 것은 부유한 국가들이 어떻게 느끼느냐에 달려 있다. 환경도

예외가 아니다.

1972년 6월 스톡홀름에서 개최된 인간환경에 대한 UN 회의는 '환경'이 국제적인 관심이 된 계기가 되었다. 이 스톡홀름 회의는 1970년대에 걸쳐 일련의 대규모 UN 모임을 위한 방해였다. 왜냐하면 이 회의는 많은 국가들이 경제성장을 최대화하려고 노력하는 전후의 생각을 변경시키는 것이기 때문이었다.

이러한 변경은 오염과 인간이 만든 재난의 유의미성을 해석하는데 많은 호응력을 얻은 한 사고학파에 의해 제공되었다. 이 학파는 생태체제이론(ecosystem theory)이다. 이 이론은 지구를 하나의 체제(system)로 보고 있는데, 이 체제의 안전성은 인구, 기술, 자원, 환경과 같은 구성요소들의 균형화에 있다. 그리고 이 이론은 인구성장과 자원 및 환경사이의 균형의 급박한 파괴를 예언하였다.

마침내 1987년 Brundtland 보고서가 발전을 위한 열망과 환경을 위한 관심사이의 결합을 발표하였다. 결국 계획의 주의범위를 확장하고 발전패키지의 부분으로서 '천연자원의 효율적인 관리'를 요청할 시기였다. 이러한 면에서 Brundtland 보고서는 환경을 파괴하고 보전하기 위한 개념적 방패막이로서 '지속가능한 발전(sustainable development)'을 내세움으로써 환경에 대한 관심을 발전의 개념 속에 통합하였다.

생태학(ecology)은 전 세계관은 물론 과학적 학문인 컴퓨터 모델링과 정치적 행위 모두를 포함한다. 생태학의 과학은 지배적인 담론을 없애는데 성공한 하나의 과학적 반현대화를 불러일으킨다. 그럼에도 불구하고 생태학의 과학은 그런 저항의 기술관료적 회복을 위한 길을 열어 두고 있다. 현상학적 수준(epistemological level)에서 운동의 실패는 물론 성공에 책임이 있는 것이 바로 생태학의 양면성이다.

오늘날 '지구의 생존(survival of the planet)'은 전 세계 인류의 생활에서 국가중재의 새로운 물결을 위한 전체적 정당성이 되어가고 있다. 환경주의자들은 자연의 연약성을 강조하지만 정부는 정치적 지배와 조절의 필요로 새로운 갈등유발 영역을 발견한다. 이 갈등을 조정하기 위해 국가는 자연의 상태와 인간의 효과에 대한 증거를 수집하고, 행동을 지향하기 위한 규준과 법률을 만들어 시행하고자 하는 과제를 생각한다. 결국 경제성장을 갈망하는데 익숙한 전문가들은 생존자체를 관장하려고 주장한다. 이러한 관점에서 '환경'은 아무 것도 아니다. 그런 하나의 개념에 대한 현대주의자들의 눈을 통해보면 자연에 의해 부과된 한계는 단순히 인간생존에 대한 물질적 제한점에 지나지 않는다.

1990년대에 본격화된 생태주의적 담론은 '환경'과 '발전'의 개념적 결합으로 시작하며, 생태체제이론에서 그 인지적 기초를 찾으며, 행정적인 조정과 통제의 새로운 수준에 그 목표를 둔다. 경쟁적 생산주의의 논리를 재고하지 않으면서 생태학을 자원 효율성과 위험관리에 목표를 두는 일련의 관리전략으로 돌려버린다. 이러한 생태주의(ecocracy) 부상은 사회가 어떻게 살아야하며, 사회가 무엇을 얼마만큼, 어떤 방법으로 생산하고 소비해야 하는가와 같은 대중의 도덕성 문제에 필수적 · 기본적인 논쟁들을 잊혀져버리게 된다. 결국 생태주의적 인식(ecocratic perception)은 서구의 경제사회 밖에서 다양성에 눈이 먼 채로 남아 있게 된다. 따라서 글로벌사회에서 지구환경에 대한 심각한 위기인식은 앞서 기술한 바와 같이, 녹색성장의 이념과 가치를 선진국과 개발도상국에서 공유 · 실천하지 않을 수 없게 되었다.

이상에서 살펴본 바와 같이, 사회발전에 주요 쟁점들 즉, 빈곤, 욕구, 평등, 생활표준, 시장, 하나의 세계, 참여, 환경 등에서 각 개별 국가의 발전개념은 이러한 구성요소들에 대한 우선순위 혹은 가중치의 부여로 파악할 수 있다. 각 개별 국가는 정치 지도자(political leader)에 의해 제시된 국가의 발전목표를 가지고 있는 바, 보다 경제적 성장(보다 높은 생산성과 많은 수출)에 우선 순위를 두는 국가가 있는가 하면, 정치안정이나 역사, 문화적 유산 유지를 강조하는 국가도 있다. 발전의 개념이나 목표는 개별 국가의 역사, 내재적인 가치, 사회적 상호작용의 양식 등을 고려하여 그들 나름대로의 방식으로 규정하고 설정되는 것이 바람직하며, 발전정책이나 전략은 물질적인 소유뿐만 아니라 사회구성원의 정신적, 심리적 측면을 고려한 보다 큰 만족과 행복을 위해 수립되고 집행되어야 할 것이다.

학자들이나 정부의 정책결정자들이 이 장에서 논의되고 제안된 '발전'에 대한 순효과 정의(a net-effect definition of development)를 수용한다면, 사회복지 증진을 위한 노력과 정책은 용이하게 합의점을 찾게 될 것이다. 발전의 순효과 정의는 개별 국가의 정치적, 사회적, 경제적, 그리고 문화적인 여건에 부합되는 역동적이며 상호 의존적이라고 할 수 있는 바, 다양한 요소들이 가지고 있는 가치들의 변화성을 충분히 고려하여야 할 것이다.

이상에서 제1부 사회발전에 대하여 이론적 · 실질적으로 살펴본 바와 같이, 발전을 형성하는 것은 각 개별국가 및 사회마다 다르며 한 사회 내에서도 변화하는 여건에 따라 달라지게 된다. 또한 사회발전에 대한 실질적인 측면에서는 제4장과 제5장에서 살펴본 바와 같이, 전통적 및 대안적 발전패러다임에 대한 사회 집단 구성원들 간의 인지도와 선호도의 차이는 어느 사회나 국가에서든 국민이나 주민들의 필요나 발전정책 사이의 연계성을 제공해 주는 주요한 근거가 될 것이다.

2 인적자본론: 이론과 실제

제7장

인적자본의 개념 및 중요성

제1절 | 개관

제2절 | 인적자본의 개념 및 기본가정

제3절 | 인적자본과 교육산업

제1절 개관

교육의 경제적 가치와 효과에 대한 논의는 제 사회과학이론에 따라 달리 해석 · 적용되어 왔지만 본질적으로 개인 및 사회발전을 위한 교육 투자의 경제적 가치에 대한 중요성은 강조되어 왔다. 특히 1960년대를 전후하여 교육경제학이 독립된 학문분야로 생성 · 발전하면서 교육의 경제적 가치에 대한 분석이 지속적으로 이루어지고 있다.

교육경제학(economics of education)은 교육재화의 생산과 배분을 위해서 교육분야에서 이루어지는 일체의 경제행위 및 이러한 경제행위의 가치를 측정하는 학문으로서 본 저서에서 다루는 교육투자 및 인적자본 투자에 관한 제 이론정립과 실증적 분석을 주요 내용으로 포함하고 있다(Blaug, 1970; Benson, 1988; Cohn & Geske, 1990; 백일우, 1998, 2000). 즉, 교육학의 한 분과 영역으로서 교육경제학은 교육이 경제발전을 촉진하는 중요한 요인임을 규명하고, 이를 실증적으로 분석하는 데 중점을 두고 있다.

또한, 최근 미국에서 학교교육에서 인적자본의 중요성을 재삼 강조하고 있다. 학교교육의 목적을 경제성장과 글로벌시장에서 경제경쟁에 필요한 노동인력을 교육하는 것에 두고 있다(Spring, 2011).

많은 경제학자들이 학교교육에 관심을 가지게 된 것은 이전까지 교육이 국가경제에 있어서 차지하는 비율이 상대적으로 적었고, 오랫동안 축적된 사고방식에서 부를 물질 또는 실물적인 것으로 보았으며, 교육을 부 또는 자본의 원천으로 보지 않았다. 그리고 경제연구에서는 정부의 지출기능보다는 조세에 강조를 두어 교육에 대한 투자 측면을 간과하였다(Jones, 1985). 그러나 1960년대 학교교육에 대하여 경제적 관심을 가지게 되었으며, 경제학자들은 경제성장의 원인 중 교육이 주요한 요인임을 규명하게 되어 교육을 새로운 시각에서 분석하게 되었다.

우리나라는 1960년대 정부 주도의 소위 '경제개발 5개년 계획'을 시행한 이후부터 지금까지 고도의 경제성장을 지속적으로 이룩하여 세계의 주목을 받았고, 동시에 그러한 경제성장을 이룩하게 한 요인으로서 교육의 역할이 지대하다는 가정하에, 많은 국내 · 외 학자들에 의해 교육과 경제발전에 대한 관계를 실증적으로 분석하는 연구가 활발히 이루어지고 있다(Schultz, 1960, 1961; Denison, 1962; Becker, 1964, 1975; Harbison & Myers, 1964; Psacharopoulos, 1972, 1980, 1987; Mincer, 1974; 배종근, 1978; 곽영우, 1983, 1996, 1998; 김영철 · 공은배, 1983; 이종재, 1983, 1995; 백일우, 1994, 1998, 2000; 김경근, 1995, 1996).

부존자원이 빈곤한 우리의 경우 인적자본 형성을 통한 국가발전의 추진이 그동안 지속적으로 이루어져 왔으며, 이제 새로운 질적인 국가발전을 시도할 국제 환경에 처해 있다. 이러한 환경에 대응하고 효율적인 교육개혁을 추진하기 위해서 그동안 교육에 관한 대통령 자문기구로서 교육개혁심의회(1985.3~1987.12), 교육정책자문회의(1989.9~1993.2), 교육개혁위원회(1994.2~1998.2), 새교육공동체위원회(1998.7~2000.7), 국가 전체 차원에서 효율적인 인적자원 관리를 위하여 교육인적자원정책위원회(2000.10~2003.2), 교육혁신위원회(2003.7~2007.10), 국가교육과학기술자문회의(2008.10~2012.12)를 설치 · 운영하였다.

당시 교육인적자원정책위원회(2001)에서는 21세기의 지식정보화 사회에 부응하는 인재 육성을 위한 교육 · 인적자원 개발 등에 관한 대통령의 자문에 응하기 위하여 설치되었다. 국가교육과학기술자문회의(2012)는 교육과 과학기술분야가 통합되어 운영되었는데, 실사구시의 가치와 성과를 중시하는 창조적 실용주의 위에 자율성, 경쟁논리, 다양성, 글로벌 기준 충족, 책무성 강화와 함께 교육격차 해소 및 교육복지 확충 등에 주안점을 두었다.

인적자원(human resource)은 기업체의 노동력 수급, 학력, 특정한 기능의 보유 등 단기적 · 경제적 관점이 아니라 '국가 · 사회발전'과 '국민의 삶의 질'이라는 차원에서 폭넓게 접근하고 있으며, 따라서 인적자원은 국가와 사회의 발전 및 개인의 삶의 질 향상을 위하여 개인이 갖추어야 할 지식과 기술, 정보 능력, 그리고 도덕적 성숙 등 가치 있는 인간의 모든 능력과 품성을 지칭한다.

인적자원개발촉진특별법안에서도 인적자원을 개인의 삶의 질 향상과 국가 경쟁력 강화에 필요한 지식, 기술 및 태도 등 가치 있는 능력과 품성을 갖춘 국민, 국내 거주 외국인 및 재외 동포를 의미하는 것으로 정의하고 있다. 교육인적자원정책위원회(2001)에서는 지식기반사회에서의 인적자원은 인적자본과 사회적 자본 등 국가와 사회의 발전과 개인의 삶의 질을 윤택하게 하는 인간의 모든 능력과 품성을 지칭하는 것으로 정의하면서, 인적자본(human capital)은 개인 내에 체화된 지식 · 기술 · 기능 등을 경제활동을 통해 생산성과 부를 증대시키는 능력이고, 사회적 자본(social capital)은 도덕성, 협동성, 사회규범 등 사회적 결집과 신뢰를 형성하게 하는 무형적 자본이라고 한다. 이처럼 최근에는 지식과 기술 등과 같은 개인적 특성을 주로 강조해 왔던 인적자본을 보완하는 개념으로 사회적 자본이라는 개념을 사용하기도 한다.

Coleman(1997)은 사회적 자본의 형태를 책무 · 기대 · 구조의 신뢰성, 의사소통 채널, 규범 · 효과적인 제재 등을 들고, 사회적 자본이 인적자본의 창출에 긍정적으로 작용하고 있음을 밝히고 있다. 또한 국가인적자원개발(National Human Resource Development: NHRD)은 국가적 관점에서 인적자원의 효율적 개발과 활용을 위한 교육 · 훈련, 기타 문화적 활동과 제도 개선을 포함한 국가 · 사회적 제반 노력을 의미한다(교육인적자원부, 2001). 이러한 의미에서 인적자원개발은 본 저서에서 다루는 주제인 인적자본을 포괄하는 개념으로 보아야 할 것이다. 특히, 우리나라의 교육은 광복 이후 급격한 사회변화와 더불어 교육의 양적인 면에서 괄목할 만한 성장을 이룩하였으며, 교육발전을 위하여 정부의 다양한 교육정책 마련과 교육관련 구성원들의 교육개선을 위한 노력으로 질적 고도화를 꾀하고 있다.

한편, 전 세계는 단순히 천연자원의 비교우위를 통해 살아남을 수 있는 산업사회가 아니라 인간이 만들어내는 지식, 즉 지적 능력에 좌우되는 지식경제시대를 맞이하고 있다. 이러한 사회에서 국가의 경쟁력은 지식과 전문능력을 갖춘 국민 개개인과 개별 기업에 달려 있고, 아울러 그러한 능력을 갖춘 사람을 키워낼 수 있는 교육체제와 지식의 창출과 분배가 활발히 이루어지는 지식체제를 갖추고 효율적으로 운용하느냐에 의해 결정된다고 할 수 있다.

우리나라는 경제개발 5개년 계획과 더불어 1980년대에서 1990년대 중반에 더욱 강력해진 보호주의 장벽과 국내 시장 개방에 대한 압력, 세계 경제시장의 블록화, FTA확대 등의 대외적 환경과 노사분규, 임금상승 등의 대내적 환경 속에서 변화와 지식기반사회(knowledge-based society)에 인적자본의 질과 교육의 질에 대한 관심이 한층 더 고조되고 있다.

또한 우리나라의 전체 공교육비 비율은 2009년 기준으로 국내총생산(GDP) 대비 8.0%로 OECD 평균 6.3%보다 높아 교육인적자원부문에 투입되는 경비가 전체 국가의 재정 중에서 큰 비중을 차지하고 있다. 즉, 계속적인 교육기회의 확대와 질 향상을 위한 단위학교의 노력과 재정지원이 지속적으로 이루어진 결과라고 볼 수 있다. 그러나 정부부담 교육비 비율은 4.9%로 OECD 평균 5.4%보다 낮으며, 이와 상대적으로 민간부담 교육비 비율은 3.1%로 OECD 평균 0.9%보다 높게 나타났다(교육과학기술부, 2012). IMF 체제하에서도 경험하였지만 결국 국가발전을 가능하게 하는 요인은 여러 부문에서 찾을 수 있지만, 가장 중요한 요인 중의 하나가 '교육'에 대한 투자확대와 산출의 극대화라고 할 수 있다. 아울러 국내외 여건을 고려하면서 21세기 우리나라가 나아가야 할 방향은 노동중심에서 두뇌중심으로, 이는 첨단 기술집약적인 정보통신산업, 지식산업으로의 전환을 의미하며, 이를 뒷받침하는 것이 교육에 대한 투자, 즉 인적자본에 대한 투자확대 및 배분의 합리화로 집약할 수 있다. 이와 같은 사회환경의 변화는 교육의 질, 특히 인적자본(human capital)의 가치와 효과가 그 어느 때보다도 중요한 국가경쟁력 강화의 수단으로 간주되고 있으며, 아울러 국가 · 사회적 기대는 교육의 변화, 즉 인적자본의 질 향상에 초점이 되고 있다.

그동안 많은 선행연구에서 인적자본에 대한 투자 효과는 경제성장, 소득 증대 및 분배, 외부편익, 교육산업 효과 등의 측면에서 실증적으로 분석하였다. 인적자본 투자의 경제적 효과를 측정하는 방법, 국가별, 시기별 등에 따라 다른 차이를 보이고 있지만 경제성장, 소득 증대 및 분배, 외부편익 효과에 미치는 효과를 긍정적인 것으로 많은 선행연구들이 밝히고 있다. 인적자본론에 대해 비판적인 관점이 개발도상국이나 선진국에서도 대두되고 있지만 이 이론이 갖는 경제적 효용성은 그 투자 효과를 측정 · 검증하는 과정에서 여전히 작용하는 것으로 지지받고 있다(Sobel, 1978).

제2절 인적자본의 개념 및 기본가정

1. 인적자본의 개념과 구성요소

자본에 대한 일반적인 개념은 Fisher(1930: 12)가 정의한 '소득 흐름에서 야기되어지는 특정 자산'으로 이해된다. Fisher의 정의를 따른다면, 인적자본은 미래 금전적 소득을 창출하는 데 있어 인간 속에 내재하고 활용되는 자산이라고 할 수 있다. 여기서 소득은 비금전적 자산의 형태가 노동시장에서 평가받지 못하더라도 개인의 복지 증진에 기여하는 한, 이는 개인의 금전소득과 동등한 것으로써 간주할 수 있다. 따라서 내구소비재는 현재의 유용성에 대한 것이 아닌 한 개인의 투자로써 볼 수 있다. 앞에서 지적한 바와 같이, Schultz(1961)가 교육은 내구소비재의 자산이라고 지적하면서, 교육활동에 대한 결정이 투자 활동에 의해 지배받는다는 것을 설명하려고 노력했다. 이러한 인적자본의 개념은 다음의 세 가지 측면에서 고찰할 수 있다.

첫째, 일반화된 정의로서 인적자본은 인간으로부터 분리될 수 없고 미래 금전적 소득과 소유주의 미래 소비의 비금전적 형태를 증가시키기 위해 사용되는 자산이라는 것이다. 이 정의에서 단순한 비숙련된 노동은 교육적 성취, 건강, 현직훈련, 이주, 그리고 개인의 미래의 유용성을 증가시키기 위한 다른 모든 활동들뿐만 아니라 인적자본의 한부분으로 보게 된다. 이와 같은 정의의 주된 특징은 여가와 함께 개인들은 단순히 미래 금전 소득을 평가하기보다는 인적자본 투자에 대한 결정을 하는 데 있어 실제 이러한 중요성을 볼 것이라고 가정하는 것이다. 그러나 개인의 부가 금전적 자산에 의해 평가되는 한, 그러한 정의의 실증적인 타당성은 매우 제한적이게 된다.

이러한 인적자본에 대한 접근은 Haveman과 Wolfe(1983)의 실증적인 연구에서 찾을 수 있는 바, 그들은 교육을 많은 양의 비금전적 수익으로써 측정하였다. 다시 말해서, 그러한 수익을 지불할 개인의 의지를 측정하면서, 그리고 측정된 가격을 적용하면서 총합계를 계산하여 그 편익을 산출하였다. 또한 Haveman과 Wolfe의 연구가 비금전적 수익의 원천으로써 단지 교육을 포함시켰더라도 그것은 현직훈련, 이주, 건강 등과 같은 인적자본 투자의 다른 형태로부터 모든 비노동시장 이익을 연구한다면 하나의 획기적인 아이디어를 제공할 수 있다.

둘째, 인적자본에 대한 금전적 정의로써 이는 국내총생산(GDP)과 개인의 소득과 같은 수량적으로 측정할 수 있는 대부분의 통계가 단지 금전적 보상의 형태라는 것을 고려하면서 개인의 미래 금전적 소득과 관련된 좁은 의미의 개념이다. 인적자본은 인간으로부터 분리될 수 없고 소유주의 미래 금전적 소득을 증가시키기 위해 사용된다. 이러한 정의는 인적자본의 범위 내에서 단순한 비숙련된 노동을 포함한다. 그러나 주된 기능은 미래 비금전적 수익을 증가시키는 자산의 축적은 인적자본으로부터 배제될 것이다. 그러한 정의의 가장 직접적이고, 단순한 실행은 생애소득의 현재 가치를 측정하고, 이를 인적자본이라고 지칭하는 것이다.

셋째, 비숙련된 노동을 배제하는 것으로써 인적자본의 금전적 정의이다. 즉, 인간으로부터 분리될 수 없고 단순한 비숙련된 노동에 의해 획득된 소득을 넘어 소유주의 미래 금전적 소득을 증가시키기 위해 사용되는 자산이다. 이러한 인적자본에 대한 개념 정의는 현재의 교육경제학이나 노동경제학 분야 연구에서 지지하고 있는 입장이다. 많은 연구들 -명시적이든 묵시적이든- 은 인적자본의 이러한 종류의 정의를 활용하고 있다. 대표적으로 '인적자본에 대한 투자'라는 책에서 Schultz(1971: 35)는 인적자본의 개념을 명확히 밝히기 위해 노력하였는 바, 이는 본질적으로 앞에서 기술한 협의의 인적자본의 개념과 동일하다고 할 수 있다.

인적자본은 양적, 질적인 두 가지 측면의 속성을 지니고 있는 바, 인구 수, 생산직에 종사하는 비율, 그리고 노동시간 등과 같은 요인들은 본질적으로 양적인 특성이다. 반면에, 생산적인 작업을 하기 위해 특별한 인간능력에 영향을 주는 기술, 지식 및 이에 대한 기여 등은 질적인 요소들이라고 할 수 있다. Schultz는 인적자본으로부터 단순한 양적 노동요소를 배제하였으며, 따라서 인적자본은 노동의 소득능력을 증가시키면서 미래 생산정 가치를 높이기 위한 자질을 가져야 한다는 것이다.

Ben-Porath(1967)는 생애소득 결정에 대한 분석을 폭넓게 밝히고 있는데, 그는 인적자본에 대한 명시적 생산함수(explicit production function)를 포함시킴으로써 개인들의 생애소득 순환에서의 인적자본 그 자체의 생산을 분석하는 새로운 이론모형을 설정 · 제시하였다. 그러나 기본적으로 Ben-Porath는 인적자본 투자가 단지 개인 노동자들의 생애 금전적 소득을 증가시키기 위하 것이라고 가정했던 Becker(1964)의 기본적인 견해를 따랐다. 즉, Mincer(1962, 1974,

1994), Haley(1976), Rosen(1976)을 포함한 많은 다른 노동경제학자들도 이와 같은 입장에 동의하였다.

최적화 단계에서 유일한 목적으로써 금전적 소득을 보는 전통으로부터 파생되어온 몇몇의 연구자들이 있었다. 예를 들어, Wu(1992)는 금전적 소득뿐만 아니라 개인의 최적화안으로 여가에 대해 관심의 초점을 두었다. 그러나 Wu는 Becker의 전통을 따르면서 인적자본 투자는 단지 금전적 소득을 위한 것이며, 여가에 대한 관심은 역으로 그것에 영향을 줄 것이라고 가정하였던 것이다.

노동경제학자들은 이러한 주장을 지지하는 유일한 학자들은 아니었다. 경제성장의 분야에서 많은 경제학자들은 묵시적으로 동일한 정의를 따르고 있는데, 성장이론에서 인적자본의 개념은 경제의 총생산에 영향을 주며, 아울러 자본 소득당 성장률에 장 · 단기간에 영향을 주는 생산요소로써 다루고 있다. 인적자본의 생산함수를 채택함으로써 지속적인 경제성장에 있어 인적자본의 역할을 강조했던 Lucas(1988)를 비롯한 많은 연구자들은 대부분의 실증적 연구들이 경제성장의 결정 요인으로써 교육수준과 현직훈련에 많은 관심을 기울였다. 이러한 연구들은 단순한 노동과 물적자본보다는 금전적 소득에 영향을 주는 부가적인 요소로써 인적자본을 강조하였다. 예를 들면, Lucas(1988: 17)는 인적자본을 노동 속에 포함된 질적 기술요소로써 간주하였다.

또한 Benhabib와 Spiegel(1992), Mankiw, Romer와 Weil(1992), Tallman과 Wang(1994), Young(1994), Pedroni(1995) 등은 모두 인적자본을 자본 소득당 수준과 성장률에 영향을 주는 중요한 생산요소

로써 간주했다. 성장이론이 자본 금전적 소득당, 그리고 그러한 소득의 수준과 성장률에 영향을 주는 요소들 사이의 관계에 대한 것으로써 본 연구에서 인적자본의 개념 중 세 번째 정의와 달리 개념 규정을 내리는 것은 어려울 것이다.

이상을 종합해 보면, 자본은 일반적으로 현금, 원료, 부동산, 기계류, 설비와 같은 유형 자산과 아이디어, 발명, 창조와 같은 지적 자산으로 구분된다. 경제학자들은 오랫동안 인적자본의 개념을 인식해 오면서 사람이 가진 지식, 기술, 태도 및 사회적 기술을 인간에 대한 자산으로 보았다. 즉, 인적자본의 개념은 인간이 교육, 훈련 또는 다른 활동을 통하여 자기 자신에게 투자한다는 사실과 관계있으며, 이런 활동들은 그들의 삶에서 소득을 증가시켜 장래의 수익을 높이는 데 기여하게 된다는 것이다.

이러한 인적자본에 대한 개념 정의를 보면, 인적자본의 축적과 획득을 위한 투자는 매우 중요하다. 인적자본 투자와 소득사이의 연관성을 Beaulieu와 Mulkey(1995)의 이론을 중심으로 제시하면 [그림 7-1]

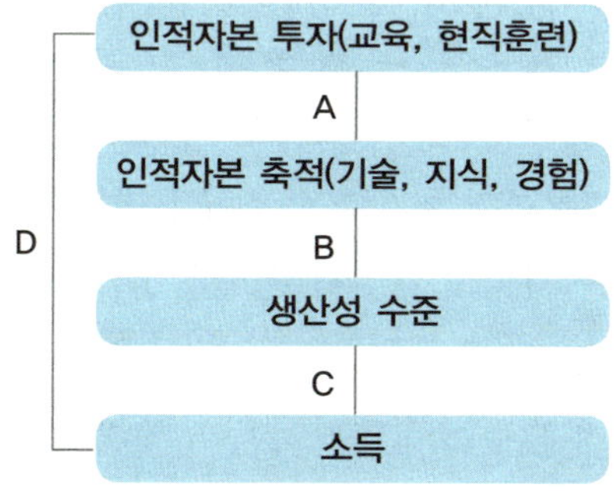

그림 7-1 인적자본 투자와 소득 사이의 연관성

출처: Beaulieu & Mulkey(1995: 4).

과 같다.

대부분 인적자본론을 신봉하는 학자들이 주장하듯이, 인적자본 접근에 대한 근본적인 가정은 투자가 인적자본을 고양시키기 위해 제공하는 생산 능력의 형태 내에서 개인에 의해 이루어진다는 것이다(연결고리 A). 인적자본을 보다 많이 가진 개인은 그렇지 않은 개인보다 더 생산적인 것으로 기대된다(연결고리 B). 그리고 소득이 생산성과 밀접하게 관련되어 있기 때문에 그것은 인적자본 투자를 적게 한 사람들보다 더 높은 소득을 받는 것으로 기대된다(연결고리 C).

그러나 인적자본 투자와 소득 사이의 연관성 사이에서 나타날 수 있는 문제점을 기술하면 첫째, 인과관계를 검증하기 위한 필요한 자료가 극히 제한적이라는 점이다. [그림 7-1]에서 보듯이, 인적자본 축적 그 자체는 오랫동안 교육의 질(quality of education)과 관련된 다른 개념들에 대한 축적에 따르는 문제점 때문에 많은 연구자들에 의해서 암흑상자(black box)로써 간주되었다(Nordhaug, 1993: 19). 생산성 수준도 노동 생산성에 관한 자료가 충분하지 않기 때문에 측정에 많은 어려움을 가지고 있다. 이러한 측정 문제는 연결고리 A, B와 C 사이의 인과관계를 설명하는 데 실제적으로 그 정당성을 뒷받침하기에는 어렵다. 인적자본 축적과 생산성 수준을 측정하는 데 따르는 이러한 어려움들 때문에 인적자본론가들은 [그림 7-1]의 연결고리 D가 나타내는 인적자본 투자와 소득 사이의 간접적 관계를 살펴봄으로써 이를 규명하려고 하였다.

한편, 인적자본 연구에 대해 주장하는 노동경제학 분야에서의 가설을 보면, 인적자본 투자는 긍정적으로 개인의 직업과 관련된 소득과 관련이 있다는 점이다. Schultz가 인적자본 투자와 소득사이의 관계를 실증적으로 조사하는 것에 대한 견해를 피력하고, Becker가 실증적으로 현직훈련과 소득에 대한 연구를 시작했을 때, 인적자본 축적 대신 투자의 활용 개념에 대한 규명이 기본적으로 [그림 7-1]의 A, B, C 흐름의 입증과 관련된 문제의 주요 관심사였다고 할 수 있다.

그러나 인적자본 투자와 소득사이의 관계에 대한 단순한 가정에서 어떠한 것이 문제가 될 수 있는가는 학교교육(schooling)이 직접적으로 더 높은 수익을 이끌어내지 않는다는 것이다. 몇몇 논쟁에서 인적자본 투자의 역할은 직업훈련(job training)을 통해 생산성을 제고할 수 있는 노동자들을 선발 · 배치하는 데 기여한다는 것이다. 일반적으로 선발가설(screening hypothesis)이라고 불리는 이러한 주장은 고용자들이 잠재적 생산수준의 지시자로서 노동자들의 형식적인 학교교육에 대한 정보를 이용하는 것이라고 제시한다. 인적자본론가들과는 달리 이 가설의 신봉자들은 교육이 한 개인의 생산성을 제고시킨다고 주장하지는 않는다. Psacharopoulos(1981)는 이러한 논쟁을 '선발 신화'라고 불렀다.

Psacharopoulos는 이러한 견해에 대하여 두 가지 주요한 주장을 하고 있는 바, 첫째, 한 고용인을 받아들이는 때에 일어나는 초기 선발이 이루어진다고 하더라도 실제적으로 생산성이 관찰된 후에도 그 고용인의 보다 높은 생산성에 대하여 더 많은 임금지불 현상이 있다는 증거는 없다. 따라서 교육의 역할은 사회구성원을 선발 · 배치하며, 더 많은 교육을 받은 고용인들이 생산적 수준에서 기대되는 것보다 덜 생산적이라고 증명된 후조차 높은 임금을 받는다라고 주장하는 것은 잘

못이라는 것이다. Psacharopoulos가 제기한 또 다른 주장은 교육을 더 많이 받은 농부들이 보다 더 생산적이라는 실증적 증거가 농업부문에 있다는 것이다. 인적자본 투자와 소득사이의 단순 상관관계에 대한 두 번째 비판의 특징은 직업구조 및 이와 관련된 보상은 다양한 구조적 맥락을 통해 나타난다는 것이다,

이러한 비판이 인적자본에서부터 소득까지의 생산성 관련에 대한 기본적인 가정에 변화를 두더라도 [그림 7-1]에서 A, B, C를 통한 연관성을 직접적으로 증명하기 위한 노력은 드물다고 할 수 있다. 따라서 경제학 분야에서 인적자본의 투자-소득관계에 의존하는 한, 그리고 암흑상자로써 인적자본 축적을 남겨두는 한, 인적자본에 대한 노동경제와 경제성장 연구에서의 적용된 이론적이고 실증적인 연구들은 항상 의문점이 제기될 수 있을 것이다.

지금까지 살펴본 인적자본에 대한 세 가지 개념들은 각 정의들 속에 인적자본의 유용성으로부터 수익에 대한 것인 바, 그 대부분은 인적자본이 금전적, 비금전적 수익에 관계하며, 아울러 노동과 직접적으로 관련되어 있다는 것이다. 따라서 인적자본을 논의할 때에는 이러한 세 가지의 정의들을 모두 포괄해야 할 것이다. 다만, 비숙련된 노동(세 번째 정의에서 배제됨)과 금전적으로 보상받지 않는 학습활동들(두 번째, 세 번째 정의에서 배제됨)의 경우는 제외될 수 있을 것이다. 인적자본은 지속적으로 활동을 축적함으로써 즉, 인적자본 투자에 포함된 일반적 요소들을 밝힘으로써 인적자본을 보다 명확히 이해할 수 있다. Schultz(1971: 37~43)는 인적자본 투자를 다섯 가지 구성요소로 나누고 있는 바, 이러한 범주는 인적자본 투자의 중요한 부분을 구성하게

된다.

첫째, 건강 유지와 서비스로서 이것은 수명, 힘과 체력, 그리고 사람들의 생산성과 관련된 다른 건강에 영향을 주는 활동들을 위해서 지불하는 모든 비용을 포함한다.

둘째, 현직훈련으로서 이러한 훈련활동은 대기업들에서 실시하고 있는 현직훈련의 현대적 형태뿐만 아니라 전통적인 실습의 형태를 포함한다. Becker(1964: 11~29)는 현직훈련을 두 가지 범주, 즉 일반 및 특수 훈련으로 나누었다. 일반 훈련은 수행하는 직업형태에 상관없이 훈련생의 전반적인 생산성을 증가시키고 낮은 임금형태에서 훈련생 스스로에 의해 지불된다. 반면, 기업들은 종업원의 특정분야에서 종업원의 전문적인 능력과 자질을 함양하기 위한 특수 훈련에 대해 지불할 충분한 장려금을 배정하고 있다.

셋째, 초 · 중등 및 고등교육 단계에서의 형식적이고 조직화된 교육을 들 수 있다. 이 범주는 청소년들이 노동시장에 들어갈 때까지의 제도적인 교육프로그램 모두를 포함한다. 이것은 많은 자료들을 이용할 수 있는 부분이기 때문에 연구자들은 인적자본 투자를 위한 주된 대체로서 이 범주로부터 통계를 이용하는 경향이 있다. 그러나 앞서 제시한 인적자본의 정의를 고려하면, 투자의 이런 범주는 현직훈련보다도 더 비금전적 수익을 가져올 수 있다. 이는 인적자본의 첫 번째 정의와 밀접하게 연관되어 있다.

넷째, 기업에서 성인을 위해 제공하는 비형식적인 프로그램이다. 대부분 이러한 성인교육 프로그램은 - 농업에서의 확대 프로그램을 포함하는 - 훈련자 스스로 또는 공공부문에 의해서 재정지원을 받는다.

이러한 재정지원 활동들은 기업의 구체적 기술보다는 개인들의 일반적인 생산성을 증가시키는 데 목적을 두고 있다. 아울러 이러한 활동으로부터 비금전적 수익도 기대된다.

다섯째, 직업 기회를 변화시키려는 개인과 가족들의 이주 등이다. 이러한 활동들은 요소들 중에 최적의 배분과 보다 더 관련이 있다. 구직과 정보로부터 생기는 다양한 비용 때문에 실업과 같은 다른 활동들이 이 범위에 속하게 된다.

이러한 다섯 가지 범주의 각각은 인적자본에 대한 투자활동을 나타낸다. 따라서 실제 인적자본의 구성요소는 활동으로부터 야기된 축적 원인들로서 해석할 수 있다. 즉, 건강, 현직훈련으로부터 획득된 기술수준, 교육적 성취, 성인교육을 통한 생산성 제고, 이주와 활동으로부터 수집된 다양한 정보로 야기된 노동시장의 평가 등이다. 이러한 다섯 가지의 구성요소들로부터 인적자본의 가장 좁은 개념(두 번째, 세 번째 정의)과 비금전적 수익을 포함하는 넓은 의미의 개념을 구별하는 데 있어 어려움을 찾을 수 있다.

건강은 개인들의 생산성과 소득능력을 제공하지만 동시에 미래의 보다 많은 의료비 지불을 감소시켜 주고, 개인들의 수명을 높여주게 되어 개인들의 전반적인 만족 수준을 고양시켜 준다. 반면에, 현직훈련은 대체로 기업의 일반적이고 특수적인 기술수준을 증가시키기 위하여 제공한다. 따라서 Becker가 현직훈련 연구로부터 임금결정의 분석을 시작한 것은 당연한 논리라고 할 수 있다.

한편, 교육적 성취는 금전적, 비금전적 목적의 두 측면을 포함한다. 교육적 성취의 역할에 대한 과거에는 교육이 소비재로서 기능한다고 했던 믿음이 팽배했던 동안에 최근의 많은 연구자들은 교육이 생산의 지시자 혹은 생산재로서 작용한다고 가정한다. 그러나 교육이 '소비' 혹은 '소비재'라는 양상은 명백히 존재한다. Schultz(1971: 41) 또한 "많은 학교교육이 대부분 경제분석에서, 소득자로서 다루어지지 않는 -물론 특히, 여성- 사람들에 의해 획득되고 있다"고 밝히고 있다.

또한 소비와 투자비용 사이를 구별하는 데 실질적인 어려움을 지적했던 Shaffer(1961: 1026~1035)의 비판에 대해서 Schultz(1971: 53~54)는 교육을 ①현재 소비를 위한 교육, ②미래 소비를 위한 교육, ③경제적 노력과 미래 소득에서의 투자 속에서 유용한 기술과 지식을 위한 교육 등으로 구분하여 주장하였다.

그러나 일부는 개인적 소비와 사회의 비금전적 수익을 위해 더 많이 기여한다. 그것이 개인 소득의 전망을 고양시키는 동안 이주는 비금전적 관심에 기여한다. 예를 들면, 사람들은 그들의 자녀 교육에 관심을 갖고 또는 훨씬 더 깨끗한 공기와 물이 있는 지역에 살기를 원하고, 아울러 쇼핑, 오락센터에 더 가까이 살기를 원하기 때문에, 이주할지도 모른다. 그들 중 어느 누구도 개인적 관심과 관련된 소득에 의해 동기를 부여받는 것이 아니라 삶의 질과 개인적 선호에 의해서 이루어진다. 따라서 이주와 관련된 모든 활동들을 고려하면 이러한 인적자본은 교육의 비가시적인 측면까지 보다 확대 해석될 수 있을 것이다.

이상에서 Schultz가 제시한 인적자본 범주를 기술하였는 바, 그가 제시한 인적자본의 범주는 부가적인 생산자원을 만들기 위해 이루어진 투자 형태에 근거하고 있다. 그러나 인적자본을 내포하고 있는 목적과 기능에 기초하여 구분할 수 있다. 즉, 개인적인 인적자본

(indivdual human capital)과 집합적인 인적자본(collective human capital)으로 나눌 수 있는데, 전자는 교육적 성취, 인간이 받는 일반적인 훈련수준 등 각각 인간 속에 내포하고 있는 생산적인 능력을 의미한다. 반면에 후자는 다른 고용인들과의 관계에서 보다 협동을 강조하는 생산적 요소의 종류이다.

한 기업 또는 하나의 조직이 고용인들의 생산성을 고려할 때, 직무를 수행하는 개인들 사이의 팀워크가 고용인들의 개인적 능력만큼 동일하게 중요하다. 이와 같은 고용인들의 집합적인 생산성을 '팀 생산성(team productivity)'이라고 부른다. 어떤 조직에서든지 생산성 제고는 인간활동에서 필수적이기 때문에 팀 생산성은 인적자본의 또 다른 형태로 중요하게 고려된다. 다양한 훈련형태와 개인들사이의 협동 정신을 높이기 위해서 다른 투자비용과 마찬가지로 이에 대한 집중적인 투자를 요구하게 된다.

인적자본을 보는 또 하나의 방법은 고용인들의 실제적인 능력과 일하는 데 있어 그들의 의지(willingness) 사이의 차이점이다. Nordhaug(1993)는 인적자본의 중요한 구성요소로써 조직, 능력, 훈련, 학습에서의 인적자본을 심도 있게 제시하고 있다. Nordhaug(1993: 19~20)는 건강과 고용인들의 능력(직업과 관련된 지식, 기술, 소질로 정의된) 및 동기와 의무 사이를 구별하는 것이 분석적으로 더 유용함을 지적하고 있다. 즉, 고용인들의 능력뿐만 아니라 직업에서의 그 능력을 이용하는 동기 역시 인적자본의 중요한 구성요소라고 주장했다. 이상에서 기술한 인적자본의 범주들은 다음 〈표 7-1〉과 같이 요약할 수 있다.

한편, 많은 양의 인적자본을 하나의 숫자(number)로 총집합시키

표 7-1 인적자원의 범주

수준	능력/의지	투자형태	실례
개인	능력	• 건강과 의료상태	• 면역성 기록, 운동, 예방 및 치료 기록
		• 형식교육으로부터 교육적 성취	• 직업훈련센터로부터 자격증명서 등
		• 현직훈련으로부터 획득된 기술수준	• 공학, 경영기술 등
		• 성인교육으로부터 획득된 생산능력	• 비형식교육으로부터 획득된 기술 등
		• 이주 등으로부터 획득된 지역적, 그리고 다양한 정보 혜택	• 산업지역에의 접근성, 직업정보, 교육적 혜택 등
	의지	• 개별 고용인의 동기	• 성과급 제도, 일본식 평생고용제도 등
조직 또는 팀	능력	• 협력증가를 위한 현직 훈련과 다른 활동들	• 감수성 훈련, 직무의 효율성 증가 등
	의지	• 팀 수준의 동기	• 집단보상 체제 등

출처: Park(1996: 26).

는 것은 단지 한 개인에 대해서조차 많은 어려움이 따른다. 앞서 제시한 바와 같이, 인적자본에는 다양한 형태와 차원이 있다. 모든 자료들을 요약하는 것은 인적자본의 모든 구성요소들이 하나의 숫자로 전환된다는 것을 요구한다. Schultz에 의해 제시되었던 인적자본의 다섯 가지 개인적 수준의 범위에 관심을 기울인다면 개인에 대한 각 범위를 측정하는 것은 어려운 것만은 아닐 것이다. 학교교육은 개인이 학교에 재학했던 총 연수로 나타낼 수 있다.

건강은 하루 평균 운동시간, 접종 기록, 그리고 과거에 취해진 예방 조치와 같은 기록으로 표시할 수 있다. 성인교육은 훈련시간에 의해 측정될 수 있고, 현직훈련은 총 훈련 시간, 유실된 소득량, 미래 임금 수준의 전망에서의 증가 등으로 알 수 있다. 이주와 다른 정보 자원들은 획득 또는 증가된 소득 전망에 의해 총합될 수 있다.

그러나 모두 이런 다섯 가지 방법을 하나의 수로 총합시킨다면 모든 것을 금전적 수치로 전환시킬 필요가 있다. 이상적인 수치는 이런 자원으로부터 금전적 수익의 현재 가치를 실행하고 그것들을 요약하는 것이다. 이와 같은 작업에서 어려움은 그런 활동으로부터 금전적 전망이 불확실성하다는 데 있다. 다시 말해서 그러한 자원이 얼마만한 부로 전환되는지, 그리고 얼마만큼 낭비되고 소비되는가를 제한된 범위 내에서는 실행 가능하겠지만 정확하게 예측하기란 용이하지 않다.

인적자본을 총합시키는 것은 몇몇 더 중요한 문제들을 취한다. 개인에 대한 이질성은 단순한 통합을 실행 불가능한 것으로 보이게 한다. 예를 들어, 수년간의 학교교육은 다양한 능력과 함께 개인들에게 다른 영향을 미친다. Becker(1962: 42~48)는 더 높은 소득능력을 가진 사람은 인적자본 투자의 각각 단위에 대한 더 높은 수익률을 가지게 되며, 더 높은 교육수준을 받으려는 경향이 있다고 주장했다. 또한 학교에서 동일한 연수를 가진 사람들에 대해 일부 학교들은 다른 학교들보다 그들의 학생들을 훈련시키는 데 있어 더 좋은 직무를 수행해 준다. 이 문제는 평균 소득을 비교해 볼 때, 아이비리그 대학(미국 북동부에 있는 명문 대학들: 예일, 하버드, 프린스톤, 콜럼비아, 다트마우스, 코넬, 펜실베니아, 브라운 등 8개 대학)를 졸업한 사람들이 다른 대학을 졸업한 사람들보다 소득이 더 높다라는 것을 설명해 주고 있다.

국제비교를 할 때 이러한 이질성 문제는 더 광범위하게 제시되어진다. 한 나라의 대학 졸업생의 생산성을 다른 나라의 대학 졸업생들과 동일시하는 것은 합리적이지 못하다. 이러한 이질성 문제가 인적자본의 다른 범주에서도 나타난다. 성인교육 또한 이질성을 가질 것이다. 주어진 이러한 가능한 문제들과 더불어 인적자본의 각 범주 이내의 개인들에 대한 성인교육은 가정을 요구한다.

예를 들어, 교육적 인적자본의 노력에 대한 두 가지 다른 경제를 비교한다면, 두 가지 경제가 생산성에 대한 수년간의 학교교육의 효과에서 동질성을 가정하거나 또는 각 해의 학교교육에 대한 생산성의 분포와 똑같다고 가정해야만 한다. 즉, S년의 학교교육과 함께 m, n 사람의 수를 가진 2개의 경제 1과 2가 있다면, S년 학교교육을 가진 각 개인의 생산성은 (F11(S), F12(S), F13(S), ..., F1m(S)) 그리고 (F21(S), F22(S), F23(S),......, F2n(S))로 표시될 수 있다. 이러한 두 가지 경제의 가능성 사이의 평균 학교교육 연수의 비교를 위하여 중요한 가정이 이루어지는데 즉, 생산성 F의 분포는 0에서부터 S에 이르기까지 각각에 대해 경제 1과 2 사이는 똑같아야 한다.

둘째, 인적자본의 각각의 범주를 하나의 통일된 기준으로 전환시키는 문제점은 총합에서 더욱 심각한 것이 된다. 형식교육과 같은 특정 범주는 그러한 쉬운 총합을 위해 스스로 이루어지지 않는다. 건강 자원을 결코 양적으로 환산하기는 쉽지 않다. 이주, 자발적 실업, 그리고 다른 정보적 활동들에 대해서 총합을 위해 쉬운 지시자를 획득하기 어렵다. 현직훈련의 실질적인 비용도 측정하기 어렵다.

또 다른 문제점은 총합 수준에 대해 훨씬 적은 자료들이 이용가능하다는 것이다. 이러한 자료의 활용성 문제는 거시경제학적 인적자본 연구에 있어서 많은 제약점을 가져오게 한다. 앞에서 기술한 바와 같이, 인적자본의 총합에 대한 이상적인 방법은 인적자본의 다양한 형태에 대한 현재 가치를 발견하고 그것들을 요약하는 것이다.

구체적으로 개인들에게 생애소득에 대한 개인적 기대의 형태는 가능하게 될지도 모른다. 만약 이러한 기대를 통합시키는 것이 가능하다면 그것은 인적자본의 사회적 기여의 훌륭한 지시자가 될 것이다. 그러나 그러한 자료가 이용가능하지 않고 거시경제학 연구들은 평균 학교교육 연수와 취학률과 같은 한정된 대체의 사용에 제한적이다. 이와 같은 문제점들을 극복할 수 있는 인적자본을 측정할 방법들을 구안할 필요가 있을 것이다.

2. 인적자본론의 기본가정

교육경제학이 비약적으로 발달된 것은 제2차 세계대전 이후, 특히 교육이 경제성장을 촉진하는 요인으로 주목받게 된 것에서부터 찾을 수 있다. 즉, 전후 선진국의 지속적인 경제성장, 구 소련의 스푸트닉크(sputnik) 발사 성공, 패전국 일본과 독일의 빠른 부흥과 높은 경제 성장력, 그리고 1970년대의 신흥공업국가들의 눈부신 고도성장 등은 선진국이나 개발도상국에 있어서 물적자본(physical capital)뿐만 아니라 인적자본의 중요성을 인식하고, 학문적으로 이에 대한 인과관계 및 요인분석 등을 탐구하는 데 중점을 두고 있다(Sobel, 1978; 이종재, 1995).

또한 사회의 일반적인 동향으로 현대는 이를 테면 '과학혁명의 시대'이고 이는 예전의 산업혁명과는 달리 개인이 받는 교육 · 훈련의 축적에 의존하는 경향이 크고, 게다가 그것은 정규학교에 의존해야 하며, 경제구조가 한층 사람들의 지성을 필요로 하고 있다는 점이다. 이러한 현실과 인식이 다른 여러 현상과 병행해서 경제학의 이론적 대상으로서 교육의 의의를 부여해 줄 것을 요구했다고 할 수 있다.

한편, 경제학 자체의 진전이 또한 교육을 연구 대상으로 하게끔 되었으며, 계량경제학의 발달은 교육과 경제활동과의 관계를 정략적인 방식으로 파악하도록 촉구하게 되었다. 정략적인 연구는 여러 변수간의 상관관계를 구하는 일, 잔여를 구하는 방법, 교육의 수익 혹은 인적자본주의 이론적인 접근, 인력접근 등으로 나타났다(이종재, 1995).

경제학자들이 주로 생각하는 교육경제학은 그 시작을 인적자본이라는 개념에서 찾고 있으며, 인적자본의 가치는 적어도 초기 성서 시대까지 거슬서 올라가야 알 수 있다. 즉, 인간이 신의 가치에 따라 신에게 맹세할 때, 20세에서 60세의 남자라면 그 가치는 50세겔이고, 만약 여자라면 30세겔의 가치가 나갈 것이다. 그리고 만약 5세에서 20세까지의 사람에게 적용된다면, 그 가치는 남자이면 20세겔의 가치가 나갈 것이고 여자이면 10세겔의 가치가 나갈 것이다(레위기, 26: 3~6).

레위기의 인용문구에서 살펴본 바와 같이, 나이와 성에 따라 인적자본의 가치를 달리 적용했음을 알 수 있다. 특히, 20세에서 60세의 남성은 여성보다 더 광범위한 노동시장을 지니고 있다는 가정 하에 보다 큰 가치를 가지고 있다. 이후 인적자본에 대한 경제적 가치를 평가하고자 하는 연구는 지속적으로 성장하였다(Cohn & Geske, 1990).

이러한 인적자본에 대한 중요성은 성서의 기록으로부터 16~17세기의 Petty와 Smith 시대를 거치면서 미약하나마 경제 분석에 도입되기 시작하였지만, Schultz가 교육경제학이라는 학문과 연관시키면서 경제 분석에 본격적으로 도입 · 사용하기 시작한 1950년대 말부터 비로소 일반적으로 받아들여지기 시작한 개념이다(백일우, 1993; 2000: 80~86).

특히, Schultz에 의해서 주장된 인적자본론은 그가 1960년에 미국경제학회에서 '인적자본에 대한 투자(investment in human capital)'라는 제목으로 회장직 수락 연설에서 찾을 수 있다. Schultz(1961)는 교육비는 소비가 아니라 상품을 생산하는 데 필요한 노동력을 증대시키기 위한 투자라고 주장하면서, 인적자본 투자의 관점에서 학교교육은 물적자본을 변화시키지 않더라도 노동자당 더 높은 산출을 기대할 수 있는 경제적 수익성을 가져오는 투자라고 보았다. 그리고 교육을 통해서 축적된 생산력은 결국 노동소득과 연결된다는 측면에서 인적자본은 교육에 대한 투자 효과가 강조된 것이다. 인적자본론의 중요성과 이에 대한 투자를 증대시켜야 한다는 주장이 Denison(1961), Becker(1964), Harbison과 Myers(1964), Psacharopoulos(1972), Mincer(1974) 등 소위 인적자본론을 주장하는 학자들에 의해 교육투자 효과를 경제 측면에서 분석하려는 시도가 크게 늘어났다.

일반적으로 교육의 경제학적 접근은 두 가지의 기본적인 입장에서 논의되고 있다. 첫째, 소비로서 현재 또는 일시적인 만족을 갖게 하는 경우와 투자로서 미래 또는 장래에 만족을 갖게 하는 경우 즉, 소비의 측면과 투자의 측면을 동시에 가지고 있다는 것이다. 둘째, 교육투자가 개인적 측면에서는 개인의 자아실현을 위한 기회를 확대하고 능력을 향상시키게 되며, 사회적인 측면에서는 국가 · 사회의 발전을 가속화시키게 하는 양면적인 수익을 갖게 된다는 것이다.

오랫동안 교육활동을 소비적인 성격으로 규정하여 여기에 투입되는 지출은 자연히 소비적인 성격으로 보아 왔다. 이는 교육의 재화 투입에 대하여 만들어진 산출의 대부분이 인격, 이성, 지식 등과 같이 무형적이고 관념적인 것이었기 때문이다. 그러나 오늘날에 와서 교육에 대한 투자가 소비적인 성격만을 갖고 있는 것이 아니라 동시에 투자적인 성격도 가지고 있다는 것이 대두되었다.

또한 Schultz(1968)는 교육에 대한 투자는 소비적 성격, 투자적 성격, 그리고 반소비, 반투자적 성격을 지니고 있다고 기술하고 있다. 이러한 성격에 비추어 교육을 분류한다면 자기의 생산성을 높이기 위하여 받는 직업기술 교육이나 전문 교육은 투자적 성격이 강한 반면 일반 교육은 소비적인 성격이 강하다고 볼 수 있다. 그러나 대부분의 학교교육은 순수한 투자나 소비로 분류될 수 없고 반소비, 반투자의 상호 보완적인 성격으로 보아야 할 것이다. 배종근(1978)은 학교교육을 반소비, 반투자로 다시 분류하여 초등교육은 본질적으로 소비이나 부차적으로 투자인 교육활동으로, 중등교육은 소비와 투자가 부차적으로는 소비적인 것으로 구분하고 있다.

교육의 경제적 효과에 대한 논의는 결국 교육을 투자재의 성격으로 귀착시키게 된다. 투자적 성격으로서 수입보다도 중요한 경제적 효과는 장래에 소득을 향상시킬 수 있는 능력의 향상이 된다고 할 수 있다. 이러한 능력의 향상은 한 나라의 경제성장 또는 사회적 부의 증식에 대하여 교육이 기여하는 정도를 밝히는 거시적 측면과 한 가계에 있어서 교육투자가 가계의 소득 증대에 미치는 효과를 밝히는 미시적인 측면으로 파악할 수 있다.

또한 교육의 경제적 효과가 누구에게 귀속되느냐에 따라서 개인에게 귀속되는 개인적 효과와 사회구성원 모두에게 귀속되는 사회적 효과로 구분할 수 있다. 그러나 엄밀히 말하면 개인은 사회구성원의 일부이기 때문에 개인적인 효과는 사회적 효과의 일부라고도 볼 수 있다. Zymelman(1973)은 교육투자의 효과를 사회와 개인적인 측면으로 구분하여 사회적 효과로는 더 나은 시민 생활, 더 좋은 문화관, 부양가족의 감소, 그리고 범죄의 감소 등을 들고 있으며, 개인적 효과로는 보다 나은 생활, 보다 나은 권위자의 지위, 보다 나은 직업, 그리고 보다 바람직한 사회계층의 변화 등을 들고 있다. 이종재(1983)는 교육투자의 사회적 가치를 두 가지 영역으로 구분하고 있는 바, 즉 첫째, 개인적인 가치가 창출되는 과정에서 사회가 얻게 되는 개인들의 세금과 둘째, 교육투자의 결과 발생한 경제적 가치 중에서 개인이 그 가치를 소유할 수 없고, 사회에 파급되는 외적 가치를 들고 있다.

교육투자의 경제적 효과를 소비 또는 투자의 관점이나 그 효과가 귀속되는 대상의 관점 이외에도 Weisbrod(1964)는 경제적 기회의 관점에서, 그리고 Cohn(1979)은 교육투자가 세대에 걸쳐 귀속된다는 관점에서 논하고 있다. Weisbrod(1964)는 교육투자의 경제적 가치를 다양하게 개념화하여 경제적 기회와 직접 연결되는 가치와 직접적으로 경제적 기회로의 연결이 어려운 비경제적 기회 가치로 분류하고 있다.

그리고 Cohn(1979)은 교육투자의 세대간 효과(intergeneration effects)로서 부모가 교육수준이 높으면 그 자녀도 높은 수준의 교육을 받는 경향이 있고, 그 결과 그 자녀의 잠재적 소득 수준도 향상된다고 지적하고 있다. 이는 물론 그 사회의 귀속주의 적용의 정도에 따라 세대간에 걸쳐 지속되는 교육의 가치는 차이가 있을 것이다. 그러나 부모의 세대와 자녀의 세대간의 교육수준에 높은 상관관계가 있다는 많은 연구 결과로 교육투자의 세대간 효과를 입증하고 있는 것이라고 볼 수 있다(강무섭 외, 1983: 41~43).

경제학자들은 미래의 수입을 창출할 자신의 소비를 논할 때 '투자'라는 용어를 사용하며, 투자비용과 소비비용을 구별한다. 소비액은 즉시적인 만족이나 이익을 내기는 하지만 장래의 수입을 창출해내지는 않는다. 장래의 수입을 벌어들인 자산을 자본이라고 하는데, 전통적으로 투자와 자본에 대한 경제분석은 물적자본, 즉 기계류, 장비, 건물 등에 집중하려는 경향이 있다. 이런 것들은 생산능력을 창출해 냄으로써 장래의 소득을 가져오게 한다.

특히, 근대 경제학의 대표적인 학자인 Adam Smith(1952)는 '국부론(The wealth of nations)'을 통해 인적자본의 중요성을 강조하고, 기술을 갖춘 노동력은 개인의 부뿐만 아니라 국가 경제성장의 원천이라고 주장하였다. 즉, 새로운 기계나 또는 다른 형태의 물적자본을 구입하는 것과 같은 방식으로 교육이 노동자들의 생산능력을 증대시키는데 도움을 주었으며, 공장이나 다른 기업의 생산 능력을 증가시켰다는 것이다.

또한 Marshall(1961)은 '경제원리(Principles of economics)'에서 교육을 국가적 투자로 봄으로써 교육을 받지 못한 노동자들이나 인문교육을 받은 사람들에게 기술교육을 시켜야 한다는 주장과 함께 인간에 대한 투자도 이윤동기가 작용한다고 보고 있다(백일우, 2000). 그러므로 인적자본에 대한 투자는 물적자본에 대한 투자와 마찬가지로 생산성을 제고시킨다는 것으로 지적되었다.

이와 같은 인적자본에 대한 투자가 실제로 경제적으로 가치가 높다는 것이 1960년대 초까지는 완전하게 밝혀내지는 못하였다. 그러나 앞서 기술하였듯이 미국 경제학자 Schultz(1961)에 의해 교육에 드는 비용을 투자의 형태로 분석하였고, 1962년에는 미국의 정치 경제학저널에 '인적자본에 대한 투자'를 발표하면서 본격적으로 교육에 대한 투자가치를 경제적으로 분석하기 시작하였다. 또한, Becker(1964)는 '인적자본'이라는 제목으로 책을 출판하였는데, 이 책은 인적자본 형태에 대한 이론을 체계적으로 발전시킨 것으로 교육과 훈련에 대한 투자의 수익률을 실증적으로 분석하였다.

한편, 1960년대와 1970년대는 '개발의 연대(decades of development)'로서, 선진국과 개발도상국 모두에게 경제발전에 있어서 교육의 역할을 지지하는 낙관적인 견해가 지배적이었다. 특히, 교육은 노동생산성의 수단으로 간주되어 기술발전에 있어서 경제 발전의 잔여요인으로 교육이 기여한다는 Solow(1957: 312-320)의 이론에 자극받았다. 이 새로운 이론은 자본의 질이 새로운 투입요소, 즉 '교육'으로 구성된다고 주장하고 있다(Griliches & Jorhenson, 1966: 50~61).

노벨경제학상을 수상한 경제학자이면서 교육학자인 Schultz는 1960년을 전후하여 주창 · 확산된 인적자본론이 인적자본에 대한 투자를 물적자본에 대한 투자에 비유해서 해석하는 입장으로, 인간 존재의 경제적 가치를 인식하고 인간의 지식, 기술, 능력 등 인적자본의 가치에 교육 투자를 강조한 것으로 볼 수 있다. 이는 과거 인간 존재의 가치가 정신적 능력보다는 신체적 능력(노동력)으로서 결정되었으며, 철학자, 과학자, 교사, 의사로서가 아니라 노복처럼 사람의 신체적 생산성에 가치를 두었다. 그러나 이러한 접근의 오류는 19세기와 20세기에서 나타나기 시작하였다는 바, 즉 세계 노동력은 '노동집약'에서 '두뇌중심'으로 전환되고 있다는 점이다.

인적자본론에 대한 이론적 및 실증적 연구가 교육경제학을 하나의 교육학의 하위학문으로 자리잡는 데 기여해 왔으며, 노동시장, 임금결정과 같은 경제분야뿐만 아니라, 의료 서비스, 이주 등에 대한 연구까지도 경제성장의 요인을 분석하는 데 탐구되고 있다. 왜냐하면 이러한 다양한 경제적, 경제 외적 요인들이 개개인의 소득 능력을 결정하는 데 작용하며, 따라서 그들의 생애소득을 증가시키는 데 인적자본에 대한 투자가 중요하다는 사실이 경제학자, 교육학자 및 정책결정자들 사이에서 인식되었기 때문이다.

이러한 인적자본론에 대한 중요성과 이에 대한 투자를 증대시켜야 한다는 주장이 Schultz(1960, 1961), Becker(1964, 1975), Denison(1962), Harbison과 Myers(1964), Psacharopoulos(1972, 1980, 1987), Mincer(1974), Cohn과 Geske(1990) 등과 같은 인적자본론자들에 의해서 있어 왔다. 그리고 우리나라의 경우도 1970년대 말부터 배종근(1978), 곽영우(1983, 1996, 1998), 김영철 · 공은배(1983), 이종재(1983, 1995), 백일우(1994, 1998, 2000), 김경근(1995, 1996), 정일환 · 김정희(1997), 최은수(1997) 등 이에 따른 많은 국내외 연구가들에 의해 교육을 경제적 측면에서 분석하려는 시도가 증가

하고 있다.

따라서 인적자본론의 관점에서 교육은 노동의 질 향상을 위해 필요하고 기여하는 것으로 보기 때문에 생산과정에 투입 요소로 간주하고 있다. 즉, 인적자본론자들은 교육이 다음과 같이 경제 발전에 기여한다고 보고 있다. 첫째, 기술, 효율성 및 작업지식의 증대를 통해 노동의 질 개선, 둘째, 노동이동 증대, 노동분업 촉진 및 노동력 참여확장, 셋째, 발명, 발견 및 신속한 적용을 통한 기술 진보를 촉진하는 과학적 · 기술적 지식 증대, 넷째, 생산 요인의 관리와 배분의 개선을 위한 기업능력 증대, 다섯째, 경제성장의 제도적 장애와 경제적 변화, 사회이동을 위한 좀 더 민감한 사람형성 등을 들 수 있다.

구체적으로 살펴보면, 교육에 의한 기술은 고용인의 생산성을 증대시키며 이는 [그림 7-2]에서 제시한 바와 같이, 학교교육-생산성- 임금의 인과관계로 연쇄가 되어 높은 학교교육이 고임금을 수반하게 된다는 것이다. 학교교육의 투자에 대한 분배와 회수는 소득 분배에 달려 있으며, 학교교육에 의한 소득 분배는 고용인의 개인적 특성을 변화시키고 소득 불평등에 변화를 가져왔다(Velloso, 1995). 학교교육을 더 많이 받은 고용인이 고위 직업과 고임금을 받는지에 대한 설명은 교육이 사람의 직업적 능력을 증명하는 것이며, 학교교육을 더 많이 받은 사람은 낮은 지위와 낮은 임금의 직업을 포기하고 더 높은 지위, 더 높

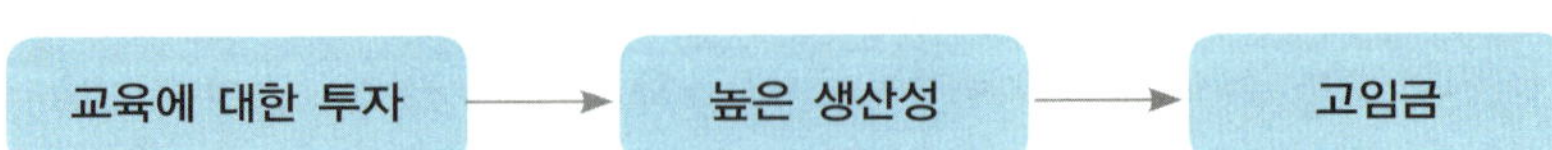

그림 7-2 인적자본론의 접근방법

출처: Cohn & Geske(1990: 34).

은 임금의 직업을 획득하게 된다.

대부분의 국가에서 보면, 교육을 많이 받은 사람이 교육을 적게 받은 사람보다 더 많은 임금을 받고 있다. 이에 대해 인적자본론자들은 교육을 더 많이 받은 사람이 그렇지 않은 사람보다 더 생산적이기 때문이라고 주장한다. 그들의 높은 생산성은 경쟁적인 노동시장에서 파악할 수 있다(Becker, 1967; Mincer, 1970; Bhalla, 1973).

고용에 대한 교육적인 필요 조건들이 사회에서 증가하는 경향이 있는데, 이와 같은 기술적인 변화는 보다 고도로 숙련된 고용인을 요구하기 때문이다. 교육의 양적 확대는 경제뿐만 아니라 가족의 역할, 사회적 · 정치적 역할이 점점 더 복잡하게 됨으로써 이루어지게 되었다(Collins, 1971). 그러므로 인적자본론의 토대는 교육투자의 추정된 경제적 수익에 근거를 두고 있다고 할 수 있다.

1996년에 수행한 교육투자의 경제적 효과 중 인적자본론에 대하여 대학생이 인지하고 있는가를 분석한 연구결과(정일환 · 김정희)에 따르면, 〈표 7-2〉에서 제시한 바와 같이 고등교육기관별(2년제 대학, 4년제 대학), 전공계열별(인문 · 사회계열, 자연 · 이공계열)에서는 통

표 7-2 교육투자의 경제적 효과에 대한 대학생의 인지도 차이(인적자본론)

구 분		M	SD	F	Sig. of F
고등교육기관별	4년제대학(N=523)	41.83	4.87	.57856	.447
	전문대학(N=431)	41.59	4.70		
전공계열별	인문사회계열(N=510)	41.45	4.51	3.51536	.061
	이공계열(N=444)	42.04	5.09		
성별	남(N=376)	42.09	5.13	3.8883	.049*
	여(N=578)	41.46	4.54		

* p〈.05

계적으로 차이가 없었으나, 성별(남, 여)에 따라 인적자본론 영역에 있어서 통계적으로 유의한 차이가 있는 것으로 나타났다.

즉, 인적자본론 영역에 대해 4년제 대학(M=41.83)과 2년제 대학(M=41.59)에 재학하는 학생 간에 통계적으로 차이가 없는 것으로 나타났으며, 인문·사회계열(M=41.45)과 이공계열(M=42.04)에 재학하는 학생 간에도 통계적으로 차이가 없는 것으로 나타났다. 그러나 인적자본론 영역에 대해 대학생의 남(M=42.09)과 여(M=41.46) 간에 통계적으로 유의한 차이가 있는 것으로 나타났다(F=3.89, p=.049).

고등교육기관별과 전공계열별에서 인적자본론에 있어서 인지도의 차이가 없이 나타난 것은 인적자본론에 대해서 2년제 대학과 4년제 대학, 인문·사회계열과 이공계열에 재학하는 학생 간에 긍정적으로 보고 있으나, 성별에 따라 인지도에 차이가 있는 것은 남녀 대학생 간에 사회·경제적인 활동에 있어서 남자와 여자 간에 인식의 차이를 두고 있음을 볼 수 있다.

3. 인적자본론의 비판과 재평가

인적자본에 대한 투자 논의는 여전히 여러 측면에서 논쟁의 여지가 있다. 즉, 교육에 대한 투자로 높은 생산성과 아울러 높은 임금이라는 인적자본론의 주장에 대해 비판이 가해졌다. 특히 Berg(1970), Arrow(1973), Spence(1973) 등은 [그림 7-3]에서 제시한 바와 같이, 교육이 근로자의 생산성에는 직접적인 영향을 주지 않고 고용주에게 좀 더 능력있는 사람을 선택할 수 있게 해 주는 '선발기제'로서의 단순한 역할을 한다는 것이다.

한편, 인력공급자 측면에서 졸업생이 졸업장이나 자격증을 가지고 신호기재로 활용될 때에는 신호이론으로 가능한다는 것이다(백일우, 2000: 78). 즉, 교육성취도가 생산성 향상에 영향을 미치는 것이 아니고 교육의 결과로 얻은 졸업증명, 자격증, 학위 등이 소득 격차를 만든다는 것이다. 고용주는 높은 학력을 가진 근로자에게 비록 생산성이 높지 않더라도 높은 임금을 주는 경향이 있다는 것이다. 이러한 소득 격차는 고학력자에 대한 고용주들의 선호를 반영하는 것일 뿐이라고 주장하고 있다.

그림 7-3 선별 · 신호이론

출처: Cohn & Geske(1990: 58).

그러나 이 주장은 Layard와 Pascharopoulos(1974)의 생애소득 곡선에 의한 교육투자와 소득향상의 지속적 관계를 토대로 선발가설의 가정에 의문을 제기하고 있으며, Wise(1975)도 교육성취도와 직무수행 능력 간에 정적 상관이 높다는 연구결과 등을 통해 반박을 받고 있다(김명수, 1998: 2155-2156; 김영철, 1998: 396-397).

또한 인적자본론은 신마르크스이론, 지위경쟁이론과는 상반된 견해로, 학교교육이 기술을 창출하고 기술은 경제산출을 증대시킨다는 것이다. 인적자본은 학교교육이 실제로 학생사이에 경제적 기술을 창출할 수 있는지 또는 경제가 그러한 기술을 활용할 수 있는지는 세 가지 조건을 필요로 한다. 첫째, 교육은 경제에 의해 필요한 기술의 종류를 창출해야 한다. 둘째, 경제는 학교교육에 의해 창출된 기술을 흡수해야 한다. 셋째, 고유 기술을 가진 사람이 그들의 기술을 활용할 수 있는 직업을 선발 · 배치 받기 위해서는 교육과 경제체제 사이에 밀접하게 연결되어 있어야 한다. 따라서 인적자본론은 교육이 경제에 활용될 수 있는 기술과 지식의 종류를 창출 · 확대하여 경제적 산출을 증대시킨다고 주장한다(Fuller & Rubinson, 1992).

1970년대 제3세계 국가들은 국가발전을 인적자본론에 기초로 하여 성장을 시도했으나 기대한 기적을 보는 데는 실패하였다. 이것은 인적자본론을 토대로 한 발전 전략에 강한 회의론과 새로운 도전으로서 제3세계에서는 종속이론으로, 그리고 선진국에서는 지위경쟁이론 등으로 발전하였다.

구체적으로 살펴보면, 학교교육을 더 많이 받은 사람이 왜 전문적인 직업을 갖게 되며, 아울러 고임금을 받는지에 대한 설명은 교육이 사람의 직업적 능력을 증명하는 것을 보여 주게 된다. 즉, 인적자본론을 지지하는 입장은 학교교육을 더 많이 받은 사람이 그렇지 않는 사람들보다 높은 지위와 많은 임금을 받는 직업을 획득하는 것을 당연한 것으로 받아들이고 있다.

그러나 비판론자들은 이러한 인적자본론의 가정에 반대하고, 교육은 고정된 직업 분포 안에서 단순하게 사람을 배치시키고, 또한 더 생산적인 직업을 창출하지 않으며, 소득 증대 및 분배에 대한 효과에 기여하지 못한다는 주장은 선별 · 신호이론, 신마르크스이론, 지위경쟁이론 등에 이론적 토대를 형성하게 되었다(Thurow, 1974; Collins, 1979). 이에 대해 인적자본론자들은 교육을 더 많이 받은 사람이 그렇지 않은 사람보다 더 생산적이며, 의사소통, 정신훈련, 적응성, 융통성, 신체적, 그리고 동기적 요인, 새로운 지식과 사상을 수용하여 생산성을 강화하기에 더 적절하기 때문이라고 주장한다.

Squires(1979)는 '교육, 직업, 그리고 불평등, 미국에서 사회계층의 기능모형과 갈등모형'이라는 논문에서 갈등모형은 기능주의 이론에 대해 주로 반대하면서 교육과 경제 관계를 대안적으로 설명하고 있다. 즉, 직업과 관련된 교육은 직업과 관련된 기술을 제공하기 위한 것이라고 기능주의자들이 주장하는 것에 대해, Squires는 이에 대한 논박을 다음의 네 가지 측면에서 제시하고 있다.

첫째, 향상된 교육을 제공하는 것은 우리 경제의 요구로서 기술을 증진시키기 위해서이다. 둘째, 이는 젊은 노동자들이 대개 더 많이 교육받았으며, 동일 직업에서 나이가 많은 노동자보다 더 힘든 노동을 하지 않는다. 셋째, 교육을 더 많이 받은 노동자는 교육을 덜 받은 노동자보다 간혹 비생산적이다. 넷째, 심지어 전문직 노동자들은 대개 그들의 직업에 있어 학교 외부에서 그들의 기술을 배운다.

또한 Squires는 본질적으로 Marxist의 견해를 지지하고 있는 바, 고용주가 노동자를 채용할 때 교육을 더 많이 받은 사람을 선호하며, 고용주들은 그러한 노동자들이 회사의 계층구조에 대해 기꺼이 수용할 것이라고 믿기 때문이다. 그는 왜 교육을 더 받은 고용인들이 보다 더 잘 순응할 수 있는지에 대해서는 설명하지 않았다. 그러나 고용주가 보다 교육을 더 많이 받은 노동자에 대해 가치를 부여하는지

Bowles와 Gintis(1976)의 논쟁에서 다루고 있기 때문에 Squires로부터 Marxist들의 논의를 도출할 수 있다. Marxist들은 상이한 교육수준이 다양한 직업적 성향을 가지게 한다고 주장한다. 즉, 교육에 있어서 이러한 차이는 상이한 수준에서의 학교제도에 조직되어진 교육방법과 회사계급으로 조직되어진 노동의 수단방법 사이의 차이를 '대응(correspondence)'시키기 때문이다.

교육의 경제적 가치에 대한 주요 설명은 Collins를 중심으로 Weberian에 의해 더욱 발전되었다. Weberian의 입장에서는 교육이 노동자를 더 유순하게 만들기 때문에 고용주들은 노동자들이 보다 많은 교육을 받기를 바란다는 Marxist의 주장에 동의한다. 그러나 Marxist와는 달리 Weberian들은 교육적 성공과 경제적 성공이 더 많은 교육을 받음으로써 그들의 직업적 명성을 높이고, 희망하는 직업을 선택할 수 있는 방법을 제공해 주기 때문에 관련있다고 한다. 또한 Weberian은 전문직의 엘리트가 그들의 직업적 명성을 높이는 방법으로 교육적 수요를 증대시킨다고 주장하고 있다(Blaug, 1992).

또한 인적자본론에 대한 강한 회의론은 단요인으로서 교육의 효과를 제시하는 데 상당히 무리가 따른다고 보고 있다. 즉, 가정배경의 효과와 다른 교육적 변인의 효과로 나타낼 수 있다. 교육을 더 많이 받은 사람은 경제적으로나 문화적으로 교육을 덜 받은 사람보다 더 진보된 가정의 사회경제적 지위를 가지기 때문에 부분적으로 보다 나은 직업을 가질 수 있다는 것이다. 이러한 특징은 그들이 높은 교육을 받지 않았더라도 교육 받은 사람이 희망하는 직업을 가질 수 있도록 도와준다는 점이다. 사실 많은 연구에서 가정배경이 통제되면 시험점수가 교육성취도, 경제적 지위, 소득과의 연계를 줄인다는 것을 제시하고 있다(Featherman & Hauser, 1978: 258~259; Jencks et al., 1979: 167-172, 180-183).

지속적인 연구 결과, 미국의 경우 유사한 가정배경을 가진 백인과 흑인 사이에서 흑인이 받은 교육에 비해 백인보다는 상대적으로 더 적은 임금을 받는 것으로 나타났다(Featherman & Hauser, 1978: 340, 344-345, 357-359, 367-375; Jencks et al., 1979: 174, 197). 또한 여성이 남성과 비슷한 연공 지위와 노동력의 특성을 가진다 하더라도 동일한 그들의 교육수준에 여성들은 더 적은 경제적 소득과 지위를 획득한다는 것이다(Tienda, Smith, & Ortiz, 1987; England, Farkas, Kilbourne, & Dou, 1988). 아울러 흑인 자녀들은 백인의 자녀들보다 그들의 교육에 대해서 더 낮은 임금을 받는다는 것이다(Jencks et al., 1979: 175, 186, 355).

끝으로 연구에서 실시한 기업체 임직원과의 면담에서 다음과 같이 피력하고 있음을 확인하였다. 즉, 한 기업체 임직원은 "인적자원이 막바로 생산성의 향상으로 연결된다고 생각하지는 않는다. 어느 회사에서나 신입사원을 뽑으면 그 회사의 업무에 맞는 재교육을 실시하고 있다. 사무직 근로자의 경우를 비추어 생각해보면, 학교교육 -대학교육(최종합격)- 이 일종의 선별도구의 기능을 수행한다는 것이 옳을 것이다. 어느 대학을 나왔고, 어느 정도의 학점을 받았는가로 사원을 뽑지만, 그렇게 들어온 사원들도 다시 재교육을 받아 회사의 업무에 적응해가기 때문이다. 그리고 대학이나 학점의 우위가 더 높은 생산성을 보장한다고 생각하지 않는다. 회사에서 어느 정도 적응하고 노력하느냐가 생산성을 결정할 것이다. 학교교육과 회사 업무의 생산성 향상과는 그리 관계가 있는 것 같지 않다. 그리고 창조적인 직업(가령, 광고회사나 컴퓨터 소프트웨어 개발업체 혹은 연예인)의 경우에는 더욱 학교교육보다는 개인의 능력이 우선된다고 생각한다. 이러한 직종에서는 굳이 학교교육을 순서대로 혹은 일정 수준까지 받지 않아도 더 높은 생산성을 발휘할 수 있게 된다"라고 응답하고 있다.

이상과 같이 인적자원의 개발 · 채용 · 활용 · 훈련에 대한 인적자본론의 정당성과 이에 대한 그들의 비판은 상호 대립적인 것이라기보다는 상호 보완적인 관계에 있다고 보아야 할 것이다. 즉, 교육에 대한 투자는 사회 제 분야의 발전을 도모하는 기능과 역할을 수행하고 있지만, 그 발전의 과정 속에서 교육의 평등(equality of education)이 전제되어야 교육의 경제적 가치가 올바로 정립될 수 있을 것이다. 또한 이러한 논의에서 교육이 사회발전(societal development)을 선도하는데 중요한 역할을 수행하고 있다는 점을 간과해서는 안될 것이다. 따라서 인적자원부문에서 인적자본론의 비판과 재평가가 올바르게 정립될 수 있도록 심도 있는 이론적 토대와 구체적인 실증적인 연구분석을 통해 좀 더 명료화할 필요가 있을 것이다.

1996년에 수행한 교육투자의 경제적 효과 중 비판론 영역에 대하여 대학생이 인지하고 있는가를 분석한 연구결과(정일환 · 김정희)에 따르면, 〈표 7-3〉에서 제시한 바와 같이, 고등교육기관별(2년제 대학, 4년제 대학), 전공계열별(인문 · 사회계열, 자연 · 이공계열), 그리고 성별(남, 여)에 따라 비판론의 영역에 있어서 통계적으로 차이가 없는 것으로 나타났다.

표 7-3 교육투자의 경제적 효과에 대한 대학생의 인지도 차이(비판론)

구 분		M	SD	F	Sig. of F
고등교육기관별	4년제대학(N=523)	16.00	2.62	.85107	.356
	전문대학(N=431)	15.85	2.47		
전공계열별	인문사회계열(N=510)	15.98	2.49	.38336	.536
	이공계열(N=444)	15.88	2.62		
성별	남(N=376)	15.81	2.82	1.21870	.270
	여(N=578)	16.00	2.33		

즉, 비판론 영역에 대해 4년제 대학(M=16.00)과 2년제 대학(M=15.85)에 재학하는 학생간에 통계적으로 차이가 없는 것으로 나타났으며, 인문 · 사회계열(M=15.98)과 이공계열(M=15.88)에 재학하는 학생 간에도 통계적으로 차이가 없는 것으로 나타났다. 그리고 비판론 영역에 대해 대학생의 남(M=15.81)과 여(M=16.00) 간에 통계적으로 차이가 없는 것으로 나타났다.

4. 인적자원개발의 의미

인적자원개발(Human Resource Development: HRD)은 시대에 따라 또는 학자에 따라 다양하게 정의되고 있다. Swanson(2001: 304)은 수행을 증진시킬 목적으로 조직발전과 개인 훈련 및 개발을 통해 인간의 전문성을 개발하고 높이는 과정이라고 인적자원개발을 정의하였다. 그리고 Werner와 DeSimone(2009: 537)은 현재 및 미래의 직업 요구를 충족하기 위해 필요한 기술들을 구성원들에게 제공하기 위해 조직에 의해 설계된 일련의 체계적, 계획적 활동들이라고 인적자원개발을 정의하였다. 또한 장원섭(2009: 12)은 인적자원개발을 조직의 효과성을 증진시키기 위한 역동적이고 발전적인 실천 활동이라고 정의하였다.

인적자원개발의 의미를 좀 더 심층적으로 파악하기 위해 인적자원개발에 대한 시대별 및 학자별 정의를 종합적으로 제시하면 〈표 7-4〉와 같다.

표 7-4 인적자원개발의 개념

학자	정의	핵심 구성요소	이론
Nadler (1970)	특정 시간 내에 실행된 그리고 행동변화를 이끌어내기 위해 설계된 일련의 조직화된 활동들	행동변화, 성인학습	심리학적
Craig (1976)	평생학습의 모든 측면에서 인간잠재력을 개발하는데 중심적인 목표가 있음	인간 수행	철학적, 심리학적
Jones (1981)	조직 및 개인적 목표 모두의 달성에 초점을 두면서 인간의 직업관련 활동들의 체계적인 확장	수행, 조직 및 개인적 목표	철학적, 체계적, 심리학적, 경제학적
McLagan (1983)	훈련과 개발은 개인들이 현재 또는 미래 직업을 잘 수행하도록 하게 하는 핵심역량을 파악하고, 평가하며 계획된 학습을 통해 개발하도록 돕는 것	훈련과 개발	심리학적
Chalofsky & Lincoln (1983)	조직에 있는 개인들과 집단들이 학습을 통해 어떻게 변화하는지에 대한 연구	성인학습	심리학적
Nadler & Wiggs (1986)	조직의 인간잠재력 증진을 위한 종합적인 학습체계	형식적 및 비형식적 성인학습, 수행	체계적, 경제학적, 심리학적

Swanson (1987)	인력의 능력을 통해 조직의 수행을 증진시키는 과정	조직적 수행	경제학적, 심리학적, 철학적, 체계적
R. Smith (1988)	개인의 발전과 조직의 생산성 및 이익에 긍정적으로 영향을 미치는 프로그램과 활동	훈련과 개발, 조직적 수행	경제학적, 체계적, 심리학적
McLagan (1989)	개인 및 조직 효과성을 높이기 위한 훈련과 개발, 경력개발, 조직발전의 통합된 사용	훈련과 개발, 경력개발, 조직발전	심리학적, 체계적, 경제학적
Watkins (1989)	개인, 집단과 조직수준에서 장기적이고 직업관련 학습역량을 신장시키는 연구와 실제 분야	학습역량, 훈련과 개발, 경력개발, 조직발전	심리학적, 체계적, 경제학적, 수행
Gilley & England (1989)	업무, 개인과 조직을 향상시킬 목적으로 수행과 개인적 성장을 높이기 위해 조직 내에 마련된 조직화된 학습활동	학습활동, 수행 증진	심리학적, 체계적, 경제학적, 수행
Nadler & Nadler (1989)	수행증진과 개인적 성장가능성을 높이기 위해 특정 기간 내에 직원들에 의해 제공된 조직화된 학습경험	학습, 수행증진	수행 심리학적
D. Smith (1990)	조직의 인적자원을 개발하고 증진시키는 최적의 방법을 결정하는 과정이며, 조직 및 개인적 목표의 상호달성을 위해 훈련, 교육 및 개발, 리더십을 통해 직원의 수행과 생산성의 체계적 증진	수행 증진	수행 체계적, 심리학적, 경제학적
Chalofsky (1992)	인간 및 조직 성장과 효과성을 극대화하기 위해 학습기초 프로그램의 개발과 적용을 통해 개인, 집단, 조직의 학습역량을 증가시키기 위한 연구와 실제	학습역량, 수행 증진	체계적, 심리학적, 인간 수행
Marquardt & Engel(1993)	HRD 기술은 학습풍토 개발, 훈련프로그램 설계, 정보 및 경험의 전달, 결과 평가, 경력상담 제공, 조직변화, 학습 자료의 적용 등을 포함	학습풍토, 수행 증진	심리학적, 인간 수행

Marsick & Watkins (1994)	훈련, 경력개발, 조직발전의 종합	훈련과 개발, 경력개발, 조직발전, 학습조직	인간 수행, 조직수행, 체계적, 경제학적, 심리학적
Swanson (1995)	수행을 증진시킬 목적으로 조직발전과 개인 훈련 및 개발을 통해 인간의 전문성을 개발하고 높이는 과정	훈련과 개발 및 조직발전, 조직에서 수행 증진, 업무과정, 개인수준	체계적, 심리학적, 경제학적

출처: Swanson & Holton, III(2001: 4-8).

5. 한국의 인적자원개발 경쟁력

한국의 인적자원개발 경쟁력과 관련하여 OECD 각 국가별 글로벌 HRD 경쟁력 지수 및 34개 OECD 회원 국내 한국 순위는 <표 7-5>와 같다(오헌석 · 최명원, 2011). <표 7-5>에서 알 수 있듯이 한국은 23위에 위치하고 있어 다른 선진국들에 비해 글로벌 HRD 경쟁력이 낮음을 알 수 있다. 한편, 스위스가 1위, 스웨덴이 2위, 미국이 3위를 차지하고 있다. 북유럽국가가 10위권 내에 5개국이나 포함되어 있으며, 북미권에서는 미국과 캐나다가 상위권을 차지하고 있다.

표 7-5 OECD 회원국의 2011년 글로벌 HRD 경쟁력 지수 및 순위

순위	국가	2011 글로벌 HRD 경쟁력 지수
1	Switzerland	4.873
2	Sweden	4.787
3	United States	4.786
4	Netherlands	4.696
5	Finland	4.539
6	Denmark	4.531
7	Norway	4.462
8	Canada	4.395
9	Iceland	4.355
10	United Kingdom	4.333
11	Australia	4.306
12	New Zealand	4.209
13	Germany	4.203
14	France	4.013
15	Belgium	3.997
16	Luxemburg	3.986
17	Austria	3.959
18	Ireland	3.944
19	Israel	3.891
20	Slovenia	3.713
21	Estonia	3.635
22	Japan	3.631
23	Korea	3.472
24	Spain	3.375
25	Czech Republic	3.280
26	Poland	3.069
27	Portugal	2.998
28	Italy	2.971
29	Hungary	2.963
30	Slovak Republic	2.890
31	Greece	2.874
32	Chile	2.843
33	Mexico	2.510
34	Turkey	1.953

출처: 오헌석 · 최명원(2011: 9).

HRD 시스템의 요소별, 하위요소별, 지표별 한국의 순위는 〈표 7-6〉과 같다. 요소별로 살펴보았을 때 지원요소의 순위(15위)가 가장 높았으며, 그 다음으로 공급요소(17위), 환경요소(23위), 수요요소(30위) 순으로 나타났다. 전체 국가 HRD 경쟁력 순위가 23위임을 고려할 때 지원요소와 공급요소의 우수성이 두드러지며 수요요소가 가장 취약함을 알 수 있다.

표 7-6 한국 HRD 시스템 구성요소별 OECD 회원국 내 순위

요소		하위요소		지표	
이름	순위	이름	순위	이름	순위
공급요소	17	공급요소(양)	14	출산율	33
				기대수명	21
				생산가능 인구비율	1
				중등교육이수 인구비율	16
				고등교육이수 인구비율	6
				평생학습 참여율	21
		공급요소(질)	18	PISA 점수	2
				세계 500위 내 대학 수	9
				경영대학의 질	24
				개인건강 인식도	31
수요요소	30	수요요소(양)	28	고용률	13
				실업률	2
				고등교육이수 인구의 고용률	33
				고등교육이수 인구의 실업률	13
				여성의 노동시장 참여율	24
		수요요소(질)	32	창조적 전문직 직업종사자 비율	24
				준전문직 직업종사자 비율	21
				두뇌유입	12
				성별에 따른 임금격차	22

환경요소	23	기술환경	8	전체 인구 대비 광대역 인터넷 가입자 수	2
				인터넷 이용자 대비 국제 인터넷 대역폭	31
				전체 인구 대비 인터넷 사용자 수	10
				전체 인구 대비 이동전화 가입자 수	27
				정보통신 가격수준	15
		사회적 자본	33	개인간의 신뢰	25
				사회제도에 대한 신뢰	31
				관용성	28
				투표율	34
		세계화	31	국제 공용어 점수	30
				고등교육기관 내 외국학생 비율	28
				GDP대비 국제회의 개최 수	23
				전체 인구 대비 국제선 이용객 수	24
				국제사회에서의 활동 정도	24
		산업환경	10	창의 산업 활성화 정도	32
				지식 산업 활성화 정도	8
				하이테크 산업 활성화 정도	1
				산학협력 정도	20
지원요소	15	투자	3	교육에 대한 공적투자	22
				교육에 대한 민간투자	1
				정부의 연구개발 투자	4
				민간의 연구개발 투자	4
		제도	32	지적재산권 보호	25
				의무교육 기간	23
				실업자 지원 프로그램	23
				모성보호 정책	17

출처: 오헌석 · 최명원(2011: 26).

한편, 10개 하위요소 기준으로 살펴보았을 때 기술환경(8위), 산업환경(10위), 투자(3위)의 순으로 가장 높게 나타났다. 이러한 현상은 한국의 HRD 시스템 고유의 강점이며 경쟁력을 유지해야 하는 특성이다. 반면 수요요소의 양적 측면(28위) 및 질적 측면(32위), 사회적 자본(33위), 세계화(31위), 제도(32위)의 순으로 낮게 나타났다. 이러한 영역은 한국의 HRD 시스템의 약점이며 그 경쟁력이 좀 더 강화되어야 한다. 하지만 공급요소의 양적 측면(14위) 및 질적 측면(14위)은 다소 높게 나타나 앞으로 계속 경쟁력을 보강해나가야 할 영역이다. 각 요소 및 하위요소별 구체적인 지표에 대한 순위는 〈표 7-6〉에 제시되어 있다.

또한 우리나라의 최근 10년간 정부 R&D 예산의 추이는 〈표 7-7〉과 같다. 〈표 7-7〉에서 알 수 있듯이 최근 10년간 정부 R&D 예산은 지속적으로 확대되어 왔다. 2000년 5.7조 원이었던 예산액은 2010년 13.7조 원으로 증가하였다. 증가율에 있어서 2005년에서 2008년간 연평균 11.9%로 높은 비율을 보이고 있다. 이는 2005년에서 2007년간 국가재정 전체가 6.3%, 국방 분야 7.8%, 사회복지 분야 11.2%, 교육 분야 5.7%의 연평균 증가율을 보인 것과 비교하면 타 분야의 증가율을 상회하는 높은 수준이다(통계청, 2011). R&D 투자의 지속적인 확대는 국가성장을 견인하는 지식기반사회에서 과학기술, 지식, 정보 등의 연구개발에 대한 중요성을 인식한 우리나라의 정책 방향을 보여주고 있다.

표 7-7 정부 R&D 예산 추이

(단위: 조 원, %)

	2001	2002	2003	2004	2005	2006	2007	2008	2009	2010
R&D 예산	5.7	6.1	6.5	7.1	7.8	8.9	9.8	11.1	12.3	13.7
증감률	36.6	7.1	6.6	9.2	9.9	14.1	10.1	13.3	10.8	11.4

출처: 통계청(2011). http://www.index.go.kr/

제3절
인적자본과 교육산업

광복 이후 우리나라의 교육산업은 꾸준히 양적인 측면과 아울러 질적인 성장 발전을 이룩하였다. 특히 부존 자원이 빈약한 우리나라에서는 지식산업 사회의 구조에 적합한 인적자본의 형성이 국가발전 및 경제성장의 주요한 요인이라고 볼 수 있다. 이에 교육의 규모가 점점 확대되고, 교육의 국가발전에 대한 높은 기여도가 교육투자 확대를 증폭시키고, 아울러 교육은 산업의 한 부문으로서 틀을 형성하게 된 것으로 볼 수 있다.

지금까지 교육산업에 대한 교육의 경제적인 측면, 즉 교육과 경제 각 부문과의 관계 또는 교육의 경제적 효과를 보면, 먼저 박래영(1983)은 교육 서비스를 제공하여 인간성 함양과 인간능력 증진이라는 산출을 이룩하는 것을 교육산업으로 규정하고, 경제성장에 대한 교육산업 확대의 직접적인 기여도, 간접적인 파급효과, 그리고 교육산업의 직 · 간접 고용증대 효과로 구분하여 분석하였다. 이에 관련된 교육관련 산업으로 인쇄 · 출판, 목재가구, 지류, 석유 · 석탄제품, 전자기기, 정밀기계 및 광학기계, 사무용품, 건축, 전력, 수도, 상업, 통신, 금융, 부동산 임대 등으로 분류하고 있다.

임천순(1995)은 교육산업을 교육과 관련된 다양한 재화 또는 서비스를 생산 또는 제공하는 경제의 한 부문으로 정의하고, 학교교육, 학교외 교육, 교육관련 산업으로 구분하여 교육산업의 규모와 구조를 분석하고 교육산업의 동향을 파악하여 교육에 주는 정책적인 시사점과 분석적 연구과제를 제시하고 있다. 김명수(1995)는 교육산업을 형성하게 된 배경을 경제적, 사회 · 문화적 측면으로 구분하여 개관하고 그 발전과정을 우리나라 교육발전의 맥락에서 학교교육, 학교 외 교육, 교육관련 산업으로 분류하여 교육산업의 미래와 방향을 논하고 있다.

또한 김태완(1995)은 교육서비스 시장의 개방이 학교 교육산업에 미치는 영향을 분석하고 변화하는 학교교육과 이에 따른 학교 교육산업의 전망과 대책을 제시하고 있다. 김영철(1995)은 교육산업을 교육기관에 의한 교육서비스 산업 외에도 교육관련 산업까지를 규정하고 교육서비스를 직접 제공하는 산업으로 학교와 학교 외 교육기관, 그리고 교육관련 산업으로 교육시설, 교재, 교육기자재, 교육관련 방송 및 기타 교육지원 사업 등으로 분류하였다. 이 연구에서는 학원, 직업훈련기관, 사회교육기관의 학교외 교육산업 실태와 규모를 분석하고 교육시장 개방에 따른 학교의 교육산업의 긍정적 및 부정적 파급효과와 대책 방안을 논하고 있다.

최청일(1995)은 교육관련 산업연관(inter-industry) 효과 분석의 필요성과 체제를 제시하고 교육관련 산업의 경제적 파급효과를 분석하여 교육시장 개방에 따른 교육관련 산업의 전망과 대책을 마련, 제시하고 있다. 백일우(2000)는 교육산업을 무형의 교육재화를 생산하는 위계적인 학교들로 구성되고 이윤추구를 주 목적으로 하지 않으면서 장기적인 생산기능을 갖는 특성으로 제시하였으며, 형식교육기관, 비형식 교육기관, 무형식 교육기관으로 분류하고 있다.

교육산업에 대한 선행연구들을 고찰한 바와 같이, 교육산업은 교육과 관련된 다양한 재화 및 서비스를 생산 또는 제공하는 경제부문으로서 학교교육, 학교 외 교육, 교육관련 산업으로 분류할 수 있으며, 이를 구체적으로 살펴보면 〈표 7-8〉과 같다.

표 7-8 교육산업의 분류

교육산업	세부 분류
• 학교교육	-교육기본법상의 기관 -특별법상의 기관(과학기술대학, 사관학교 등)
• 학교외 교육	-학원 -직업훈련기관 -사회교육기관 -개인교습소
• 교육관련 산업	-제조업 -도소매 및 소비자용품 수리업 -부동산, 임대 및 사회보장 행정 -공공행정, 국방 및 사회보장 행정 -보건 및 사회복지사업 -기타 공공, 사회 및 개인서비스업

출처: 임천순(1995: 9).

제8장

교육투자의 경제적 효과 측정방법과 추이분석

제1절 교육투자의 경제적 효과 측정방법

교육을 경제학적 측면에서 접근하는 방법은 학자들에 따라서 다양한 방법으로 모색되어 왔다. 교육의 경제적 효과를 분석하는 방법들은 그 방법 자체가 해결하고자 하는 주된 문제와 적용목적에 따라서 세 가지 영역으로 구분하면 다음과 같다.

첫째, 국가발전 내지 경제성장에 대한 교육의 기여도를 측정 · 제시함으로써 교육투자의 중요성을 인식시키고 교육인적자원부문에 투자의 우선 순위를 부여한다.

둘째, 교육을 위한 제 비용과 수익을 분석, 비교함으로써 교육 프로그램의 효과성을 판단함은 물론 개인으로 하여금 교육투자에 대한 의사결정을 현명하게 할 수 있도록 이에 필요한 정보를 제공한다.

셋째, 한정된 교육예산으로써 투자효과를 극대화하기 위한 교육재정 투자배분의 합리화에 기여한다(김선종, 1983).

다양한 교육에 대한 경제적 효과의 분석방법으로 Harbison과 Myers(1964)는 교육비와 소득관계 분석방법, 잔여요인 분석방법, 교육투자 수익률 분석방법, 단순상관 분석방법으로 제시하고 있으며,

Bowen(1968)은 단순상관 분석방법, 잔여요인 분석방법, 교육투자 수익률 분석방법 및 인력수요 접근방법 등으로 제시하고 있다. 그러나 Harbison과 Myers가 분류한 교육비와 소득 관계 분석방법은 그 성격을 감안해 볼 때, 단순상관 분석방법의 한 형태라고 볼 수 있고, Bowen이 분류한 인력수요 접근방법은 교육투자의 경제적 효과를 분석하기 위한 평가 기법이라기보다는 교육계획 기법의 한 형태라고 볼 수 있다(김영철, 1982).

여기에서는 우리나라에서 1960년대부터 교육의 경제적 효과분석에 주로 사용된 양적인 측정방법을 중심으로 제시한다. 즉, 단순상관 분석방법, 교육투자 수익률 분석방법, 잔여요인 분석방법, 투입-산출 분석방법 등 많은 연구자들에 의해서 이론적 · 실증적으로 수행된 연구 결과를 중심으로 고찰하고자 한다(김광석, 1983; 김영철 외, 1983; 강무섭 외, 1985; 한유경, 1992; 김신복, 1995; 백일우, 2000; 정일환, 2000).

1. 단순상관 분석방법

교육과 경제성장의 상관관계를 분석함으로써 교육이 경제성장에 미치는 기여도를 추론할 수 있다. 교육의 발전수준을 나타내는 지표와 경제의 발전수준을 나타내는 지표 간의 상관관계를 분석하는 방법은 교육의 경제성장에 대한 기여도를 구체적으로 제시하지는 않지만, 양자 간에 어느 정도 밀접한 관련성을 지니고 있는가를 밝힐 수 있다.

교육과 경제성장의 상관관계를 분석하기 위한 방법은 일반적으로 국가 간의 횡적 비교 및 국가 내의 종적 비교 분석방법으로 구분할 수 있다. 국가간의 횡적 비교 방법이란 여러 국가의 교육 발전과 경제성장과의 상관을 한 시점 또는 일정한 시차를 두고 분석하는 것이며, 국가 내의 종단적 분석방법이란 한 국가의 교육발전이 진행됨에 따라 경제발전은 어떻게 진행되어 왔는가를 시계열로 분석하는 방법이다. 이러한 접근방법은 상호관계만을 밝힐 뿐 인과성을 설명할 수 없다는 약점에도 불구하고 매우 오래 전부터 사용되어 왔다.

교육과 경제성장의 상관관계를 국가 간에 횡적 비교한 초기의 연구로는 Bennett(1967)의 연구, Peaslee(1967)의 연구, Bowman과 Anderson(1980)의 연구 등이 있다. 이 연구 결과들은 모두 초등교육 혹은 중등교육이 약 10년 내지 15년 뒤의 경제발전에 영향을 미친다는 견해를 나타내고 있으나, 대부분이 1930년대의 교육발전 지표와 1950년대의 경제발전 지표 간의 관계를 분석했다는 점에서 경제성장의 초기 단계에 치중된 연구라고 볼 수 있다.

그러나 경제성장을 어느 정도 이룩한 선진국의 인적자원개발 수준에 초점을 두어 연구한 Harbison과 Myers(1964)는 중등 · 고등교육 취학률을 비롯하여 고등인력이 경제발전과 관련된 가장 중요한 변수라고 보고 있다. 또한 Curle(1964)의 연구 결과에도 1인당 국민소득과 중등 · 고등교육 취학률의 상관관계가 정적으로 매우 높게 나타나고 있으며, 이와 관련하여 중등 · 고등교육 취학률이 교육비와 함께 경제발전과 가장 관련이 깊은 것으로 간주하고 있다.

외국에서 Harbison과 Myers(1964)와 국내에서 김영철과 공은배

(1983) 등이 수행한 1인당 GDP와 교육발전지표 간 상관계수의 변화 (1959~1980년) 추이를 제시하면 [그림 8-1]과 같다.

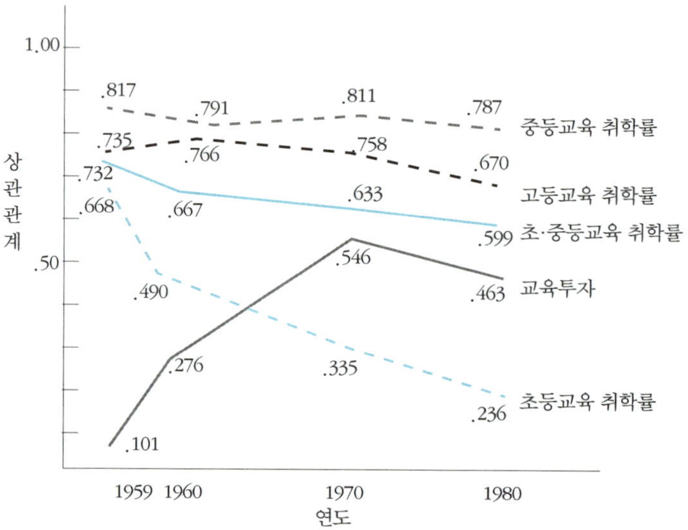

그림 8-1 **1인당 GDP와 교육발전 지표 간 상관계수의 변화**

출처: 김영철, 공은배(1988: 54).

이러한 단순상관 분석방법을 활용한 접근방법은 교육수준 내지 교육투자의 규모와 경제성장 간에 정적인 상관관계를 보여주는 데는 도움을 주지만, 두 변인 간의 인과관계를 밝힐 수 없는 취약점을 지니고 있다. 따라서 교육의 발전과 경제발전 간에는 어느 하나의 변인에 의해 영향을 받는다기보다는 양자 간에 순환적인 발전 관계를 맺고 있다고 볼 수 있다.

2. 교육투자 수익률 분석방법

국가 · 사회와 개인에 대한 교육의 기여를 분석하기 위한 다양한 접근방법 중에서도 인적자본의 형성과 개선을 통하여 국가 · 사회와 개인에게 환수되는 수익률을 추정 · 분석하는 교육투자 수익률 분석방법은 1960년 Becker가 시도한 이래로 교육에 대한 경제적 수익성을 실증적으로 추정 · 분석하고 있다. 즉, 교육수준별 교육비의 차이와 생애소득의 차이를 이용하여 교육수준별 투자수익률을 구할 수 있다. 예를 들면, 특성화고등학교 졸업자와 2년제 대학 졸업자의 교육에 대해 투자된 비용과 평생 벌어들일 수 있는 소득을 도식화하여 제시하면 [그림 8-2]와 같다.

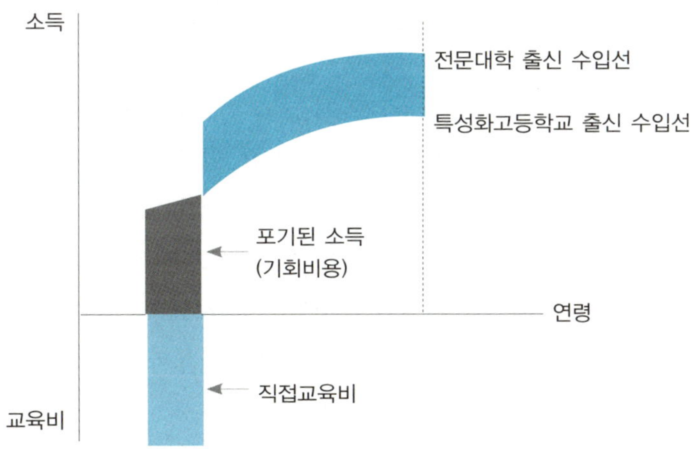

그림 8-2 교육투자의 비용과 수익

출처: 강무섭 외(1983: 104); Psacharopoulos & Woodhall(1985: 62).

특히, Psacharopoulos(1987)는 현직교육 훈련의 영향력이 배제된 순수한 정규 학교교육의 투자 수익률을 제시하고 있는 바, 노동소득 Y, 현직 총 경험 년수 T, 교육투자의 내부수익률(internal rate of return) γ로서 순수한 학교교육으로부터 축적한 인적자본량을 산출하였다. 교육투자의 내부수익률은 소득의 현재 가치와 투자비용의 현재 가치를 일치시키는 할인율을 산출함으로써 측정된다.

$$Y = \frac{\displaystyle\sum_{t=1}^{T} \frac{1}{(1+\gamma)^t}}{\displaystyle\sum_{t=1}^{T} \frac{Y_t}{(1+\gamma)^t}}$$

교육투자 수익률은 크게 사회적 교육투자 수익률과 개인적 교육투자 수익률로 구분된다. 사회적 교육투자 수익률은 사회 전체적인 측면에서 한 개인이 교육을 받는 데 들인 비용과 경제활동을 통하여 국민소득 형성에 기여하는 몫을 측정하는 것이라고 볼 수 있다. 그리고 개인적 교육투자 수익률은 개인과 학부모의 입장에서 교육에 들인 비용과 개인에게 발생하는 순수익, 즉 세금을 공제한 후의 수익을 비교하는 것이다. 그러나 투자 수익률은 개인의 소비적인 가치를 양화할 수 없고, 사회 · 문화적인 편익의 제공이란 외부효과로 말미암아 과소 평가될 가능성이 높다. 대학교육의 개인적 수익률과 사회적 수익률을 축약형 방법으로 제시하면 다음과 같다.

$$\text{개인적 수익률} = \frac{\begin{matrix}\text{대학생졸업자 1인당} \\ \text{연평균 가처분 소득}\end{matrix} - \begin{matrix}\text{고등학교 졸업자 1인당} \\ \text{연평균 가처분 소득}\end{matrix}}{\text{교육년수} \cdot \left(\begin{matrix}\text{고등학교 졸업자 1인당} \\ \text{연평균 가처분 소득}\end{matrix} + \begin{matrix}\text{1인당 연평균} \\ \text{사부담 대학교육비}\end{matrix}\right)}$$

$$\text{사회적 수익률} = \frac{\begin{matrix}\text{대학생졸업자 1인당} \\ \text{연평균 총 소득}\end{matrix} - \begin{matrix}\text{고등학교 졸업자 1인당} \\ \text{연평균 총 소득}\end{matrix}}{\text{교육년수} \cdot \left(\begin{matrix}\text{고등학교 졸업자 1인당} \\ \text{연평균 총 소득}\end{matrix} + \begin{matrix}\text{1인당 연평균} \\ \text{직접 대학교육비}\end{matrix}\right)}$$

출처: 백일우(2000: 223).

개인적 교육투자 수익률은 개인적인 비용이 사회적 비용보다 적고, 사회적 수익의 외부 효과의 영향을 받기 때문에 사회적 수익률보다 일반적으로 크게 산출된다. 이러한 현상은 물론 교육의 수익과 경비를 비교 · 분석하는 비용-효과 분석에서도 비슷하게 나타난다. 그러므로 교육에 대한 개인적인 수요가 증대되어 사회적 수익에 바탕을 둔 공급보다도 커지게 되어 교육투자가 과도하게 이루어지도록 작용할 수도 있다.

수익률 분석에 관한 연구들로는 교육투자에 대한 수익률의 분석을 시도한 Becker(1964) 이래로, 인적자본에 대한 관심을 불러일으킨 Schultz(1970), 특히 Psacharopoulos(1972)에 의하면 개발도상국에서는 인적자본에 대한 투자 수익률이 실물 자본에 대한 그것보다 높고, 선진국에서는 양자가 서로 비슷하다고 한다. Carnoy(1972)에 의하면, 교육투자 수익률은 임금과 한계노동생산성에 관한 이론만으로 설명되지 않는 상이한 단계별로 취학률과 교육기회의 확대에 따라 비슷한 유형을 보인다고 한다. 즉, 개발도상국이며 취학률이 낮을수록 중등학교의 교육투자 수익률이 높으며, 개발도상국의 경우 국민 1인당 국내총생산과 고등교육의 수익률은 정적인 상관관계를 보인 것으로 밝히고 있다.

따라서 교육투자 수익률 분석방법은 교육을 받음으로써 얻게 되는 경제적 수익과 교육에 드는 비용을 비교하여 교육의 투자 수익을 구하는 접근방법으로서, 직접적으로 교육이 경제발전에 얼마나 기여했는지를 밝히기는 어려우나 교육전반의 투자 수익률을 교육 이외의 타 부문의 투자 수익률과 비교함으로써 다른 사업과의 투자 우선수위를 선정할 수 있는 준거로서 사용될 수 있다(한유경, 1992).

3. 잔여요인 분석방법

교육에 의한 노동의 질적 개선과 기술 진보를 통하여 경제발전에 기여하게 된다. Denison(1961)에 의하면 경제성장이란 불변가격으로 측정된 국민소득 증대라고 정의하고 있다. 그리고 국민소득의 증가는 국민 경제의 생산에 투입된 노동, 자본 및 토지 등과 같은 투입 요소의 양적 변화와 투입 요소당의 산출된 요소 생산성의 변화에 기인한다고 볼 수 있다.

여기에 Schultz와 Denison으로 대표되는 인적자본론자들은 교육이 투입 생산요소인 노동을 질적으로 개선시킴으로써 국민소득 증가에 기여하고, 또한 교육에 의한 기술진보 요인에 의해서도 국민소득은 증가한다고 보고 있다. 다시 말하면, 국민총생산의 증대는 투입된 생산요소의 양적 증대에 의한 것일 뿐만 아니라 특히 인적 투입요소인 노동의 질적 개선이나 요소통합 능력인 경제적 기술 진보에 의해서도 영향을 받고 있으며, 이러한 요인들에 중요하게 작용하는 것이 교육임을 강조하고 있다. 이러한 두 요인들이 경제성장에 기여한 정도를 측정하기 위해서는 일반적으로 신고전학파의 경제성장모형(생산함수)을 이용해야 할 것이다.

한편, Schultz의 잔여요인 분석방법에서는 경제성장 모형에서 생산성 산출의 증가분 가운데 투입된 생산 요소의 양적 증가만으로 설명되지 않는 부분인 잔여량을 기술 진보에 의한 것으로 보고, 이 기술 진보가 대부분 교육에 의한 것으로 간주한다.

그런데 신고전학파의 경제성장모형에서 잔여인 경제적 기술 진보에는 Denison의 모형에서 말하는 노동의 질적 개선과 '투입요소 단위당 산출량 증가'에 영향을 미치는 자원배분 개선, 규모의 경제효과 및 지식향상 요인 등이 포함되어 있다. Denison는 이 가운데 지식향상 요인을 좁은 의미의 기술 진보 요인으로 보고 있다.

잔여요인 분석방법에는 Schultz 모형과 Denison 모형이 많이 활용되고 있으나, Denison의 모형이 보다 더 정교하기 때문에 이 모형에 따라 추정된 결과가 보다 신뢰성이 높다고 볼 수 있다. 즉, Schultz 등은 경제성장 모형에서 투입요소의 양적 증가만으로 설명되지 않는 산출증가 부분인 잔여량을 경제적 기술 진보에 의한 것으로 보고, 그 가운데 교육의 기여분을 분리시키려는 데 초점을 두었으며, Denison 등은 노동의 질적 개선을 통한 교육의 경제성장 기여도를 측정하는 데 관심을 집중시키고 있다(강무섭 외, 1985).

우리나라에서 Denison 모형을 적용하여 최초로 교육의 경제성장에 대한 기여도를 측정한 것은 배종근(1969)의 연구로 1957~1960년 사이의 교육 기여도를 측정한 결과 12.6%가 경제성장에 공헌하였음을 밝혔으며, 1960~1974년까지의 15년간의 경제성장에 대한 교육의 기여도를 11.66%로 측정 · 제시하였다. 김영봉 등(1980)은 1960~1974년까지의 15년간 교육의 경제성장에 대한 기여도를 7.8%로 밝혔다. 그리고 김광석(1983)은 1963~1981년까지 전 기간 중 경제성장에 대한 교육의 기여도를 0.42%로 밝혔다.

한편, Schultz 모형을 적용한 이영기(1971)의 연구에서는 1962~1968년까지의 교육투자의 경제성장에 대한 기여도를 14.75%로, 이상기(1989)는 1975~1987년까지 교육이 경제성장에 미치는 기여도를 13.54%로 분석하였다.

4. 투입-산출 분석방법

교육 자체를 하나의 산업부문으로 간주한다면, 교육산업의 확장과 심화는 교육산업에 사용되는 재화와 용역 등에 대한 수요를 증대시키고 증대된 수요로 인해 관련 산업분야가 직 · 간접적으로 확대되고 국민경제의 성장을 촉진시킨다. 즉, 교육산업이 경제성장의 한 요인이 된다고 볼 수 있다. 교육이 노동의 질적 개선과 기술 진보를 통하여 경제성장에 기여하는 것을 산출 측면에 초점을 둔 것이라고 본다면 교육산업의 증대를 통하여 경제성장에 기여하는 것은 투입측면에 초점을 둔 것이라고 볼 수 있다.

교육산업이 경제성장에 기여하는 바는 스스로 부가가치를 창출함으로써 혹은 다른 산업의 생산을 유발함으로써 있을 수 있는데, 전자는 교육산업의 성장으로 인하여 국민 총생산이 얼마나 더 성장할 수 있는가를 보여주는 것으로 교육산업이 경제성장에 직접적인 효과를 미치며, 후자는 교육산업의 성장으로 인하여 유발된 관련 산업의 생산 및 부가가치, 즉 교육산업의 후방연쇄 효과로 경제성장에 간접효과를 보여준다(박래영, 1993: 49). 이러한 교육산업의 경제성장에 미친 직·간접 효과는 국민소득 계정과 산업관련 분석방법이라고도 하며, 1976년 박래영의 연구에서 처음 시도된 바 있으며, 또한 분석기간을 연장하여 1983년 다시 추정한 바도 있다. 1983년의 박래영의 연구결과에 의하면, 국민총생산의 성장에 대한 교육산업의 직접적인 기여도는 1953~1961년의 기간에 연평균 2.2%, 1962년~1971년의 기간에는 연평균 1.3%, 1972~1981년의 기간에는 연평균 1.5%의 변화를 보이고 있다. 1953~1981년의 전 기간을 대상으로 하며 국민경제 성장률의 1.7%는 교육산업의 부가가치에 의한 직접적인 기여분이라고 밝히고 있다.

이상을 종합해 보면, 교육의 경제성장에 대한 기여를 측정하는 데 있어서 방법론의 고찰은 인적자본론이 경제성장과 소득증대에 대한 설명에 현저하게 기여한다는 것을 밝혀준다. 지난 20년 동안의 실증적인 연구들은 교육이 기술과 지식을 제공하는 데 제한적이지 않았음을 보여주고 있다. 이는 Schultz, Becker, Mincer 등을 비롯한 인적자본론자들이 그들의 1960년대 주장에서 밝혔던 방식으로 근본적으로 국가의 경제성장이나 개인의 소득증대에 더 많이 기여한다는 것이다.

초기 인적자본론 지지자들이 교육을 더 받은 노동자들과 그렇지 못한 노동자들 사이의 소득격차에 대한 대안적인 설명에서 교육이 개인의 경제적 생산성을 제고시킨다는 과정을 설명하기 위해 노력하지 않았더라면 발전하지 못했을 것이다. 그러나 1960년대 인적자본론의 옹호자들은 그 이론에 대해 구체적인 설명과 범위를 규정할 필요가 없었다고 주장할지도 모른다. 왜냐하면 제2차 세계대전 이후 경제발전 전략이나 정책들이 인적자본론이 주장하는 바대로 추진되었기 때문이다. 즉, 보다 더 교육 받은 노동자들이 그렇지 못한 노동자들보다 임금을 더 많이 받게 되며, 심지어 능력에 대한 논쟁점은 인적자본론의 타당성을 반박하는 것처럼 보이지 않았다는 것이다.

특히, Psacharopoulos(1984)는 경제성장을 촉진시키기 위하여 태도와 행동의 변화를 유도함으로써 교육의 기능을 강조하였다. 즉, 교육이 경제성장에 기여한다는 주된 간접적 방법 중의 하나는 새로운 투입요소의 채택과 효율적인 사용을 강화시킨다는 것이다. 한편, 교육이 노동 생산성을 제고시킨다는 가정의 수용은 경제분야에서의 물적자본의 중요한 역할을 약화시키지는 않았다. 그러나 교육을 통한 인적자본의 중요성을 발견하기 위한 인적자본론의 지지자들은 물적자본의 중요성에 대해서는 상대적으로 관심이 약화된 것은 사실이다.

따라서 교육의 경제적 효과를 분석하기 위해서는 인적자본과 물적자본 형성을 동시에 고려하는 것이 바람직하다고 할 수 있다. 인적자본론은 교육의 경제적 가치, 특히 경제성장에 대한 기여분석을 위하여 이론적 토대를 제공하게 된다. 또한 이와 같은 분석을 위한 실증적 도구로서 지금까지 살펴본 단순상관 분석방법, 교육투자 수익률 분석방법, 잔여요인 분석방법, 투입-산출 분석방법들은 인적자본 투자의 경제적 효과를 실증적으로 분석하는 데 유용한 도구가 될 것이다.

제2절 교육투자의 경제적 효과 추이분석

여기서는 인적자본에 대한 투자효과의 중요성을 부각시키고자 이에 국내외 효과 추이분석을 경제성장의 기여도와 소득분배를 중심으로 선행연구에서 밝혀진 실증적인 연구 결과를 토대로 분석 · 제시한다.

앞에서도 기술한 바와 같이, 인적자본론의 실증적 검증과 후속연구는 교육의 경제성장에 대한 교육의 기여를 분석하려는 경제학자들의 관심에서 비롯되었다고 할 수 있다. 1950년대와 1960년대 Schultz(1959), Denison(1962) 등을 비롯한 연구자들은 노동력의 질 향상을 경제성장의 잔여요인으로서 교육적 달성도의 결과로 밝히고 있다. 이와 같은 경제성장에 대한 교육의 기여는 총생산함수의 개념에 근거한다고 볼 수 있다.

Schultz(1959), Denison(1962) 등은 생산함수의 묵시적 방법을 사용하여 노동력 확대요인으로써 교육을 다루었다. 한편, Griliches

(1963), Besen(1968) 등은 생산함수의 명시적 방법을 활용하여 교육을 생산함수에서의 명시적 변인으로서 간주하고 있다.

교육수준별에 따라 소득격차를 살펴봄으로써 경제성장에 대한 교육의 영향을 분석한 연구들은 묵시적 생산함수의 틀로 수행되었다. 이러한 연구들은 일반적으로 Schultz(1961)에 의해 개발된 방법론과 Denison(1962)에 의해 개발된 방법론을 적용하였다. 두 가지의 방법론들은 교육의 경제성장에 대한 기여를 도출하기 위해 교육수준에 의한 임금격차를 활용했다.

Psacharopoulos(1984)는 두 가지의 방법론을 사용함으로써 산술적인 차이가 일어날지도 모른다고 주장했다. 왜냐하면 Denison의 방법론은 5단계로서 주어진 교육 달성도에 노동의 육체적 증가분을 고려하는 반면에, Schultz의 방법론은 7단계로 어떤 특정 교육수준에서 투자된 가치에 초점을 두기 때문이다. 구체적으로 Schultz의 방법론과 Denison의 방법론은 〈표 8-1〉에서 제시된 바와 같이, 각 단계를 거쳐 측정될 수 있다.

표 8-1 **교육의 경제성장 기여 측정 절차 비교**

Schultz의 방법론	Denison의 방법론
1) 기준연도(o)에서 고용된 1인당 실제 노동임금과 차기연도(t)를 토대로 LIo와 LIt가 계산된다. 2년 사이의 임금차이는 실제 노동 임금에서 인상을 보여준다. 아울러 연간 백분율의 변화도 계산된다.	1) 교육의 기본수준을 지닌 노동자의 임금에 비해 상대적으로 일정 교육수준을 받은 노동자의 임금을 나타내는 가중요인(We)이 계산된다. 기본 교육수준은 8년(W8: 의무교육기간)이다. 추가적인 학교교육에 대한 가중치가 계산된다. 이는(학교교육 이외의 요인, 예) 성별, 연령 조정 등) 기업분야에서 노동자의 조절된 임금을 사용해서 계산된다.

2) 실제 노동 임금의 수준인 LIt는 t년도에 관찰할 수 있는데, 만약 t년도에 노동력의 각 구성원이 기준연도 임금을 벌어들인다면, LIo는 산출된다.	2) 노동자(Pe)의 전일제 고용배분의 각 교육집단은 교육 가중치(We)를 곱하게 된다. 최초의 지표는 모든 교육집단의 생산(We×Pe)의 합을 통해 구해진다. 동일한 절차가 각 시기의 연간지표를 도출하는 데 사용된다.
3) t년도에 고용된 1인당 실제 노동임금 사이의 차이(LIt), 그리고 t년도에 관찰될 수 있었던 실제 노동임금(LIt)이 계산된다. t년도의 노동력에 대한 기간 동안에 노동임금에서 변화를 나타내는 그 차인 ΔLI는, 만약 1인당 임금수준이 기준연도와 t년도 사이에 변화되지 않았다면 벌어들일 수 있게 될 것이다.	3) 1년당 출석일수에 대한 연간지표와 출석률이 조절된다.
4) 그 기간 동안에 교육축적(교육연한)에서의 증가가 계산된다. 특정연도(SEt)에 교육축적은 노동력(YEt)에서 1인당 측정된 평균 학교교육 연수에 LFt를 곱함으로써 구해진다. 그리고 유실소득(CEt)을 포함하는 학교교육의 비용에 대한 자료로부터 도출된 일정 가격에서 학교교육 연한에 해당되는 가격의 결과를 곱한다.	4) 1단계에서부터 3단계에 이르기까지 남녀 모두의 연간 교육지표를 획득하는 데 분리되어 계산된다. 남녀 결합된 최종지표는 가중임금치나 혹은 최종지표를 표준화하기 위해 기본연도에 대한 지표에 의해서 얻은 각 지표를 나눠줌으로써 구해진다.
5) 노동력의 교육수준에서 증가를 나타내는 ΔSE부분이 계산된다. 이 부분은 다음의 공식을 사용하여 구하게 된다. $\Delta SE=LFt[(YEt \times CEt)-(YEo-CEo)]$	5) 국가 경제성장에 대한 교육의 기여도는 교육에 기인되는 노동의 질 증가부분을 측정함으로써, 그리고 국가 소득에서 노동자의 임금을 곱함으로써 구해진다.
6) 추가교육(VE)에 의해 소득을 얻는 소득을 구하기 위해 ΔSE는 교육에 대한 평균 투자수익률(r)을 곱한다. $VE=r\,\Delta SE$	
7) 경제성장에 대한 교육의 기여는 VE/ΔLI의 비율로 구해진다. 이는 교육으로 인해 발생한 경제성장에 있어서 설명되지 않는 증가부분을 나타낸다.	

출처: Cohn & Geske(1990); Mark(1997).

묵시적 생산함수를 활용하여 경제성장에 미치는 교육의 기여도를 측정한 연구결과를 제시하면 〈표 8-2〉와 같다.

표 8-2 묵시적 생산함수를 활용한 경제성장에 대한 교육의 기여도

(단위: %)

<table>
<tr><th>연구</th><th>시기</th><th>국가</th><th>기여도</th></tr>
<tr><td>Schultz(1961)</td><td>1929~1957</td><td>미국</td><td>36%(9%의 교육투자에 대한 평균 수익률), 70%(17.3%의 교육투자에 대한 평균 수익률)</td></tr>
<tr><td rowspan="11">Psacharopoulos (1984)</td><td rowspan="11">1950년대~1960년대</td><td>아르헨티나</td><td>16.5</td></tr>
<tr><td>벨기에</td><td>14.0</td></tr>
<tr><td>브라질</td><td>3.3</td></tr>
<tr><td>캐나다</td><td>25.0</td></tr>
<tr><td>덴마크</td><td>4.0</td></tr>
<tr><td>프랑스</td><td>6.0</td></tr>
<tr><td>독일</td><td>2.0</td></tr>
<tr><td>이탈리아</td><td>7.0</td></tr>
<tr><td>일본</td><td>3.3</td></tr>
<tr><td>영국</td><td>12.0</td></tr>
<tr><td>미국</td><td>15.0</td></tr>
<tr><td rowspan="2">Denison(1985)</td><td>1929~1948</td><td>미국</td><td>36.1</td></tr>
<tr><td>1948~1973</td><td>미국</td><td>21.2</td></tr>
</table>

출처 : Mak(1997: 50).

〈표 8-2〉에서 보는 바와 같이, Denison의 연구결과는 미국에서 경제성장에 대한 교육의 기여도가 1948~1973년 사이보다 과거 1929~1948년 사이의 20년 동안에 더 크게 나타났다는 것을 보여주고 있다. 묵시적 생산함수 접근을 사용하면서 경제성장에 미치는 교

육의 기여도를 측정하기 위하여 교육의 기여도를 다양한 기간 동안 실행되었다.

묵시적 생산함수 접근의 단점은 경제성장에 대한 교육의 기여도를 측정하는 데 있어 노동생산성 차이에 대한 대체재로서 소득격차를 활용한다는 것이다. 이것은 노동 시장이 경쟁적이라는 가정을 요구한다. Dean(1984)이 지적했듯이, 묵시적 생산함수 접근은 노동자들의 한계가치에 따라 봉급을 받고, 요소와 상품시장은 경쟁적이라는 가정의 적절성과 관련이 있다. 예를 들면, 프로야구, 하키, 미식축구, 농구 선수들의 임금은 그들의 한계생산을 나타내 준다. 그러나 학문적으로 노동자들 사이의 봉급 차이는 실질적인 한계생산 차이를 반영하지 않는다. Ehrenberg와 Smith(1988)가 주장한 바와 같이, 남자와 여자 사이의 임금차이는 그들의 고용주들에 의해 인식된 것이었을 때 한계생산 차이를 반영한다.

Cobb-Douglas 생산함수는 경제성장에 미치는 교육의 기여도를 측정하기 위하여 명시적인 방법, 즉 $X=AK^{\alpha} L^{\beta} E^{\gamma}$을 사용한다. X, K, L은 각각 산출, 자본축적, 그리고 노동이다. 그리고 E는 교육 달성도이다. 따라서 α, β, γ의 측정치는 각각 자본, 노동, 그리고 교육의 영향을 나타낸다. Cobb-Douglas 생산함수는 아마 누구나 함수를 쉽게 측정할 수 있고 매개변인이 쉽게 해석된다는 점 때문에 계속해서 널리 사용된다. Cobb-Douglas 생산함수를 사용하여 생산 증가에 있어 교육의 기여도를 측정한 연구결과들을 제시하면 〈표 8-3〉과 같다.

표 8-3 명시적 생산함수를 활용한 경제성장에 대한 교육의 기여도

(단위: %)

연구	생산함수	시기	국가	기여도(탄력성)
Griliches(1963)	Cobb-Douglas	1949	미국	0.43(0.181)
Griliches(1964)	Cobb-Douglas	1954	미국	0.405(0.161)
Liu & Armer(1993)	Cobb-Douglas	1953~1985	타이완	초등 0.32(0.13)
				중등 0.32(0.08)
				고등 0.19(0.16)
				2년제 대학 0.14(0.15)

출처: Mak(1997 : 54).

경제성장에 대한 교육의 기여는 위에서 제시된 동등한 γ치를 측정하는 것에서부터 이루어진다. Liu와 Armer(1993)는 경제성장에 미치는 다른 수준의 기여도를 별개의 변인으로서 다양한 교육수준과 연계함으로써 측정하였다. 그러나 Griliches(1963, 1964)는 교육수준에 따른 차이를 두지 않았다. 〈표 8-3〉은 미국 내의 경제성장에 대한 교육의 기여도를 나타내주고 있다. 1950년대 동안 농업산업은 안정적이었다.

또한 타이완에서 경제성장에 미치는 교육의 기여도의 규모는 1953~1985년 기간 동안 교육수준에 따라 다양했다. 교육의 기여도에 대한 영향은 교육수준이 증가했을 때 감소했다. 더욱이 Liu와 Armer의 연구는 고등학교와 대학교육의 기여도 측정이 통계적으로 중요하지 않은 반면, 초·중등학교 교육의 기여도는 통계적으로 유의하다는 것을 밝히고 있다.

이상에서 기술한 바와 같이, 명시적 생산함수 접근은 직접적으로 산출에 대한 교육의 투입의 영향을 측정함으로써 묵시적 생산함수 접근과는 다르다. Weisbrod(1967: 374)는 전자 접근을 보다 우수한, 후자 접근을 원칙면에서 고려하였다. 그러나 명시적 접근은 또한 한계가 있다. 예를 들면 Cohn과 Geske(1990)는 Cobb-Douglas 생산함수가 투입쌍들 사이에 대체의 신축성이 꾸준하고 항상 똑같다고 하는 즉, 투입가격과 관련이 있는 특정 비율의 변화가 투입량과 관련이 있는 똑같은 비율변화를 야기한다라는 가정이 제한적이라고 주장했다.

Chinloy(1980), Jorgenson(1984) 등을 비롯한 최근 연구들은 경제성장의 근원을 측정하기 위한 보다 진보된 기술들을 발전시켰다. Jorgenson은 1948~1973년 기간 동안 교육의 주된 효과는 연간 0.67%까지 노동의 질을 높이는 것으로 밝히고 있다. 그러나 노동의 질에 대한 교육과 다른 요소들 사이의 상호효과는 부정적인 것으로 나타나고 있다(-0.21%). 따라서 노동의 질에 대한 교육의 순효과를 0.36%까지 감소시키게 된다.

Jorgenson을 비롯한 최근 연구에서 밝힌 경제성장에 대한 교육의 기여도에 측정의 주효과와 상호작용효과의 결과를 제시하면 〈표 8-4〉와 같다.

표 8-4 주 효과와 상호작용효과로서 경제성장에 대한 교육의 기여도

(단위: %)

연구	생산함수	시기	국가	기여도
Chinloy(1980)	translog	1947~1974	미국	주 효과 0.61 상호작용효과 -0.27 순효과 0.34
Jorgenson(1984)	translog	1948~1973	미국	주 효과 0.67 상호작용효과 -0.21 순효과 0.36

출처: Mak(1997 : 56).

또한 교육의 경제성장에 대한 기여도를 측정하기 위해 생산함수뿐만 아니라 비용함수 접근도 활용하고 있다. 비용함수는 생산과정 비용에 대해서 산출과 투입사이를 나타내는 수학적 함수이다. 비용함수를 측정하기 위한 필요한 가정들은 요소 가격들이 외생적 변인들이며, 투입요소를 선택하는 기준은 산출의 최소 비용에 초점을 두는 것이다.

투입이 대체되는 정도에 대하여 Allen이 제시하고 있는 부분 대체 탄력성(elasticity of substitution)은 σij 즉, 산출, 투입 가격을 고정시키면서 j의 가격에서의 변화에 있어 투입 i양에 대한 효과를 측정한다. 투입 i와 j는 만약 σij가 0보다 작다면 보완재가 된다(Hamermesh & Grant, 1979). 교육수준에 의해 분리된 노동집단들이 어느 정도 대체재가 되고, 보완재가 된다는 것을 선행연구 결과가 보여주고 있다(〈표 8-5〉 참조).

표 8-5 노동대체에 대한 연구결과

연구	자료 및 방법	노동의 형태	σij
Welch(1970)	미국농업센서스(1959) CES	2년제 대학 대 고등학교	1.41
Dougherty(1972)	미국농업센서스(1960) CES	9년 이상 또는 8년 미만	3.3
Grant(1979)	미국제조업센서스(1969) translog	8년 또는 9~12년	0.77
		8년 또는 12년 이상	0.21
		9~12년 또는 12년 이상	1.16

출처: Mak(1997 : 59).

〈표 8-5〉에서 제시된 세 가지 연구에서 대체재에 대한 Allen의 부분 대체 탄력성에 대한 측정결과들이 긍정적으로 나타났기 때문에 교

육수준에 의해 분리된 노동집단들이 생산에서 각각 대체된다고 지적한다. 그러나 자료에 따르면, 교육수준에 의해 분리된 다른 노동집단들에서 관찰된 연구들이 경제생산에서의 교육의 역할을 포함하기 위한 그들의 분석을 확장시키지는 않았다는 것이다.

사실, 생산함수와 비용함수 둘 다 경제산출 -즉, 교육은 자본의 사용과 가격, 그리고 교육성취에 대한 다양한 수준에서 고용과 노동의 임금률에 영향을 미친다- 의 생산에 대한 교육의 영향뿐만 아니라 교육의 한계적 기여도를 위해서 사용될 수 있다. 생산함수는 요소량이 외생적 변인라고 가정하는 반면에, 비용함수는 요소가격이 외생적 변인이라고 가정한다. 즉, 생산함수 또는 비용함수의 선택은 분석의 목표가 임금상승률(가격)에 있어 고용수준(양적)의 변화에 대한 효과이든지, 또는 고용수준에 대한 임금상승률의 변화에 대한 효과이든지 간에 한 측면에 토대를 둔다. 그러므로 최종분석에서 생산함수 또는 비용함수에 대한 선택은 자료의 유용성에 의존하게 되는 것이다.

따라서 명시적 생산함수 접근과 비용함수 접근이 교육의 경제적인 효과를 분석하는 데 유용한 도구라는 것을 보여 준다. 특히, 이 두 가지 접근이 자본의 사용과 가격, 그리고 고용과 노동 임금률에 근거한 교육의 효과를 나타내 주기 때문이다.

앞에서 제시된 국가들의 경제성장에 대한 교육의 기여도를 살펴본바, 인적자본론에서 이루어진 실증적인 연구결과를 보여주고 있다. 이러한 연구결과들은 교육의 경제성장에 대한 기여가 일관됨을 보여주고 있다. 즉, 교육이 경제성장에 긍정적으로 기여한다는 것이다. 그러나 그 기여의 정도는 국가와 시기에 따라 다소 다르게 나타날 수 있다.

이는 연구자들의 연구에서 상이한 자료, 기준, 방법 등을 사용하기 때문이다.

한편, 우리나라에서 교육의 시기별 경제성장 기여도를 초·중등 모든 학교급별과 산업에 걸쳐 시기별로 노동의 경제성장 기여도를 제시하면 〈표 8-6〉과 같다.

표 8-6 우리나라의 경제성장에 대한 교육의 기여도

연도	양적 기여도	질적기여도 (A)	총기여도 (B)	GDP 증가율(C)	(A/C)x100	(B/C)x100
1970	3.13	0.71	3.84	30.64	2.32	12.54
1975	2.68	0.68	3.36	30.01	2.27	11.19
1981	1.29	0.70	2.00	19.95	3.53	10.02
1982	1.36	1.77	3.12	12.61	13.68	24.20
1983	0.45	0.93	1.38	14.76	6.33	9.37
1984	-0.26	1.47	1.21	12.78	11.51	9.46
1985	1.79	1.38	3.17	10.31	13.39	30.76
1986	1.68	1.02	2.70	14.28	7.14	18.91
1987	2.54	1.11	3.65	14.62	7.61	24.97
1988	1.58	1.11	2.69	15.78	7.03	17.03
1989	2.25	1.07	3.32	10.75	9.98	30.92
1990	1.67	0.81	2.49	16.92	4.80	143.70
1991	1.66	0.85	2.51	16.78	5.04	14.96
1992	1.20	1.07	2.27	10.26	10.43	22.12
1993	1.01	0.93	1.94	10.01	9.24	19.38
1994	1.94	0.60	2.55	12.69	4.75	20.08
1980~ 1994 평균	1.70	0.79	2.49	16.03	4.91	15.52

출처: 김영화 외(1997: 125).

〈표 8-6〉에 제시한 바와 같이, 1980년부터 1994년까지 노동이 성장에 기여한 바를 보기 위해 동기간의 연평균 경제성장률을 이용하여 노동의 평균 기여도를 김영화 등(1997)의 연구에서 분석한 바, 1980~1994년의 기간동안 노동의 양적 증가가 경제성장에 기여한 평균값은 1.70%, 질적 성장에 기여한 부분은 0.79%, 총 기여도는 2.49%이다. 국민소득 증가률과 상대적으로 비교하면, 노동의 양적, 질적 증가가 경제성장에의 기여도로 15.52%이다. 이는 1980~1994년의 기간동안 노동의 양적 기여도는 1966~1975년 기간의 양적 기여도와 비슷한 수준이었으나 노동의 질적 기여도는 월등히 높아서 고학력화와 교육투자가 경제성장에 큰 영향을 주었다고 볼 수 있다.

또한 우리나라에서 1984~1994년 기간 동안 교육의 산업별 경제 성장 기여도는 〈표 8-7〉에 제시한 바와 같이, 노동의 총 기여도 중에서 교육이 기여한 부분의 비중은 산업마다 상이하게 나타나고 있다. 즉, 사회 및 개인 서비스업, 제조업, 금융 · 보험 · 부동산 및 사업 서비스업 등에서는 질적 기여도 즉, 교육의 기여도가 상대적으로 다른 산업에 비해 높게 나타나고 있으나, 이에 반해 광업, 전기 · 가스 · 수도업, 건설업, 도소매업 및 음식 · 숙박업, 운수 · 창고 · 통신업 등에서는 질적 기여도의 비중이 낮게 나타난 것으로 해석할 수 있다.

표 8-7 우리나라 교육의 산업별 경제성장 기여도(1984~1994)

산업	양적 기여도	질적 기여도(A)	총기여도 (B)	GDP 증가율(C)	(A/C) x100	(B/C) x100
광업	-3.35	-0.13	-3.48	-4.93	-4.93	-131.56
제조업	1.52	0.60	2.12	4.23	4.23	15.03
전기, 가스, 수도사업	0.71	0.10	0.81	0.76	0.76	6.21
건설업	2.83	0.35	3.18	1.60	1.60	14.45
도소매업 및 음식, 숙박업	5.94	1.04	6.98	7.54	7.54	50.77
운수, 창고, 통신업	1.67	0.16	1.83	1.10	1.10	12.42
금융, 보험, 부동산 및 사업서비스업	2.43	0.97	3.41	4.54	4.54	15.90
사회 및 개인 서비스업	9.05	5.33	14.38	29.57	29.57	79.83

출처: 김영화 외(1997: 151).

즉, 〈표 8-7〉에서처럼 교육의 산업별로 경제성장 기여도가 상이하게 나타나는 것은 경제구조 및 환경의 변화에 따라 노동수요가 변화하기 때문이다. 아울러, 근로자들의 산업별 고용량과 노동생산성도 변화하게 됨으로써 교육의 산업별 경제성장에 미치는 효과도 달라진다고 볼 수 있다.

한편, 우리나라 교육투자 수익률을 산출한 연구결과들을 시계열적으로 제시하면 〈표 8-8〉과 같다.

표 8-8 학교급별 · 성별 교육투자 수익률 변화 추세

(단위: %)

구분	사회적 수익률				개인적 수익률			
	1980	1982	1985	1994	1980	1982	1985	1994
중학교								
남자	2.9	9.5	11.2	-	3.2	8.5	12.9	-
여자	-12.9	11.1	0.8		-14.4	6.9	2.2	
고등학교								
남자	8.1	12.3	7.6	7.3	8.1	12.5	7.6	8.1
여자	5.5	11.5	9.0	6.8	5.5	11.4	9.5	11.6
전문대학								
남자	10.1	12.9	13.2	5.5	10.2	13.7	14.1	5.1
여자	12.0	13.3	14.9	9.4	12.7	14.2	16.2	9.4
대학(교)								
남자	11.7	13.0	14.5	7.2	12.1	13.7	14.8	6.9
여자	7.3	10.0	11.0	6.8	8.0	10.5	11.6	7.0

출처: 박세일(1982); 김영철 · 공은배(1983); 공은배 · 강태중 · 한유경(1985); 공은배 · 백성준(1994).

〈표 8-8〉에서 제시한 바와 같이, 1985년까지는 대학입학 정원 확대가 노동시장의 인력구조에 영향을 미치기 전이므로 중등교육기관 졸업자보다 대졸자의 사회적 및 개인적 수익률은 계속 상승하고 있음을 알 수 있다. 그러나 대졸자의 사회적 및 개인적 수익률은 1994년 연구결과를 살펴보면 급속히 떨어져 중등교육기관과 비슷한 수준이거나 보다 낮은 것으로 나타났다. 이는 제7장에서 교육산업의 확대를 통한 경제성장의 기여도에서도 살펴본 바와 같이 1980년대 후반에서 1990년대 초반 사이에 대졸인력의 공급이 증가하였기 때문으로 볼 수 있다.

OECD(2013)의 학력별 임금격차 및 교육투자 수익률 동향 분석을 살펴보면, 2011년도 학력별 임금은 고졸자 임금을 100으로 볼 때, 중졸 이하 71, 대졸 이상(전문대, 교육대, 산업대, 대학, 대학원 등 전체 고등교육) 147로 학력이 높을수록 임금이 높아짐을 나타냈다. 최근 학력별 상대적 임금격차가 심화됨을 보였다. 교육투자 수익률을 살펴보면, 고학력에 대한 교육투자 수익률이 높아 대학 이상 학력에 대한 교육투자가 당분간 지속될 전망이며, 고졸 이하는 저숙련 사무직, 저숙련 생산직 부문에서 비교적 투자 수익률이 높았다(OECD, 교육부, 2013).

표 8-9 주요국 학력별 임금변화 추이 국제 간 비교

구분	한국('11)	독일(' 11)	미국(' 11)	영국(' 11)	프랑스(' 08)	핀란드('09)
중학교 이하	71	86	64	69	79	93
대졸 이상	147	164	177	157	147	149

*대졸 이상은 전문대, 대학을 포함한 전체 고등교육기관을 의미함
*고등학교 졸업자의 임금을 100으로 할 때의 상대적 임금임
출처: OECD(2013), Education at a Glance.

표 8-10 주요국의 학력 간 임금수준 변화 추이

구분	한국	독일	미국	영국	뉴질랜드	스위스
1998	135	130	173	157	136	153
2006	141	164	176	159	115	156
증감	6	34	3	2	-21	3

출처: OECD(2013), Education at a Glance.

성별 비교에 의하면, 여성의 경우 교육단계별 상대적 임금(전문대학 130%, 대학교 · 대학원 167%)이 남성의 상대적 임금(전문대학 107%, 대학교 · 대학원 151%)보다 높아, 교육단계에 따른 임금 상승 효과가 남성보다 큰 것으로 나타났다(OECD · 교육부, 2013).

표 8-11 고등학교 졸업자 임금 기준 교육단계별 성인의 상대적 임금(2011)

(단위 : %, 고등학교 졸업자 임금=100)

구 분		중학교 이하	전문대학	대학교 및 대학원(석 · 박사)
한 국	총계	71	116	164
	남	72	107	151
	여	78	130	167
OECD 평균	총계	76	125	168
	남	77	126	172
	여	74	132	172

주: 한국은 소득세를 제한 자료임.
출처: 교육부(2013.6.25). 2013 OECD 교육지표 조사결과 발표 보도자료

고용노동부의 2011 고용형태별 근로실태 조사보고서(상용 5인 이상 부분)에 의하면, 〈표 8-12〉는 2003년부터 2011년까지의 교육수준별 임금을 나타내고 있다.

표 8-12 연도별 교육수준별 임금의 상대적 격차 추이

(단위 : 천 원)

구 분		2003	2007	2010	2011
중졸 이하	계	1,226	1,584	1,674	1,692
	남	1,437	1,818	1,920	1,973
	여	910	1,170	1,263	1,291
고 졸	계	1,456	1,780	1,947	2,034
	남	1,620	1,969	2,172	2,274
	여	1,098	1,381	1,475	1,552
전문대졸	계	1,489	1,843	2,070	2,204
	남	1,690	2,097	2,345	2,468
	여	1,188	1,491	1,696	1,832
대졸 이상	계	2,208	2,807	3,006	3,132
	남	2,351	3,038	3,296	3,420
	여	1,688	2,100	2,261	2,397

*상용근로자 5인 이상 사업체의 상용근로자 기준
*임금은 (월급여액=정액급여+초과급여)이므로 상여금(보너스) 등은 제외
출처: 고용노동부(2011). 고용형태별근로실태조사보고서(상용 5인 이상 부분).

고용노동부의 2012 고용형태별 근로실태조사 보고서에 의하면, 시간당 정액급여를 학력별로 보면, 전체 및 고용형태별 대학원졸 26,378원, 대졸 17,202원, 전문대졸 11,998원으로 모두 고학력일수록 많아짐을 보였다. 또한 정규직 대비 비정규직 수준은 학력이 높을수록(대학원졸 제외, 정규직 대비 102.7%) 낮아져 대졸은 정규직 대비 72.0% 수준으로 가장 낮은 것으로 나타났다.

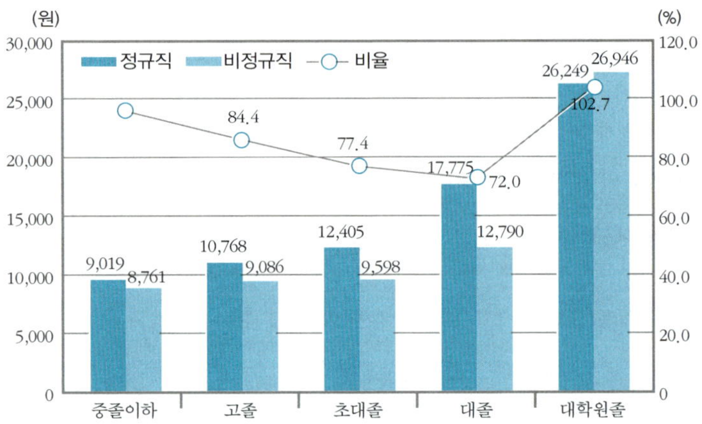

그림 8-3 학력별 상대임금의 추이

출처: 고용노동부(2012). 2012 고용형태별근로실태조사보고서.

표 8-13 학력별 시간당 정액급여

(단위: 원, %)

구 분	전체근로자	정규직근로자	비정규직근로자
전 체	13,145	14,075	10,212(72.5)
중졸이하	8,880	9,019	8,761(97.1)
고 졸	10,239	10,768	9,086(84.4)
전문대졸	11,998	12,405	9,598(77.4)
대 졸	17,202	17,775	12,790(72.0)
대학원졸	26,378	26,249	26,946(102.7)

주: ( )는 정규직 대비 비정규직 근로자의 시간당 정액급여 비율.
출처: 고용노동부(2012). 2012 고용형태별 근로실태조사보고서.

제9장

인적자본 투자의 경제성장에의 기여

제1절 인적자본 투자와 경제성장과의 관계

국가, 지역사회, 개인, 그리고 국가 간에 교육투자의 경제적 효과를 논할 때 교육이 경제성장을 증대시킨다고 한다. 교육투자의 경제성장에 대한 효과는 교육이 인간 재능의 계발에 기여하고, 인간 재능 계발이 경제성장에 긍정적인 효과를 가져온다는 것이다. 교육의 경제적 가치를 강조한 Schultz(1963: 39-42)는 교육의 수익을 산업체가 교육 연구로부터 얻은 수익, 잠재능력의 발견과 계발, 경제 성장에 따른 취업사회의 변화에 대한 적응력 향상, 교육의 전통적 기능인 교수 활동을 담당하는 교원 양성, 그리고 경제 성장에 따른 고급 기술인력 수요충족 등이라고 하였다.

그리고 Rodriguez와 Davis(1974)는 경제 체제에 대한 교육의 투자 효과를 첫째, 교육투자는 노동생산성의 향상을 통하여 기업의 생산성을 높여 노동자의 소득과 고용을 높이면서 사회적 부의 증식에 공헌하며, 둘째, 교육투자는 지식의 갱신과 지식의 재생산을 통하여 계속적인 기술 혁신을 꾀하여 경제성장에 중추적 기능을 하며, 셋째, 교육투자는 국민의 건강 증진, 계속적인 현장 훈련의 강화, 그리고 성인 직업

훈련에 투자되면서 중요한 사회적 부를 형성하는 경제적 투자의 기능을 한다는 것이다. 즉, 경제 성장에 대한 교육 투자의 효과를 가장 중요하게 인식하고 있음을 알 수 있다(강무섭 외, 1983: 44).

이는 학교교육을 더 많이 받은 사람이 학교교육을 덜 받는 사람보다 고위 직종을 가지고 높은 임금을 받으며, 또한 많은 사람이 학교교육을 더 받는다면 그들은 모두 고임금의 더 나은 생산적인 직종을 가지게 되며, 이들에 의해 결과적으로 한 국가의 경제는 확장 및 성장한다는 것이다. 이러한 주장은 인적자본론의 토대이며(Schultz, 1961; Becker, 1964), 학교교육의 증대는 사람들에게 이미 존재하고 있는 충분한 직종에 있어서 현 직업보다 더 생산적인 직업을 창출하게 한다(Fuller & Rubinson, 1992).

일반적으로 경제발전이 경제성장과 유사하게 쓰이기도 하지만, 경제성장은 산출, 즉 생산량의 증가를 나타내는 반면에, 경제발전은 경제성장과 더불어 경제구조가 바람직한 방향으로 변화하는 과정을 의미한다(Kindleberger, 1965; 조순 · 정운현, 1995). 이러한 관점에서 경제발전은 양적 증대뿐만 아니라 구조적인 변화(생산량), 분배구조의 변화, 생산구조의 변화 등에 대한 개념까지 고려한 종합적인 복지의 증진과 더불어 사회구조의 질적인 변화를 포함한다고 할 수 있다.

경제성장과 발전을 논할 때, 투입과 관련하여 교육의 역할을 간과할 수 없는 바, 여기에는 노동생산력, 자본축적 및 기술혁신을 요구하게 된다. 훈련과 교육에 의한 노동인구의 질적 향상은 자본축적의 핵심적인 요소로서, 교육을 통해 습득된 기술과 지식은 생산력 혁신을 촉진시킬 수 있다. 또한 경제발전은 과학기술의 발전, 경제 구조의 변화, 사람의 태도와 가치관 변화, 생활 형태와 환경의 변화 등과 관련되며, 이러한 제 요소의 변화는 교육의 확장과 개선을 가져오게 된다. 이와 같은 교육과 경제성장과의 관계를 제시하면 [그림 9-1]과 같다(강무섭 외, 1983; 한유경, 1992: 31~36).

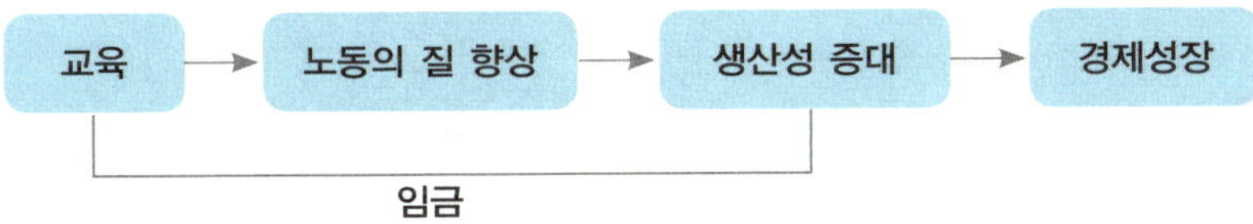

그림 9-1 교육과 경제성장의 관계

출처: 한유경(1992: 33).

[그림 9-1]에서 제시된 바와 같이, 노동자의 생산성 증대를 통해 경제 체제의 전체적인 성장을 나타내 준다. 교육은 직접적인 금전 회수로서 제시되지는 않는다. 물론 Denison은 인적자본론이 국가의 최적 생산성을 결정하는 것이 아니라 주된 기여자로 보고 있다. 1980년대 미국은 노동 생산성의 상대적 쇠퇴를 경험하였는 바, 일부 상대적 쇠퇴는 인력 관리에 대한 부실한 계획과 활용에서 기인된 것으로 밝혀지고 있다.

교육은 생산 환경을 개선시키는데 실제 교육을 받는 사람들에게 긍정적 효과를 가져다 주게 된다. 교육을 많이 받은 사람은 그렇지 않은 사람보다 훈련을 받거나 취업시험에 통과를 위해 더 잘 준비되거나 신체적, 동기적 요인에 있어서 생산성을 강화하기에 더 적절하다는 것이다.

노동시장에서 교육을 많이 받은 사람은 고용주로부터 전문적 처우를 받는다는 것이 정당화된다. 교육받은 노동자들이 일반적으로 다른 노동자와 기업에 외부적 편익을 부여한다. 이는 고용인의 교육 정도가 기업에 재정적 잠재성을 향상시킨다는 것이다. 형식교육의 수준과 현직 직업 훈련을 받는 것 사이에 긍정적 상관 관계로 설명될 수 있다. 이러한 관계에서 더 큰 편익은 형식교육에서 이미 획득된 지식에 직업 훈련을 접목시킴으로써 얻을 수 있게 된다는 점이다.

Machlup(1970)는 생산성 증대에 있어서 교육효과를 논하면서 노동의 질 개선은 교육이 실제로 중요한 역할을 하며, 다음과 같은 긍정적 효과가 있음을 지적하고 있다. 즉, ① 더 나은 작업 습관과 훈련, ② 생활의 건강함과 위생을 통한 건강의 유지, ③ 개선된 기술, 더 나은 작업조건, 효율성의 증대, ④ 순간적 변화에 대한 적응성, 특히 새로운 정보, 그리고 빠른 반응에 대한 신속한 평가를 요구하는 직업, ⑤ 기회가 나타날 때 좀 더 생산적인 직업으로 이동할 수 있는 능력의 증대로 기대될 수 있다. 이러한 교육에 대한 모든 수준은 노동의 질 개선에 기여하게 된다.

또한 Bowen(1977)은 교육이 노동자의 생산성을 증대시키는 방법을 다음과 같이 제시하고 있다.

첫째, 생산량으로서, 높은 수준의 교육을 받은 노동자는 그들의 기술, 민첩함, 그리고 지식때문에 주어진 시간 동안에 더 많은 재화와 서비스를 생산한다.

둘째, 생산의 질로서, 교육을 더 받은 사람은 보다 나은 재화를 생산하고 양질의 기술로 서비스를 제공한다.

셋째, 생산혼합으로서, 교육 받은 노동자는 교육을 덜 받은 노동자의 생산보다 사회에 대해 양질의 재화와 용역을 생산할 수 있다.

넷째, 노동력 참여로서, 교육받은 노동자는 비고용과 질병으로부터 소실시간에 대해 적게 영향을 받고, 높은 포부를 가지는 것을 그 특징으로 하고 있다.

다섯째, 능력배분으로서, 교육을 통해서 노동자는 그들 자신의 재능을 평가할 수 있으며, 좀 더 높은 기술을 달성하며 새로운 기술, 새로운 생산물, 그리고 새로운 개념을 쉽게 받아들일 수 있다.

마지막으로 직무만족으로서, 교육 받은 사람은 큰 정신적 보상을 가지고 직업을 얻었기 때문에 보다 높은 직무 만족을 가진다.

이러한 측면에서 우리나라의 경제성장에 있어서 교육의 기여도를 선행연구를 분석한 결과, 교육의 경제성장에 주는 효과를 측정하는 방법으로서 앞에서 기술한 주로 잔여요인 분석방법에 의하여 행하여 진다. Denison(1962)은 1929~1957년까지의 미국에 있어서 경제성장에 대한 교육의 기여도를 23%라고 밝혔으며, Schultz(1968)는

표 9-1 교육의 경제성장에 대한 기여도

연 구 자	기여율(%)	연구대상 기간	분 석 방 법
배종근(1969)	12.6	1957~1960	Denison의 잔여요인 분석방법
이영기(1971)	14.8	1962~1968	Schultz의 잔여요인 분석방법
김영봉(1975)	40.81	1960~1970	Denison의 잔여요인 분석방법
박래영(1976)	1.4	1953~1971	투입-산출 분석방법
배종근(1977)	11.66	1960~1974	Denison의 잔여요인 분석방법
김영봉 외(1980)	7.8	1960~1974	Denison의 잔여요인 분석방법
송위섭(1981)	3.5	1955~1979	Denison의 잔여요인 분석방법
김광석(1983)	0.4	1963~1981	Denison의 잔여요인 분석방법
박래영(1983)	1.7	1953~1981	투입-산출 분석방법
이상기(1989)	13.5	1975~1987	Schultz의 잔여요인 분석방법

출처: 한유경(1992: 42); 김영화 외(1996: 41; 1997: 39).

1929~1957년까지 교육의 경제성장에 대한 기여도는 17.3%라고 측정하였다. 우리나라에서 교육의 경제성장에 대한 기여도를 분석한 연구결과를 제시하면 〈표 9-1〉과 같다.

학교급별 교육의 경제성장 기여도를 제시하면 〈표 9-2〉와 같다. 구체적으로 살펴 보면, 교육의 경제성장에 대한 기여도는 초등교육의 경우 1970년대를 기점으로 지속적으로 감소하였다. 이에 반해 중등교육과 고등교육의 기여도는 증가하였다. 중등교육의 기여도는 1970년 1.19%에서 1975년 1.71%로 GDP 증가율 3.90%에서 5.69%이다. 고등교육의 기여도는 1980년대에 급격하게 증가하였는데 1981년 0.52%에서 1985년 1.58%로 GDP 증가율 2.58%에서 15.35%이다.

그러나 중등교육과 고등교육의 경제성장에의 질적 기여도를 살펴보면 중등교육의 경제성장의 기여도는 1982년 이후 감소추세에 있어

표 9-2 학교급별 교육의 경제성장 기여도

(단위: %)

구분	GDP 증가율 (A)	교육의 기여도							
		총교육 (B)	중졸이하 (C)	고졸 (D)	대졸 (E)	(B/A) X100	(C/A)X 100	(D/A) X100	(E/A) X100
1970	30.64	3.84	1.58	1.19	1.06	12.54	5.17	3.9	3.47
1975	30.01	3.36	0.80	1.71	0.85	11.19	2.67	5.6	2.84
1981	19.95	2.00	0.31	1.17	0.52	10.02	1.57	5.8	2.58
1985	10.31	3.17	0.06	1.53	1.58	30.76	0.55	4.86	15.35
1990	16.92	2.49	-0.20	1.55	1.14	14.70	-1.21	9.1	6.75
1994	12.69	2.55	-0.04	1.53	1.06	20.08	-0.31	12.07	8.32
1980~1994 평균	16.03	2.49	-0.24	1.49	1.23	15.52	-1.48	9.31	7.68

출처: 이종재 외(2009: 184).

1980년대 이후의 교육의 경제성장에 대한 기여도는 대부분 고등교육에 기인한 것이다.

이상의 연구결과를 살펴보면 연구자에 따라 인적자본에 대한 투자효과가 경제성장에 기여하는 비율이 다소 상이한 것은 대상기간의 설정이나 측정방법에 따라 교육의 경제성장에 대한 기여도가 과대 혹은 과소평가되었을 가능성이 있으며, 또한 자료수집과 접근방법 자체가 지니는 한계점 등에 따라서도 달라질 수 있다. 그러나 지속적인 경제성장에 미치는 여러 가지 요인 중에 인적자본에 대한 투자 즉, 교육이 그 중요한 요인 중의 하나라는 것을 실증적으로 보여준다고 할 수 있다.

유광섭(2012)의 교육투자가 한국경제성장에 미친 영향에 관한 연구에 의하면, 우리나라에서 1981~2008년까지의 28년 동안의 교육투자가 경제성장에 미친 기여도를 측정한 결과는 2.95%로 나타났다.

표 9-3 교육투자의 경제성장에 대한 기여도

구분	1981~89년(%)	1990~99년(%)	2000~08년(%)	1981~2008년(%)
총 수업일수를 토대로 한 취업자 1인당 노동생산성의 연간 변화비(Lc)	4.39	12.90	2.01	19.30
GDP의 연평균성장률	9.86	5.80	3.97	6.55
기여도	0.45	2.22	0.51	2.95

주: 경제성장에 대한 기여도(Ge) = (Lc/Ga) × 100
출처: 유광섭(2012).

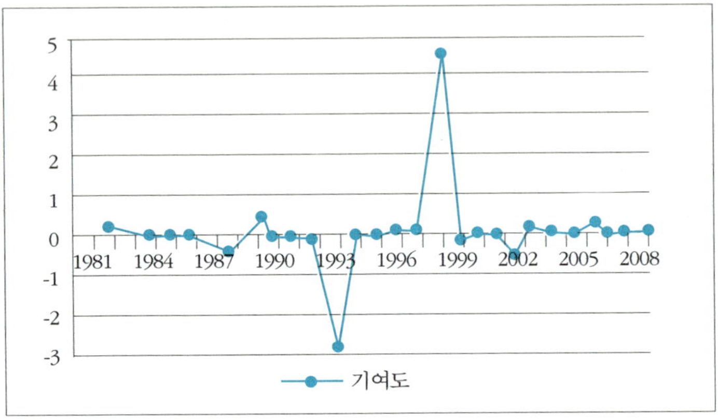

그림 9-1 교육투자의 경제성장에 대한 기여도 변화

출처: 유광섭(2012).

제2절 조사도구 개발 및 방법

인적자본 투자의 경제적 효과를 관련집단 및 초점집단의 인지도를 분석하기 위하여 제9장, 제10장, 제11장에서는 조사도구 개발과 더불어 연구를 보다 효과적으로 수행하기 위하여 활용하는 연구방법은 설문지 조사, 초점집단 면접법 등이다.

1. 설문지 조사

인적자본 투자의 경제적 효과에 대한 대학생의 인지도를 파악하기 위하여 고등교육 기관별, 전공 계열별, 그리고 성별을 고려하여 표집 대상을 유충무선 표집(stratified random sampling)을 하였다. 이 조사는 1996년 8월에 실시하였으며, 조사내용 중 인적자본 투자의 경제적 효과에 관한 부분은 소집집단 면접법을 통해 수집한 조사결과와 비교・분석된다. 표집 대상은 4년제 대학생 523명, 2년제 대학생 431명, 인문사회계열 510명, 이공계열 444명, 남학생 376명, 여학생 578명으로 구성되었다.

1) 조사의 도구 및 내용

인적자본 투자의 경제적 효과에 대한 대학생의 인지도를 측정하기 위하여 이를 측정할 수 있는 설문지를 관련 선행연구를 토대로 개발하였으며, [부록 2]에 수록하였다. 대구광역시, 경북, 경남 지역의 4년제 대학교와 2년제 대학의 8개교에 재학 중인 954명의 대학생을 유층무선 표집하여 인적자본 투자의 경제적 효과에 대한 대학생의 인지도를 분석하기 위하여 조사를 실시하였다.

인적자본 투자의 경제적 효과에 대한 대학생의 인지도를 측정하기 위하여 인적자본 투자의 관점과 인적자본 투자의 경제적 효과로 구분하여 문항을 개발하였다. 인적자본 투자의 경제적 효과를 측정하는 영역으로 인적자본론, 비판론, 경제성장에 대한 효과, 소득 증대 및 분배에 대한 효과, 외부편익 효과 영역 등으로 설정하였으며, 다섯 가지 영역에 대하여 28문항을 개발하였다.

각 문항은 Likert의 5단계 척도로 되어 있으며, '전혀 그렇지 않다' 1점, '그렇지 않다' 2점, '보통이다' 3점, '그렇다' 4점, '매우 그렇다' 5점으로 점수화하였다. 그리고 질문 내용이 부정적인 경우에는 반대로 해석을 하여 점수화하였다. 조사도구에 대한 신뢰도 계수(Cronbach α)는 다섯 가지 영역에서 .72로 나타났으며, 이러한 신뢰도 수준은 본 측정 도구가 신뢰할 만하다는 것을 시사하고 있다.

작성된 인적자본 투자의 경제적 효과에 대한 대학생의 인지도를 파악하기 위하여 개발한 조사도구의 내용을 제시하면 〈표 9-4〉와 같다.

표 9-4 조사도구의 내용

하위요인	하위 요인내용	문항번호
인적자본론	• 노동의 생산질 향상 정도	1
	• 경제성장의 원천	2
	• 취학률의 경제성장과 상관 정도	3
	• 개인의 소득 증대	4
	• 인적자본에 대한 투자를 보다 확대	5
	• 투자비용에 대한 경제적 회수 정도	6
	• 학력 차에 따른 임금 차이 정도	7
	• 합리적인 소비생활 정도	8
	• 직업교육 강화	9
	• 선진국의 교육 이론과 실제를 도입 · 적용	10
	• 사회전반의 생산성 향상	11
	• 평등한 사회구조에 기여	12
	• 근대적인 사고방식 함양	13

비판론	• 학생선발장치	14
	• 학위소지 여부나 졸업장 증서	15
	• 기존의 사회 질서 정당화	16
	• 문화적 다양성 추구에 기여 정도	17
	• 엘리트 우월감은 사회발전에 저해 요인 정도	18
경제성장에 대한 효과	• 미래 기대에 경제적 수익을 위해 교육투자 정도	19
	• 취업구조 변화에 적응력 정도	20
	• 사회적 부의 증식의 공헌 정도	21
	• 기술혁신을 통한 경제성장에 중추적 기능 정도	22
소득 증대 및 분배에 대한 효과	• 사회적 부와 소득의 증대 정도	23, 25
	• 장래 사회 · 경제적 지위 향상의 수단 정도	24
외부편익 효과	• 사회전반의 복지 향상	26, 27
	• 사회전반적인 문제해결과 정치 · 경제 체제 제반 안정 정도	28

2) 자료처리

자료를 분석하기 위한 주요 통계기법으로는 SPSS-PC⁺를 활용하여 기술통계 및 신뢰도 검사, 다원변량분석(MANOVA: Multivariate Analysis of Variance) 등이 사용되었다. 즉, 연구에서 사용한 통계처리는 다원변량분석을 통하여 자료를 처리하여 고등교육 기관별, 전공계열별, 그리고 성별에 따라 인적자본 투자의 관점과 인적자본 투자의 경제적 효과에 대하여 어떠한 차이가 있는가를 분석하였다.

통계분석방법을 독립적인 일원변량분석(ANOVA: Analysis of Variance) 대신 다원변량분석을 한 이유는 변인 간에 서로의 상관 정도를 추정한 결과 서로 유의한 상관을 가지는 것으로 나타났기 때문이다.

2. 초점집단 면접법

인적자본 투자에 대한 경제적 가치와 효과를 파악하기 위하여 실증적인 연구결과를 토대로 관련 전문가 집단의 의견을 수렴하기 위해 면접조사를 실시하였다. 면접조사를 위한 방법으로 초점집단 면접법을 활용하였다. 초점집단 면접법(focus group interview)은 사회과학 분야에서 데이터를 수집할 때에 사용하는 면접법 중에 1명의 면접자가 2명 이상의 피면접자를 동시에 면담하는 단독 -집단면접이나 2명 이상의 면접자가 2명 이상의 피면접자를 동시에 면접하는 다중- 집단면접과 같은 일종의 집단면접법이다. 본 연구에서는 효율적인 연구수행을 위하여 단독-집단면접법을 채택 · 실시하였다.

초점집단 면접법은 다양한 관점과 견해에서 생성될 수 있는 온갖 아이디어나 의견을 되도록 많이 수집하는 것을 주된 목적으로 한다. 즉, 일반적으로 8~12명의 소집단 면접으로서 주제에 대한 제한된 질문으로 합의를 도출하는 것이 아니라 다양하고 풍부한 종합적 정보를 제공하는 것이다. 표집은 주제와 관련하여 동질적인 특성을 가진 구성원들로 구성하여 주제에 대해 심층적으로 조사할 수 있는 장점이 있다(Witkin, 1984; Soriano, 1995; Witkin & Altschuld, 1995).

초점집단 면접은 인적자본의 형성과 활용에 관련되는 집단인 초 · 중등 교사 12명, 교육전문직 12명, 대학교수 12명(교육학과 교수 6명, 경제학과 교수 6명), 기업체의 임직원 10명(포항제철, 삼성, 한국은행, 국민은행)을 대상으로 실시하였다. 인적자본을 형성하는 데 기여하고 있는 초 · 중등교육기관의 교사와 고등교육기관의 대학교수, 그리고 인적자본 투자의 산출로서 실제 산업현장에서 경제발전에 기여하는 근로자들을 고용하는 기업체의 임직원을 대상으로 인적자본 투자의 경제적 효과에 대해 어떻게 인지하고 있는가를 규명하고자 하였다.

면담지에 포함되는 내용은 크게 다섯 가지 영역으로 제시하였는바, 교육부문에서의 인적자본론에 대한 가정과 한계 측면, 교육의 인적자본 효과 측면에서 경제성장, 소득증대 및 분배, 외부편익, 그리고 교육부문에서의 인적자본 개발 전략 등으로 설정하여 조사·실시하였으며, [부록 3]에 수록하였다.

初·중등 교사, 교육전문직, 대학교수, 기업체의 임직원이 인적자본 투자의 경제적 효과에 관하여 어떻게 인지하고 있는가를 파악하기 위하여 개발한 면담지의 내용을 제시하면 〈표 9-5〉와 같다.

표 9-5 면담지의 하위요인 및 주요 내용

하위 요인	주요 내용	문항번호
인적자본론의 가정과 한계	교육에 대한 투자로 인적자본 축적이 생산성의 증대로 이어져 고임금을 수반하는지, 그렇지 않으면 교육이 생산성 향상에 직접적인 영향을 주지 않고 노동시장에서의 선별도구의 기능으로 수행	1
경제성장에 대한 기여	인적자본의 투자로 기술혁신을 통한 경제성장	2
소득증대 및 분배에의 기여	인적자본 투자로 기술혁신을 통한 경제성장	3
외부편익 효과	교육으로 인하여 발생하는 수익이 거주, 고용, 사회의 복지 향상에 기여	4
인적자본 개발전략	인적자본에 대한 경제적 가치를 토대로 정부, 기업, 그리고 학교에서 요구되는 기본방향 및 전략	5

제3절 관련집단 및 초점집단의 인지도 분석

먼저 인적자본 투자의 경제적 효과 중에서 경제성장에 대한 기여 측면을 포함하는 주요 내용을 제시하면 다음과 같다.

- 현재의 희생을 무릅쓰고 미래에 기대되는 보다 나은 경제적 수익을 위해 교육에 대해 투자를 한다.
- 학교교육을 많이 받은 사람일수록 취업 구조의 변화에 대한 적응력이 높다.
- 교육에 대한 투자는 노동 생산성의 향상을 통하여 기업의 생산성을 높여 노동자의 소득과 고용을 높이면서 사회적 부의 증식에 공헌한다.
- 교육투자는 지식의 축적과 재생산을 통하여 계속적인 기술혁신을 꾀하여 경제성장에 중추적 기능을 한다.

인적자본에 대한 투자가 경제성장에 미치는 효과에 대하여 대학생들 집단 간에 어떻게 인지하고 있는가를 분석한 연구결과, 고등교육기관별(2년제 대학, 4년제 대학), 전공 계열별(인문 · 사회계열, 자연 · 이공계열), 그리고 성별(남학생, 여학생)에 통계적으로 유의한 차이가 있는 것으로 나타났다.

즉, 인적자본 투자의 경제성장에 대한 효과에 대해 〈표 9-6〉에서

표 9-6 인적자본 투자의 경제성장에 대한 기여도

구	분	M	SD	F	Sig.of F
고등교육기관별	4년제대학(N=523)	13.99	2.09	15.18778	.000
	2년제대학(N=431)	13.45	2.12		
전공계열별	인문사회계열(N=510)	13.57	2.10	7.13196	.008
	이공계열(N=444)	13.94	2.13		
성별	남학생(N=376)	14.06	2.13	14.77164	.000
	여학생(N=578)	13.52	2.08		

와 같이, 4년제 대학(M=13.99)과 2년제 대학(M=13.45)에 재학하는 학생 간에 통계적으로 유의한 차이가 있는 것으로 나타났으며(F=15.19, p=.000), 아울러 인문 · 사회계열(M=13.57)과 이공계열(M=13.94)에 재학하는 학생 간에 통계적으로 유의한 차이가 있는 것으로 나타났다(F=7.13, p=.008). 그리고 경제성장에 대한 효과에 대해 남학생(M=14.06)과 여학생(M=13.52) 간에 통계적으로 유의한 차이가 있는 것으로 나타났다(F=14.77, p=.000).

이러한 인적자본 투자의 경제성장 효과에 대한 집단 간의 인식 차이는 고등교육 기관별 설립 목적이 4년제 대학이 연구 · 학문지향적이고, 2년제 대학은 전문 기능 · 기술인 양성으로 가정하여 본다면, 2년제 대학에 재학 중인 학생들이 4년제 대학에 재학 중인 학생들보다 인적자본 투자의 경제적 효과에 대해 더 높은 인지도 반응을 나타낼 것이라고 추측할 수 있다.

그러나 경제성장에 대한 효과에 대해서 4년제 대학과 2년제 대학의 대학생들 간에 인지도에는 차이가 있는 것으로 나타난 것은 전통적인 숭문주의 사상과, 혹은 사회적 지위 상승의 수단으로 보는 의식이 팽배해 있는 것에서 찾을 수 있을 것이다.

특히, 우리나라 학생들의 학교교육에 대한 높은 선호는 대학교육을 통한 진리 탐구나 인격고양의 측면도 있겠지만 맹목적인 학력 위주의 사회인식과 다소 개선되고 있기는 하지만 기업체의 고용구조 등이 크게 작용한 것으로 볼 수 있다. 또한 학생들이 교육을 통하여 내재적인 질 높은 삶의 가치 추구와 더불어 높은 사회·경제적 지위의 획득이나 직업적 성공에 대한 기대가 높다고 해석할 수 있다.

인문·사회계열과 이공계열에 재학 중인 대학생들 간에 인지도 차이가 있는 것은 이공계열에 재학 중인 학생이 인문·사회계열에 재학 중인 학생보다 전문적인 기능·기술·직업적인 측면과 경제성장에 대한 효과에 대해서 더 많은 관심을 가진다고 해석할 수 있다.

그리고 경제성장에 대한 효과에 대해서 대학생 남녀 간의 인지도에 있어 차이가 나타난 것은 남녀 대학생 간에 가정 및 사회에서의 역할에 차이를 두고 있어 부모의 자녀교육 목적이 아들의 경우 좋은 직장이 상대적으로 중요한 목적인 반면에, 딸의 경우 결혼관계 유리, 취미, 소질 육성이 중요한 목적으로 나타나 뚜렷한 차이를 두고 있음을 볼 수 있다.

따라서 인적자본 투자의 경제적 효과에 대한 대학생의 인지도 분석 결과 고등교육 기관별(2년제 대학 M=13.45, 4년제 대학 M=13.99, 20점 만점), 전공 계열별(인문·사회계열 M=13.57, 자연·이공계열 M=13.94, 20점 만점), 그리고 성별(남학생 M=14.06, 여학생 M=13.52, 20점 만점)에 따라 경제성장에 대한 효과에 대체로 인지도에 있어 긍정적인 반응을 보인 것은 고등교육기관에 재학한 학생들이라면 교육

투자의 효율성과 정당성에 높은 인식 정도를 나타내고 있다고 볼 수 있다.

또한 인적자본을 형성하는 데 기여하고 있는 초·중등교육기관의 교사, 교육전문직, 고등교육기관의 대학교수, 그리고 인적자본 투자의 산출로서 실제 산업현장에서 경제발전에 기여하는 근로자들을 고용하는 기업체의 임직원을 대상으로 인적자본 투자의 경제적 효과에 대해 어떻게 인지하고 있는가를 면담한 결과를 종합하여 제시하면 〈표 9-7〉과 같다.

표 9-7 초점집단별 경제성장에 대한 기여도 응답결과

구분	면담지 응답결과
대학교수	우리나라 경제성장 과정에서 이미 증명되었으며, 자원이 부족한 우리로서는 인적자본이 중요함.
기업체의 임직원	1차 산업에서 정보통신분야까지 교육의 산업별 경제성장에 기여함.
초·중등교사	교육이 경제성장에 기여하지만, 고학력 자체가 경제성장에 기여한다고는 보지 않음. 한편, 교육인플레 현상으로 경제 및 사회 발전에 저해함.
교육전문직	교육을 통한 인적자원 양성은 경제성장에 기여하나, 교육이 학교교육에만 국한된 것이 아니라 평생교육차원에서 이루어져야 함.

인적자본 투자에 대한 경제성장의 기여에 대하여 〈표 9-7〉에서 제시한 바와 같이, 전문가 집단 사이에서 다소 관점의 차이가 있는 것으로 나타났다. 즉, 산업체 및 사회 각 부문에서 필요한 고급인력을 양성·공급하는 데 중요한 역할을 담당하고 있는 고등교육기관의 교수들과 직접 이들을 고용하여 산업발전에 활용·관리하는 기업체 임직원들은 인적자본에 대한 투자는 부존자원이 전무한 우리나라가 1960

년대 이후부터 지금까지 달성한 경제성장의 상당부분은 교육에 투자, 인적자본에 투자가 있었기 때문이라고 상당히 지지하고 있는 것으로 응답하였다.

그러나 의무교육을 담당하고 있는 초등교사, 중학교 교사들과 대학입시교육에 매달리고 있는 고등학교 교사, 그리고 이들을 지도·감독하는 입장인 교육전문직의 경우 교육 그 자체를 경제성장에 기여하는 요인으로 보고 있지만, 우리나라와 같이 학력 인플레이션이 심한 경우는 오히려 경제발전이나 사회발전을 저해하는 측면을 지적하고 있다.

특히, 인적자본 투자가 경제성장을 가져오는 데 기여한다고 주장한 대학교수의 의견을 제시하면, "21세기 정보화시대에는 기존의 산업사회에서 볼 수 없는, 폭넓은 사고를 바탕으로 한 전문 지식을 요구하고 있으며, 이러한 요건을 교육 받은 인력에게는 그만큼의 상대적 보상이 주어지는 것이 당연한 것이며, 단순한 선별도구로 치부하는 것은 요구하는 인력에 대한 판단 기준이 없이 학력이나 간판을 기준 잣대로 하려는 기존의 인력 채용 방법에 근거한 것이라 여겨진다. 또한 교육을 더 받은 사람은 그렇지 못한 사람보다 많은 지식을 가지고 있으며, 이를 바탕으로 질 높은 업무 수행을 하게 되며 그 결과는 당연히 고부가 가치의 제품을 만드는 데 일조를 하게 되고, 이러한 고부가 가치 상품이 여러 분야에서 많이 만들어지면 경제의 규모가 커지게 된다. 국민소득이 높은 국가는 고급 인력이 많으며, 이들을 바탕으로 한 고부가 가치 상품을 통해 경제성장의 기반을 이루게 된다"라고 피력하고 있다.

이에 대한 다른 견해를 제시하면, "일반적으로는 위의 견해에 동의하지만, IMF상황과 같은 경제위기에 봉착하게 되면 추상적으로, 교육을 더 받은 자가 고임금의 더 나은 생산적인 직종을 가진다고 말하기는 어려울 것이다. 이 문제는 한 사람이 속한 사회환경을 고려해서 구조적으로 생각해 보아야 할 것이다. 석사학위를 받은 사람이 일자리를 잃어 환경미화원이 되었다는 뉴스를 본 적이 있다. 이런 상황에서 위의 견해는 좀 이론적(理論的)인 접근인 것 같다"라고 응답하고 있다.

초점집단별 관련전문가 즉, 초 · 중등 교사, 교육전문직, 기업체의 임직원, 대학교수를 대상으로 면담을 실시한 결과를 종합해 보면, 대체적으로 교육의 경제성장에 대한 기여를 긍정적으로 보고 있으나, 초 · 중등 교사와 교육전문직은 다소 교육인적자원 부문에서 학력인플레 현상이 일어난다는 부정적인 견해도 있고, 학교교육 차원에서 벗어나 평생교육을 활성화하여 경제성장의 기여를 도출하여야 한다는 의견도 제시하고 있는 것으로 나타났다.

제10장

인적자본 투자의 소득증대 및 분배에의 기여

제1절 | 인적자본 투자와 소득증대 및 분배와의 관계

제2절 | 관련집단 및 초점집단의 인지도 분석

제1절 인적자본 투자와 소득증대 및 분배와의 관계

교육에 대한 투자는 개인적 또는 사회적으로 미래 수익의 증대, 즉 개인적 소득 증대와 사적인 부를 토대로 하고 있다. 이는 개인적으로 현재 자신들이 처한 경제적 지위를 개선하기 위한 수단으로 교육 투자를 하게 될 것이고, 사회적으로는 개인의 부의 증대가 결국 전체 사회의 부를 증대시킬 뿐만 아니라 간접적인 외부효과까지 산출한다는 논리에서 개인의 교육 수요를 충족시켜 주는 차원 이상으로 교육에 대한 투자를 증대시키고자 한다는 것이다(공은배 외, 1989).

개인 및 사회 소득의 증대에 영향을 미치는 교육투자의 효과는 즉, 교육 연한이 길수록 연간 소득은 많아지며, 교육 성취도가 높아질수록 총 생애 소득은 증가하며, 그리고 생애 소득이 현재 투자에 대한 수익으로 환산될 때 소득에 대한 한계수익(marginal benefit)은 긍정적으로 나타나 소득을 증가시킨다는 것이다(Levin, Guthrie, Kleindorfer, & Stout, 1971). 또한 국가 및 사회가 교육을 위하여 지출하는 투자가 많을수록 보다 많은 국민이 높은 수준의 교육을 받게 되어 국민의 소득 수준이 높아지게 된다는 것이다. 따라서 국가에 납부하는 세금도

많아져서 국가 및 사회가 교육에 투입하는 교육투자는 국가 및 사회 부를 증식하는 데 전환되고 환원된다는 것이다(강무섭 외, 1983: 47)

개인 및 사회 소득의 증대에 대한 교육투자의 효과는 개인적 및 사회적 수익률 측정방법에 의해 밝혀진다. Psacharopoulos(1973, 1981, 1985)는 교육투자의 개인적 및 사회적 수익률을 측정하기 위하여 1958년에서 1978년 동안 44~61개국을 대상으로 교육정도에 따라 근로자 소득을 근거로 하여 분석하였다. Psacharopoulos(1985)는 저개발, 개도국, 선진국에서 초등, 중등, 고등교육의 개인적 및 사회적 수익률을 측정하였는 바, 이를 제시하면 〈표 10-1〉과 같다. 즉, 개인적이든 사회적이든 초등교육에 대한 투자 수익률이 모든 교육수준 중에서 가장 높으며, 개인적 수익률은 특히 고등교육 단계에서 사회적 수익률을 초과한다는 것이다. 또한 대체적으로 개인적 및 사회적 수익률은 10% 이상으로 나타나 교육에 대한 투자는 매우 효과적인 것으로 밝히고 있다.

표 10-1 교육수준별에 따른 평균 수익률(국가 유형과 수준별)

(단위: %)

국가 \ 영역	개인적 수익률			사회적 수익률		
	초등	중등	고등	초등	중등	고등
아프리카	45	26	32	26	17	13
아시아	31	15	18	27	15	13
라틴아메리카	32	23	23	26	18	16
개발도상국	17	13	13	13	10	8
선진국	-	12	12	-	11	9

출처: Psacharopoulos(1985).

Psacharopoulos(1985)는 인적자본과 물적자본에 대한 선진국과 개발도상국의 수익률을 분석하였다. 〈표 10-2〉에서 제시한 바와 같이 개발도상국에서는 인적 및 물질적 형태의 자본에 대해 모두 수익률이 높고 특히, 인적자본은 개발도상국에서 더 우월한 자본으로 나타났다. 여기서 선진국에 포함된 국가로는 미국, 영국, 캐나다 등이며, 개발도상국은 멕시코, 콜롬비아, 칠레, 우간다 등의 국가를 대상으로 하였다.

표 10-2 인적자본과 물적자본에 대한 수익률(국가 유형별)

(단위: %)

구 분	1960년대		1970년대	
	인적자본	물적자본	인적자본	물적자본
개발도상국	20	15	15	13
선진국	8	10	9	11

출처: Psacharopoulos(1985).

한편, 우리나라의 교육수준별 투자 수익률을 분석한 연구 결과들을 제시하면 〈표 10-3〉과 같다.

〈표 10-3〉에서 보는 바와 같이, 1970년 초까지는 중등교육의 교육투자 수익률이 고등교육보다 높으나 1970년대 후반부터는 오히려 고등교육의 교육투자 수익률이 중등교육보다 높은 것으로 나타났다.

이러한 교육투자 수익률 분석결과가 교육의 경제성장에 대한 기여치로서 사용되는 근거는 교육수준별 근로자의 소득차가 곧 한계생산성을 반영하는 것이라는 인적자본론의 가설적 주장에 있다. 즉, 보다 높은 교육수준의 근로자가 그보다 낮은 교육수준의 근로자보다 많은 임금을 받는 것은 그만큼 높은 생산성을 올리기 때문이라는 것이다(Psacharopoulos, 1980).

표 10-3 사회적 교육투자 수익률 변화추세

(단위: %)

연 구 자	기준 연도	중학교	고등학교	대학교
김 광 석	1967	12.0	9.0	5.0
플로리다주립대팀	1969	20.0	11.0	9.5
인력개발연구소	1969	-1.0	15.0	8.5
정 창 영	1971	8.2	14.6	9.3
남우현과 정창영	1971	2.9	5.7	1.9
남우현과 정창영	1972	3.7	2.9	1.3
배 종 근	1977	2.8	9.9	13.8
박 세 일	1980	2.9	8.1	11.7
한국교육개발원	1982	9.5	12.3	13.0
한국교육개발원	1985	11.2	7.6	14.5
한국교육개발원	1994	-	7.3	7.2

* 교육 투자수익률은 남자의 사회적 수익률을 나타냄.

출처: 김영철 · 공은배(1983); 공은배 · 김태중 · 한유경(1985); 공은배 · 백성준(1994); 김영화 외(1997).

또한 교육 투자의 효과는 경제성장에 기여할 뿐만 아니라 소득 분배에도 영향을 미치게 된다. 교육과 소득 분배에 대한 이론적 설명은 소위 정통 이론으로서 인적자본론과 이에 대한 선별 · 신호이론, 이중 노동시장이론(dual labor market theory)* 등이 자본주의 경제 체제

* 이중 노동시장이론은 노동시장분절이론(labor market segmentation theory)이라고도 하며, 이는 한나라의 노동시장이 1차 시장구조와 2차 시장으로 분단되어 있다는 것이다. 1차 노동시장은 내부 노동시장으로 임금수준이 높고, 근로조건도 양호하고 승진기회도 다양하고 고용의 안정성이 보장된 노동시장이다. 2차 노동시장은 1차 노동시장에 비해 임금수준도 낮으며, 근로조건도 열악하고 승진기회도 부족하고 고용의 불안정성이 심한 노동시장이다. 따라서 소득이 생산성에 따라 결정된다기보다는 어느 구조에 속하게 되느냐에 따라 소득 수준이 결정된다는 것이다(Rees, 1974; Dickens & Lang, 1985).

에 대한 비판론 등을 들 수 있다(Cohn, 1979).

Becker(1964)는 '인적자본론'에서 인적자본의 효과를 분석하면서 인적자본과 소득의 인적 분배를 밝히는 분석모형을 개발하여 교육투자에 작용하는 요인을 수요 측면과 공급 측면에서 고찰하고, 수요와 공급조건의 교차점에서 적정한 인적자본 투자량이 결정되고 따라서 투자량의 차이에 따라 소득의 차이와 분포가 결정된다는 것을 제시하고 있다.

또한 Mincer(1974)는 학교교육, 경험의 축적, 그리고 소득 간의 관계를 규명하는 이론모형을 개발하고, 개인 소득의 분배에 있어 그 불균등의 60%까지는 학교교육과 현직 경험의 과정에서 형성된 인적자본으로 설명할 수 있음을 실증적인 자료를 통하여 입증하였다.

우리나라에서는 한국개발연구원과 Harvard대학의 연구팀이 한국의 근대화 과정에 대한 연구 과제를 수행하면서 1950~1975년의 25년 동안 한국의 경제성장에 대한 교육의 기여도를 분석함과 아울러 소득분배의 변화에 대한 교육의 영향을 검토한 바 있다. 이 연구에서는 한국이 이 기간 동안 급속한 교육의 양적 성장이 소득분배에 미친 영향에 주목하면서 소득 분배와 교육 투자와의 관계에서 소득 분배에 장애요인으로 교육 정도별 투자 수익률의 차이보다는 교육 기회의 배분 격차를 지적하고 있다. 이 외에도 이 연구에서는 교육이 소득 분배에 상당한 영향을 미치고 있다는 것을 기술하고 있다(강무섭 외, 1983: 46).

경제학자들은 소득과 학교교육 간의 관계를 연령-소득 프로파일(age-earnings profiles)로서 실증적으로 규명하였다. 연령-소득의 프로파일은 개인의 소득구조가 연령, 교육정도, 성, 인종 등에 따라 어떻게 증대 및 분배되는지를 제시해 주고 있다(Pencavel, 1990; Cipollone, 1995). [그림 10-1]에서 제시한 바와 같이, 구체적으로 그 특징을 살펴보면 다음과 같다.

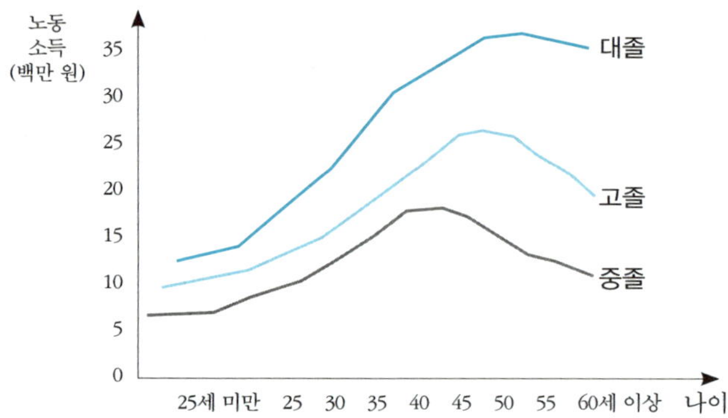

그림 10-1 가상적 나이-소득 종단면도

출처: 백일우(2000: 130); Cipollone(1995: 146).

첫째, 일반적으로 평균소득은 연령에 따라 증가하지만 생애 중반에 최고에 도달하고 이후 그 수준을 유지하거나 감소되는 경향을 나타낸다는 것이다.

둘째, 고학력일수록 소득수준의 증가율이 증가하며 초임이 높아지는 경향이 있다는 것이다. 이는 학력이 높을수록 인적자본을 많이 축적했기 때문에 높은 소득을 유발한다는 것이다.

셋째, 최고 임금수준에 도달하는 시기가 고학력일수록 늦어진다는 것이다. 즉, 학력이 높을수록 현직훈련을 통해서도 지속적으로 인적자본을 축적하기 때문에 인적자본 축적량이 최고점에 이르는 시간이 늦어진다는 것이다(이종재, 1991; 백일우, 2000).

소득 증대 및 분배에 대한 인적자본 접근의 정당성은 다양한 모든 종류의 교육·훈련 투자에 적용되지만 특히, 학교교육에 대한 투자는 바로 인적자본의 주요 원천이 되기 때문이다. 이는 개인적 선택, 최적 행동, 그리고 서비스의 수요와 공급에 대한 가격 및 수량과 같은 경제 기제들은 노동시장의 운영을 주도하게 된다. 학교교육에서 제공되는 기술들은 노동자의 생산성을 증가시키며, 이것은 학교교육-생산성-소득의 인과적 연결고리를 제시한다. 그러므로 추가적인 학교교육은 더 높은 소득을 상징하게 되는 것이다.

노동시장의 공급 측면을 강조하는 점에서는 소득 증대 및 분배가 학교교육 투자의 분배와 수익률에 토대를 둔다고 가정하고 있다. 즉, 학교교육의 기회 확대는 노동자의 개인적 특성을 변화시키고 소득 불평등의 변화를 의미하는 것이다.

Becker(1983)의 연구에서 학교교육의 형식적 모형은 관련 변인의 형태가 수요와 공급 측면에서 소득 불평등의 상이한 정도를 도출한다는 것이다. 즉, 공급 측면에서 좀 더 나은 사회·경제적 기회를 가지고 있는 사람들은 더 많은 자본의 가능성 때문에 학교교육에 더 많이 투자하는 경향이 있다. 한편, 수요 측면에서 상위의 능력을 가지는 개인은 또한 이런 투자에서 얻게 되는 많은 능력만큼 더 투자하게 된다. 이것은 소득 증대 및 분배가 수요와 공급 곡선의 분배의 더 불평등한 지점에 많이 몰려있다는 것이고 더욱 큰 부적 상관관계가 이루어지고 있다는 것이다. 이런 부적 상관관계는 기회와 능력 사이에 정적 상관관계로부터 나오게 된 것이다.

그러나 학교교육의 형식적 모형은 심각한 내부적 비일관성에서 어려움을 겪게 된다. 이런 내부적 변인의 형태는 외부적인 것에 의해 결정된다. 즉, 능력과 기회의 분배는 단지 초기 인지적 능력과 형식교육의 수요에 대한 부모의 사회・경제적 배경의 영향력의 일부분이다. 이는 인적자본의 형성 과정의 세대간 관점에서 외부적으로 결정되는 변인인 것이다. 따라서 학교교육의 형식적 모형은 불완전하며, 물론 잘못 오도될 수는 있다(Blaug, 1976).

특히, 소득 증대 및 분배에 대해 세대간 접근분석은 인적자본 연구에서 별로 다루어지지 않았던 분야이다. 즉, 초기의 횡단적 및 시계열적 실증적 분석들은 주로 소득 불평등의 기능에 초점을 두고 이루어졌다. 즉, Velloso(1995)의 연구에서 동등한 시간(실증적으로는 개인[j^{th}]의 학교교육의 연한[S_j]에 해당)에서 학교교육의 투자 측정을 포함한 훈련의 투자와 소득 간의 상관성에 대해 일부 가정과 단순화가 주어지며, 잔여부분에서 학교교육 이후 투자를 포함한 소득 불평등은 다음과 같은 등식 1로 제시된다.

등식 1 $\text{Var In}[Y_j] = f(r^*, \text{Var}[S_j])$

소득에 로그(log)를 취한 변수(Var In[Y_j])로 나타나는 소득분배는 학교교육의 평균 수익률의 정도(r^*)와 학교교육의 연한에서의 불평등 변수(Var[S_j])에 대해 정적이고 선형적 기능으로 나타나게 된다.

대안적으로 제시된 보다 구체적인 것은 Chiswick(1974), Mincer (1974)의 연구에서 학교교육의 수익률이 학교교육의 연한에 대한 독립적인 무선 변인이라는 것이다.

등식 2 $\text{Var ln}[Y_j] = f(r^*, \text{Var}[r_j], S^*, \text{Var}[S_j]$

여기서 소득증대 및 분배는 학교교육의 수익률 변수(Var[r_j])와 학교교육의 평균 정도(r^*)에 대한 정적 기능, 그리고 학교교육 연한의 변수(Var[S_j])와 학교교육의 평균 수준(S^*)이다.

이러한 인적자본 접근의 예측은 채택된 특수성과 관련이 있다. 등식 1에 따르면 교육의 확대와 연관될 수 있는 학교교육 연한의 변인이 감소하는 것은 소득 집중의 감소를 가져온다. 등식 2에 따르면 유사한 결과가 나오지만 학교교육의 더 높은 수준은 소득 집중의 증가와 정적인 관계를 지니게 된다. 순효과는 학교교육에서의 변화와 평균 수준에서의 실증적인 변화수준에서 나타나게 된다.

인적자본의 소득 불평등의 기능에 대한 확대된 견해가 학교교육의 연한 및 노동력에서 학교교육 이후 전형적인 현직훈련 투자를 분리시키고 있다. 단순화되고 확장된 관점으로서 고용 변인으로 규정되는 이런 관점은 많은 국가에서 실증적 연구에 이용되고 있다. 미국에서는 주 또는 지역 간의 소득 불균형이 통계적으로 학교교육의 정도와 평균 수익률에서 주마다 상당한 차이가 있음을 밝히고 있다. 유사한 결과가 캐나다, 네덜란드, 그리고 일부 다른 국가에서도 제시되고 있다(Chiswick, 1974).

특히, 미국의 주 정부나 지방정부에서 집계된 자료는 통계적으로 상당한 일치점을 보이고 있다. 아울러 개인에 대한 횡단 관찰연구에서도 정적 상관관계가 있음이 밝혀지고 있다. 고용에 대한 기준으로 등식 1의 확장된 등식이 사용되었다(Chiswick & Mincer, 1972). 그러나 개인 관찰 연구로 학교교육과 수익률의 통계적 기여는 아주 적으며, 로그(log) 소득의 변수로 설명되는 것이 15% 정도이다. 연구기간에 따라 소득 불평등에서의 변화의 예측은 등식 2로 대체되었다. 학교교육 요인의 기여는 별로 높지 않다는 연구결과가 나오고 있다.

소득 불평등에 대한 구체화와 실증적 결과들은 인적자본 분석가들 간에 상당한 논쟁을 일으키고 있는데, 논쟁의 핵심은 소득 증대 및 분배의 효과와 소득 불평등에 대한 학교교육의 수준 및 연한 정도에 있는 것이다.

Winegarden(1979)이 수행한 32개 선진국 및 개발도상국의 경제에 대한 횡단 연구에서 학교교육의 기회 확대는 인적자본 접근에서 예측한 대로 소득 불평등과 정적으로 상관이 있다는 것이다. 그러나 고학력의 학교교육 평균 수준은 등식 2처럼 정적 상관이라기보다는 부적 상관을 나타내고 있다. 최근 실증적 연구에서는 초기의 예측과 연구결과와 상반되게 나타나고 있다. 즉, 소득 불평등과 학교교육의 변인들 간의 선형적 상관은 지속적이지 못하다는 것이다.

또한 Ram(1990)의 94개 개발도상국과 선진국의 횡단 연구에 의하면, 학교교육의 평균 수준은 학교교육 연한의 확대와 더불어 곡선 관계(U형)를 나타내고 있다는 것이다. 선진국의 경제에서 학교교육의 확대와 소득 불평등의 감소는 통계적으로 소득의 더 많은 균등 분배와 관계있는 것 같지만 후진국에서는 동일한 결과가 나타나지 않음을 밝히고 있다.

미국에서의 최근 연구는 1980년대의 소득분배의 변화를 설명하는데 있어서 측정되지 않는 기술이란 개념에 초점을 두었다(Juhn et al.,

1991). 여기서 측정되지 않는 기술이란 교육의 질을 말한다. 이 분석은 증가하는 임금의 불평등이 동일한 교육을 받은 노동자 집단에서 나타나며, 이는 교육의 질에서 나타나는 증가된 차이에 기인한다는 것이다. 그러나 일부 다른 학자들은 이 주장을 반박하기도 한다(Card & Krueger, 1993).

개발도상국에서 학교교육은 특히, 브라질, 페루, 멕시코, 한국 등과 같은 국가에서 소득에 관련한 실증적인 연구결과를 보여 주고 있다. 그러나 소득 분배와 학교교육의 수준에서의 변화는 일부 개발도상국가에서 지속적으로 소득 불평등에서 보여지는 증가에 대해 상대적으로 그렇지 않음을 나타내 주고 있다. 즉, 소득 불평등에서 소득분배의 변화는 지난 10년간 노동자 개인적 특성에 관련된 변인에서의 변화가 아니라 일부 개발도상국가의 정치, 경제 등의 정책적 특성으로 설명될 수 있다.

우리나라에서는 교육의 기회 확대가 1976년과 1991년 사이에 임금 균등화에 다소 영향을 미쳤지만 소득분배의 주요 요인은 1980년대에서의 정치적 변화였으며, 최저 임금 정책 및 경영자와 전문가에 대한 임금 증가를 억제하고자 하는 정부의 노력이었음을 선행연구 결과는 밝히고 있다(Nam, 1994).

인적자본 접근에 의한 교육이 소득 증대 및 분배의 평등화 기제로서 간주되어 왔지만 교육 기회의 확대에 따라 소득 분배가 개선되는가에 대해 인적자본론가들 사이에서도 일관된 견해를 보여 주고 있지는 않다. 그러나 국가에 따라 다소 차이는 있지만 학교교육의 기회 확대 및 교육의 정도가 소득 증대 및 분배 변화를 가져왔으며, 이는 임금 불평등 개선에 가장 큰 역할을 하고 있다는 것이 후속되는 실증적인 연구의 결과이다. 즉, 교육에 의한 기술은 노동자의 생산성을 증대시키며, 이는 학교교육의 정도에 따라 고임금을 수반하게 된다는 것이다. 학교교육에 의한 소득 증대 및 분배는 노동자의 개인적 특성을 변화시킬 뿐만 아니라 소득 불평등에도 변화를 가져온다는 것이다(Velloso, 1995).

따라서 교육은 소득증대 및 분배에 주는 효과와 교육받은 결과로 고용 기회가 확대되고 소득 재분배가 질적으로 균등하게 이루어진다는 것이다. 유경준(1995)은 한국의 1970년대 이후 임금소득 불평등 정도는 지속적인 감소추세를 보이며, 1976년 0.446에서 1991년 0.281로 15년 사이에 37% 감소하였다고 분석하여 임금소득 불평등 감소에 교육이 가장 중요한 요인이라고 주장하였다(한국교육개발원, 1996). 또한 최광과 권순원(1995)의 연구와 한국교육개발원 연구(1985, 1996)에서도 소득분배를 균등화시킨 중요한 요인으로서 교육을 강조하고 있다.

이상에서 기술한 우리나라의 이러한 연구결과들은 인적자본의 투자 효과가 국민들의 소득증대 및 분배에 상당히 긍정적으로 기능하고 있음을 뒷받침한다고 할 수 있다.

제2절 관련집단 및 초점집단의 인지도 분석

먼저, 인적자본 투자의 경제적 효과 중 소득증대 및 분배 효과에 대한 주요 내용을 제시하면 다음과 같다.

- 교육에 대한 투자는 개인적 · 사회적 차원에서 사회적 부와 소득의 증대를 가져온다.
- 개인적 차원에서 장래의 사회 · 경제적 지위를 향상시키기 위한 수단으로 교육에 대해 투자를 한다.
- 국가 및 사회가 교육을 위하여 지출하는 비용이 많을수록 보다 많은 국민이 높은 수준의 교육을 받게 되어 그 결과 국민의 소득 수준이 높아지게 된다.

인적자본 투자의 경제적 효과 중 소득증대 및 분배 효과에 대하여 대학생이 인지하고 있는가를 분석한 결과, 고등교육 기관별(2년제 대학, 4년제 대학), 전공 계열별(인문 · 사회계열, 자연 · 이공계열), 그리고 성별(남학생, 여학생)에 따라 소득증대 및 분배에 대한 효과에 있어서 통계적으로 차이가 없는 것으로 나타났다.

즉, 〈표 10-4〉에서 보는 바와 같이, 소득증대 및 분배 효과에 대해 4년제 대학(M=10.53)과 2년제 대학(M=10.37)에 재학하는 학생 간에 통계적으로 차이가 없는 것으로 나타났으며, 인문 · 사회계열

(M=10.44)과 이공계열(M=10.48)에 재학하는 학생 간에도 통계적으로 차이가 없는 것으로 나타났다. 그리고 소득증대 및 분배에 대한 효과에 대해 남학생(M=10.46)과 여학생(M=10.45) 간에 통계적으로 차이가 없는 것으로 나타났다.

표 10-4 인적자본 투자의 소득증대 및 분배에 대한 기여도

구 분		M	SD	F	Sig. of F
고등교육기관별	4년제대학(N=523)	10.53	1.82	2.00732	.157
	2년제대학(N=431)	10.37	1.66		
전공계열별	인문사회계열(N=510)	10.44	1.71	.15142	.697
	이공계열(N=444)	10.48	1.79		
성별	남학생(N=376)	10.46	1.92	.00238	.961
	여학생(N=578)	10.45	1.63		

인적자본 투자의 소득증대 및 분배에 대한 기여에 있어서 대체로 집단 간, 즉 고등교육기관별(2년제 대학 M=10.37, 4년제 대학 M=10.53, 15점 만점), 전공계열(인문 · 사회계열 M=10.44, 자연 · 이공계열 M=10.48, 15점 만점), 그리고 성별(남학생 M=10.46, 여학생 M=10.45, 15점 만점)에 인지도의 차이가 없이 대체적으로 긍정적으로 반응한 것은 고등교육기관에 재학하는 학생들은 인적자본 투자의 소득증대 및 분배 효과에 대해서 긍정적으로 보고 있는 것으로 응답하였다. 이는 교육을 받고 있는 대학생들의 입장은 대학교육에 대한 투자를 개인의 소득증대와 사회전체의 소득분배에 긍정적으로 작용한다고 믿는 것으로 해석할 수 있다.

연구에서 실시한 소득증대 및 분배에의 기여를 초점집단별 면담 결과로 종합하여 제시하면 〈표 10-5〉와 같다.

표 10-5 초점집단별 소득증대 및 분배에 대한 기여도 응답결과

구 분	면 담 지 · 응 답 결 과
대학교수	현재 우리나라 사회구조에서 교육은 개인의 소득 증대 및 분배와 높은 상관을 가지며, 교육의 투자를 통해서 개인의 경제적 지위를 향상시키려는 신념이 강함.
기업체의 임직원	교육이 일반적으로 소득 증대 및 분배에 기여하지만, 교육을 많이 받은 사람이 고임금을 받을 수 있는 사회적 기회가 많다는 것이며 높은 생산성과 고임금은 그 사람이 가진 역량 또는 노력의 대가이지 높은 교육의 결과로만 누릴 수 있는 것이 아님.
초 · 중등교사	소득 증대에는 영향을 미치나 분배의 기여에는 회의적임.
교육전문직	개인의 소득 증대에는 기여할 수 있으나 분배의 정의를 실현하는 데는 다소 무리가 있음

초점집단별 관련전문가 즉, 초 · 중등 교사, 교육전문직, 기업체의 임직원, 대학교수를 대상으로 면담을 실시한 결과를 종합해 보면 〈표 10-5〉에서 제시된 바와 같이, 대체적으로 교육의 소득증대에 대해서는 긍정적으로 기여한다고 보고 있으나, 소득분배에 대한 기여에 대해서는 대학교수를 제외한 기업체의 임직원, 초 · 중등 교사, 교육전문직은 다소 부정적인 견해를 제시하고 있다.

이러한 응답결과는 앞의 인적자본 투자의 경제성장에 대한 효과에서와는 달리 고급인력을 양성 · 공급하는 대학교수는 소득증대 및 분배에 기여한다고 보지만 초 · 중등 교사, 교육전문직, 기업체 임직원의 입장은 상반됨을 알 수 있다. 이와 같은 응답결과는 고등교육기관 재학생이나 교수들은 인적자본의 형성의 직접당사자로서 이를 개발·양성되는 입장에서 보다 인적자본에 대한 투자가 개인의 소득증대나 사회구성원 간의 소득분배에 있어서 다소 낙관적인 견해를 피력하고 있다. 그러나 기업체 임직원의 경우 실제 인적자본에 투자가 직접적으로 소득증대를 가져오기보다는 다른 요인들 예컨대, 부모의 사회적 지위, 경제적 부의 수준, 개인의 능력, 주식이나 부동산을 통한 부의 축적, 운(luck) 등에 의해 소득증대가 이루어지고, 이러한 요인들이 사회전체 구성원 간의, 또는 사회계층 간의 소득분배 구조를 더욱 악화시킨다고 보고 있는 것으로 해석할 수 있다.

전문가 집단들의 견해를 종합해 보면, 교육수준이 높은 만큼 전문지식 수준이 높으면 상대적으로 많은 소득을 올릴 수 있으며, 능력이 우수한 사람일수록 많은 보수를 받음으로써 소득 증대의 효과는 있으나, 이것이 소득의 공정한 분배와 직접적인 상관관계가 있다고 판단하기란 어렵다고 할 수 있다. 공정한 소득분배의 선결 조건은 기업의 경우 투명한 경영에 있으며, 아울러 사회 조직의 모든 시스템이 투명하지 않으면 분배가 정상적으로 이루어졌는지에 대한 판단을 정확히 하기란 용이하지 않을 것이다.

제11장

인적자본 투자의 외부편익 효과

제1절 | 인적자본 투자와 외부편익과의 관계

제2절 | 관련집단 및 초점집단의 인지도 분석

제1절 인적자본 투자와 외부편익과의 관계

교육의 경제적 효과에 대한 대부분의 연구는 교육으로 인하여 발생하는 수익이 이웃, 고용주, 동료 및 일반 사회의 복지를 향상시킨다는 것을 간과하고 교육을 직접적으로 받는 자만의 수익을 측정하려고 시도되었다고 할 수 있다.

Weisbrod(1964)는 거주관련 편익, 고용관련 편익, 사회 전반적인 편익의 세 가지로 분류하여 교육을 직접 받은 사람은 물론 교육을 받지 않은 다른 사람에게도 교육에 대한 외부편익이 있다는 것을 제시하였다. 이러한 교육의 외부편익 효과는 교육이 제공되는 학교구(school district)에서는 물론 그 지역 이외의 사람에게도 교육의 외부편익이 발생한다고 기술하고 있다(강무섭 외, 1983; 정일환, 2000).

첫째, 거주관련 편익은 교육을 직접 받은 사람과 그 주위 지역 주민 사이의 관계에서 발생하게 되는 편익을 말한다. 여기서 혜택을 받는 대상은 학생의 현재 가족, 학생의 미래 가족(세대 간 편익), 이웃 및 학생들이 거주하는 다른 지역의 주민이 된다.

둘째, 고용관련 편익은 교육을 받은 사람이 취업을 함으로써 그 직장에 편익이 발생하는 것을 의미한다. 교육 받은 사람으로 인하여 상품 질의 개선, 생산성의 향상이 이루어졌을 때 그 영향이 동료 및 고용주에게 미치게 된다. 아울러 동료들 간 및 고용주와 피고용인들 간에 우호적인 관계를 유지하게 된다.

마지막으로, 사회 전반적인 편익은 교육이 사회 전반적인 문제해결과 정치 · 경제 체제 제반에 대해 안정을 유지하게 해 준다. 즉, 시장 경제 중심과 경쟁의 유지, 정치 민주화, 기회 균등의 실현, 문화발전 등에 영향을 미치게 된다.

또한 교육의 경제적 편익은 〈표 11-1〉에서 제시한 바와 같이, 금전적 또는 비금전적, 그리고 사적(개인적) 또는 사회적 편익 등으로 나

표 11-1 교육의 개인적 및 사회적 편익

<table>
<tr><th colspan="2">구 분</th><th>개인적 편익</th><th>사회적 편익</th></tr>
<tr><td rowspan="2">직접적 편익</td><td>금전적</td><td>• 교육비용이 지출된 후에 순소득 증가
• 부가적인 편익</td><td>• 교육의 결과로서 나타나는 교육비용의 증가는 교육받은 사람에게 제공됨</td></tr>
<tr><td>비금전적</td><td>• 학생과 부모 모두에 대한 새로운 지식과 문화적 기회에 노출시킴으로써 만족 증대</td><td></td></tr>
<tr><td rowspan="2">간접적 편익</td><td>금전적</td><td>• 각 교육수준에서 유망한 직업 선택
• 가외수당으로 재화와 용역소비 증대</td><td rowspan="2">• 기타 소득의 증가
- 세대 간 효과로 아동이 더 나은 교육을 받게 됨으로써 미래의 생산성 증가
- 과세효과로 조세부담 감소
- 간접 소득효과로 노동자의 생산성과 소득을 증가
• 고용주는 잘 훈련되고 숙련된 노동력을 활용
• 이웃의 향상된 생활조건</td></tr>
<tr><td>비금전적</td><td>• 부모와 자녀 사이의 세대 간 효과
• 직업 만족</td></tr>
</table>

출처: Johns, Morpher, & Alexander(1983; 541).

높 수 있다. 교육의 금전적 편익은 측정될 수 있고 대개 비용-수익분석(cost-benefit analysis)* 에서 활용되지만, 교육에 대한 사회적 외부편익은 양화하기 어려우며, 또한 교육에 대한 투자 수익률로서 측정하기 어렵다. 개인의 야망, 가족관계, 부모의 사회 · 경제적 지위, 유산, 인종, 성별, 그리고 부모의 교육정도 등에 대한 선천적 능력은 미래 잠재적 소득에 관계가 있지만 정확하게 양화할 수는 없다.

사적이면서 금전적 편익은 부가적인 수익 증대, 각 교육 수준에서 유망한 직업선택, 가외수당으로 재화와 용역 소비 증대 등을 들 수 있으며, 사적이면서 비금전적 편익은 학생과 부모 모두에 대한 새로운 지식과 문화적 기회에 노출시킴으로써 만족 증대, 부모와 자녀 사이의 세대 간 효과, 직업 만족 등이라고 할 수 있다. 또한 사회적이면서 금전적 편익은 교육의 결과로서 교육받은 사람들에게 세금 증대, 더 잘 교육받은 아동들에게 차세대의 생산성 증대와 사회적이면서 비금전적 편익은 잘 훈련되고 숙련된 노동력에 대한 고용주의 적용성, 이웃에 대한 생활환경 개선 등을 들 수 있다(Johns, Morphet, & Alexander, 1983).

구체적으로 살펴보면, 외부효과에 대한 사적 편익으로 교육은 노동시장뿐만 아니라 가정에서도 생산성을 높인다는 것이다. 가정은 사적 및 사회적 측면에서 개인, 배우자, 그리고 자녀에게 편익이 돌아간다. 가족구성원의 건강은 부모의 교육, 특히 어머니의 교육정도에 긍정적

* 비용-수익 분석은 프로그램이나 사업의 총비용에 대한 총수익 가치를 측정하는 기법으로서, 이 방법은 자연자원 개발 프로젝트의 비용과 수익을 측정하기 위하여 처음으로 사용되었다. 이 분석방법은 자원의 최적 배분, 즉 주어진 비용 수준에서 수익을 극대화하든지 혹은 정해진 수익 하에서 비용을 최소화하는 데 그 초점을 두고 있다(정일환, 1996: 351~352).

으로 영향을 받는다. 어머니의 교육정도는 아동의 건강에 대하여 아버지의 교육정도보다 훨씬 더 큰 영향을 미치며, 이러한 관계에 직접적인 유전인자를 가지지는 않는다. 이 관계는 일반적으로 두 가지 경로를 따라 발전되었는데 첫째, 교육을 더 많이 받을수록 구체적인 건강투입에 대한 효과에 더 많은 정보를 가지며 둘째, 투입에 더 나은 혼합요소를 선택하게 된다는 것이다(Pauly, 1980; Grossman & Joyce, 1989). 따라서 건강과 교육에 따른 정적 상관은 교육과 건강 지식 간의 정적 상관을 나타낸 것이다(Kenkel, 1991).

개인과 가족이 이런 효과에서 혜택을 받지만 또한 사회적 편익도 있다. 첫째, 보다 건강한 사람은 질병의 확산을 감소시키며, 다른 사람의 건강을 증진시킨다. 둘째, 보다 건강한 사람은 직업기회를 덜 잃게 되며, 그들 동료들의 생산성을 개선시킨다. 마지막으로, 더 건강한 사람은 병원치료를 덜 받게 되며, 이러한 비용은 전반적으로 줄일 수 있다. 이는 사적 고용주들이 제공하는 혹은 세금으로 지출되는 의료보험을 위한 세금 지출과 공공 의료보장의 지출을 막음으로써 사회안정에 영향을 끼친다(Grossman, 1975; Leigh, 1983; Kemna, 1987; Berger & Leigh, 1989; Grossman & Joyce, 1989).

개인에게 있어서 교육을 덜 받은 사람들보다 대학교육을 받은 사람들이 심각한 정신적 질환, 가령 정신분열증, 혼수상태의 질환, 알코올 및 약물 사용 등이 덜 나타나고 있다(Robins, 1984). 이러한 정신질환의 감소는 의료보조 비용의 감소, 부재자의 감소, 노숙자의 감소 등의 외부편익 효과를 가져오게 된다.

경제학자들이 말하는 아동의 질(child quality)의 한 일면에서 부모의 교육정도와 이들 간에는 정적인 상관이 있으며, 외부편익을 가지게 된다. 즉, 아동이 인지 발달 상태의 개선이나 유급률의 감소, 반사회적 행동의 감소 등을 나타낸다(Dawson, 1991). 이런 감소 비율 등은 아동의 학습과 인지 발달의 개선이나 교육을 제공하는 측면에서 공공 비용의 감소를 가져오게 된다.

또한 교육의 사적 효과와 관련된 외부편익 집단은 세대 간이다. 교육을 더 많이 받은 부모(특히 어머니)의 자식들은 10대 범죄아동을 양육하는 확률이 적으며, 정부의 지원금 또는 보조금을 받는 아동을 덜 가지게 된다는 것이다(An et al., 1991). 고학력의 부모들은 고등학교 중퇴의 아이들을 가지게 될 확률, 임신 시 미숙아 출산확률 등도 더욱 낮아진다는 통계 자료를 보이고 있으며, 이런 모든 요인들은 궁극적으로 공공지출 특히, 사회복지비나 의료보조 혜택자를 줄이는 효과를 가지게 된다.

교육의 외부편익은 자원 봉사자들이나 재정 기부로 인해 자선 단체의 수익을 증가시키고 있다(Hodgkinson & Weitzman, 1988). 예를 들면, 미국의 1987년 대학 졸업생들이 주당 평균 3.3시간을 자원단체에서 봉사하고 그들의 소득에 1.9%를 기부하는 반면에, 고등학교 졸업자들은 주당 1.8시간의 봉사와 소득의 1.3% 정도의 기부와는 비교된다. 교육의 외부편익에서 이와 같은 기부자들은 심리적 안정이나 행복에 만족을 두고 있다. 그러나 더욱 중요한 것은 이런 자선 서비스와 재화를 주는 사적 및 사회적 외부편익이다. 더욱이 이러한 자선은 사회적 결속력을 가중시킨다. 또한 이러한 영향력을 평가하기 위해서는 자선단체의 특별조세 조치의 효율성 및 배분적 결과들을 고려해야 할 것이다.

사회적 편익에서는 교육이 지역사회를 개선한다는 견해로부터 나온다. 즉, 아동에게 사회적으로 수용될 만한 기준을 제공하고, 사회적으로 수용될 만한 행동을 보이도록 하는 것이다(Weisbrod, 1962). 이런 영향은 지속적인 사회적 이익을 나타내며, 구체적으로 Wilson(1987)은 지역사회의 영향에 관한 연구에서 교육의 외부편익 효과로 높은 실업률, 학교탈락, 약물, 알코올 사용, 태만 등은 개인, 이웃, 그리고 지역사회에 대해서 부정적인 결과를 감소시킨다는 것이다.

교육에서의 사회적 편익은 범죄율 감소, 사회 결속력 및 기술적 변화의 증가, 그리고 소득 분배의 변화 등을 포함한다. 이러한 변화들은 개인에게 즉각적인 이익뿐만 아니라 포괄적인 편익인 것이다. 경제학자들은 교육의 공공재화라는 측면에서 기술변화의 증가, 특히 기술의 확산과 같은 경제성장에 대한 교육의 효과를 강조한다. 이것의 기본적 원리는 교육을 더 많이 받은 사람이 새로운 아이디어나 개념 등을 받아들이고 접근하는 데 능력이 보다 뛰어나며, 새로운 정보에 보다 더 용이하게 접근해 간다는 것이다.

더욱이 교육은 새로운 상황에서 생산적으로 일하는 능력을 길러주게 된다. 새로운 아이디어를 갖고 실험하게 하고 새로운 서비스나 상품의 잠재성을 이해하고 변화하고 있는 기술을 발전시키는 데 기여하며, 장래의 사회발전을 선도하는 지도자를 양성하는 데 기여하게 된다. 이러한 교육의 외부편익으로 확산효과(spillover effect)는 교육의 효과가 개인에게뿐만 아니라 지역사회 혹은 다른 지역, 주, 국가 등에까지 영향을 준다는 것이다(Wolfe, 1995). 이미 교육 받은 사람이 지역사회로 이주를 하게 될 때 그 지역에 사회적 편익을 제공하게 되지만, 교육에 투자한 지역은 외부편익을 잃게 된다.

즉, 그 결과는 복지, 의료비용, 투표의무, 그리고 낮은 범죄율 등과 같은 사회적 편익이 있다면, 또한 교육에 투자하는 지역사회에서 손실이 있다면 배분적 비효율성을 가져오게 한다는 것이다. 이 결과로 정부의 안정적 재정확보와 합리적 재정배분이 없다면 교육에 대한 공적 재정 투자의 감소를 가져오게 될 것이다. 사실 이는 지리적으로 한 지역 내에서, 예를 들어 유럽 공동체와 같은 정부나 국가가 교육의 비용을 부담해야 한다는 주장의 근거를 형성하게 한다.

따라서 이러한 교육의 외부편익 효과는 교육으로 인하여 발생하는 수익이 가족, 이웃, 고용주, 동료, 합리적인 소비생활 및 사회의 안녕·복지 등을 향상시키는 것으로서 교육을 직접 받는 자만의 수익이 아닌 타인 또는 사회에 혜택을 가져다 주는 것으로 볼 수 있다.

제2절 관련집단 및 초점집단의 인지도 분석

먼저, 인적자본 투자의 경제적 효과 중 외부편익 효과에 대한 주요 내용을 제시하면 다음과 같다.

- 교육에 대한 투자 확대는 사회 전반의 복지를 향상시킨다.
- 교육을 많이 받은 사람은 교육을 받지 않은 다른 사람과 주위 지

역 주민들에게 교육으로부터 받는 혜택과 편익을 제공해 준다.

- 교육은 사회 전반적인 문제해결과 정치 · 경제체제 제반에 대해 안정을 유지하게 해 준다.

인적자본 투자의 외부편익 효과에 대하여 대학생이 어떻게 인지하고 있는가를 분석한 결과, 고등교육기관별(2년제 대학, 4년제 대학), 전공계열(인문 · 사회계열, 자연 · 이공계열)에서는 통계적으로 차이가 없었으나, 성별(남학생, 여학생)에 따라서는 통계적으로 유의한 차이가 있는 것으로 나타났다.

즉, 〈표 11-2〉에서 보는 바와 같이, 외부편익 효과에 대해 4년제 대학(M=9.13)과 2년제 대학(M=9.21)에 재학하는 학생 간에는 통계적으로 유의한 차이가 없는 것으로 나타났으며, 인문 · 사회계열(M=9.12)과 이공계열(M=9.23)에 재학하는 학생 간에도 통계적으로 차이가 없는 것으로 나타났다. 그러나 외부편익 효과에 대해서 남학생(M=9.32)과 여학생(M=9.06) 간에 통계적으로 유의한 차이가 있는 것으로 나타났다(F=4.85, p=.028).

표 11-2 인적자본 투자의 외부 편익에 대한 기여도

구분		M	SD	F	Sig. of F
고등교육기관별	4년제대학(N=523)	9.13	1.89	.45215	.501
	2년제대학(N=431)	9.21	1.72		
전공계열별	인문사회계열(N=510)	9.12	1.83	.91461	.339
	이공계열(N=444)	9.23	1.80		
성별	남학생(N=376)	9.32	1.84	4.85300	.028*
	여학생(N=578)	9.06	1.79		

$^{*}p < .05$

고등교육기관별(2년제 대학 M=9.21, 4년제 대학 M=9.13, 15점 만점)과 전공 계열별(인문 · 사회계열 M=9.12, 자연 · 이공계열 M=9.23, 15점 만점)에서 외부편익 효과에 있어서 인지도의 차이가 없이 긍정적으로 보는 것은, 그리고 성별(남학생 M=9.32, 여학생 M=9.06, 15점 만점)에 따라 인지도에 차이가 있으면서 긍정적으로 보는 것은 남녀 대학생 간에 가정의 사회 · 경제적인 배경과 더불어 사회의 남자와 여자에 대한 교육의 역할에 있어서도 차이를 두고 있음을 볼 수 있다.

인적자본 투자의 경제적 효과에 대한 대학생의 인지도 분석결과 고등교육 기관별, 전공 계열별에 따라 외부편익 효과에 대체로 긍정적으로 인지하고 있는 것은 인적자본에 대한 투자가 경제성장, 소득증대 및 분배와 마찬가지로 외부편익을 유발하는 데 기여한다고 해석할 수 있다.

한편, 연구에서 실시한 외부편익 효과를 초점집단별 면담결과를 종합하여 제시하면 〈표 11-3〉과 같다.

표 11-3 초점집단별 외부편익 효과에 대한 기여도 응답결과

구 분	면담지 응답결과
대학교수	교육의 경제적인 효과에는 직접적인 효과뿐만 아니라 사회간접 자본과 같은 간접적인 효과도 상당히 크게 작용하며, 민간의 비생산적인 소비를 축소시키고 미래의 자율적인 투자를 증대시킴
기업체의 임직원	외부편익 효과는 현재 크지는 않지만, 삶의 질 향상에 따른 문화발전, 교육에 대한 중요성 인식, 복지시설의 확충 등에 많은 기여를 함
초 · 중등교사	교육의 외부편익 효과는 어느 정도 인정되나, 복지향상이라는 차원에서는 여러 가지 제도적인 보완이 필요함
교육전문직	교육의 외부편익 효과는 크다고 보고, 복지국가에 이바지함

초점집단별 관련전문가 즉, 초·중등 교사, 교육전문직, 기업체의 임직원, 대학교수를 대상으로 면담을 실시한 결과를 종합해 보면, 대체적으로 교육의 외부편익 효과에 대한 기여를 긍정적으로 보고 있는 것으로 응답하였다. 초점집단 중 대학교수의 경우 인적자본 투자의 외부편익 효과로서 사회간접 자본에 대한 효과, 합리적인 경제생활의 촉진, 미래의 자율적인 투자 등을 들고 있다. 또한 기업체 임직원의 경우 인적자본 투자의 경제적 효과 중에서 외부편익이 차지하는 비중이 경제성장이나 소득증대 및 분배 효과보다는 상대적으로 차지하는 비중이 경제성장이나 소득증대 및 분배 효과보다는 상대적으로 미약하지만 삶의 질 향상에 따른 문화발전이나 복지시설의 확충 등에 기여한다고 보고 있다.

특히, 기업체 임직원의 경우 "교육을 받은 사람은 자신의 지식을 활용하여 조직에서 능력 발휘를 통한 직접적인 효과도 있지만, 조직의 동료에게 자신이 가지고 있는 정보를 주고, 또한 자신이 부족한 부분은 동료를 통해 얻음으로 인해 지식의 폭을 넓히게 된다. 그리고 많은 지식을 지닌 조직을 가지고 있는 고용주는 무형 자산이 많아지게 되며, 많은 지식을 동원해서 만들어진 값싸고 질 좋은 제품이 만들어지면 이를 이용하는 외부의 소비자는 편리하고 좋은 상품을 통한 편익이 발생하게 된다"라고 응답하고 있어 인적자본 투자가 지니는 외부편익 효과를 정확히 지적해 주고 있다.

제12장

인적자본 투자의 발전과제

제1절 | 인적자본 투자의 경제적 효과에 대한 논의

제2절 | 인적자본 투자의 발전과제

제1절 인적자본 투자의 경제적 효과에 대한 논의

이상에서 기술한 제2부에서의 인적자본의 개념과 구성요소, 관련 이론 등을 토대로 인적자본에 대한 경제적 효과를 분석 · 제시하였는바, 경제성장, 소득 증대 및 분배, 외부편익 효과에 대한 연구결과를 토대로 논의를 제시하면 다음과 같다.

1800년대와 1900년대 초기 동안, 교육의 수익과 인적자본의 가치를 언급했을지라도 이 주제는 상당히 최근에서야 비로소 많은 관심을 받게 되었다. 1963년 Schultz의 저서 '교육의 경제적 가치(The economic value of education)'는 교육경제학으로 알려진 이 분야에 주목할 만한 관심을 이끌어냈다. Schultz의 뒤를 이어 Becker의 저서 '인적자본(Human capital; A theoretical and empirical analysis, with special reference to education)'이 1964년에 출간되었으며, 이전에 Mincer(1958, 1962)의 저서는 인적자본 형성의 다양한 영역을 시도하였다. 인적자본 형성에 관한 이 연구들은 인적자본 개념화의 어려움과 교육수익 측정, 개인적 및 사회적 수익률 등에 초점을 두고 있다.

Schultz(1963), Harbison과 Myers(1964), Psacharopoulos(1972) 등은 경제성장의 근원으로서 교육에 대한 투자를 강조하고 아울러 개

인적 및 사회적 수익 증대를 도모한다는 것이다. 1960년대의 후반 동안 수행된 교육의 수익에 관한 연구는 Gorseline과 Walsh의 교육과 소득 사이의 관계에 관한 연구처럼 교육투자 수익률에 초점을 두었으며, 생애소득에서 교육효과를 측정하기 위해 연령-소득 프로파일을 포함한 다양한 방법과 비용-수익분석 기법을 활용하였다.

1970년대와 1980년대 초반 동안 연구자들은 교육과 직업훈련, 가정배경, 학교교육의 질과 같은 기술을 향상시키는 소득사이의 관계를 연구하였다. 교육수익률 측정에 있어서 가장 큰 문제점은 비금전적인 수익률을 측정하는 것이다. 최근 인적자본 형성에 관한 연구는 교육의 수익에 비노동시장적인 측면, 외부편익에 관심이 두어지고 있다.

즉, 이러한 연구는 학교교육과 건강, 학교교육과 재산관리, 학교교육과 소비행위, 학교교육과 이주, 그리고 가정형성, 인간관계, 어린이들의 복지와 같은 가정과 학교교육 사이의 관계분석에 초점을 두고 있다(Schwartz, 1973; Schultz, 1974; Grossman, 1975; Solomon, 1975; Michael, 1982). 이러한 연구들은 형식교육과 비형식교육을 통해서 인적자본 형성에 보다 많은 기여를 한다는 것이다. 그러나 형평성의 관점에서 볼 때, 교육기회의 불평등과 비금전적 만족만큼 소득분배에 있어서의 불평등 사이의 관계를 보다 명백하게 하는 것이 필요할 것이다.

이상에서 제시한 인적자본 투자의 효과에 대한 제 측면을 실증적 연구 및 자료를 토대로 분석 · 제시하였는 바, 경제성장, 소득증대 및 분배, 외부편익 효과에 있어서 교육의 경제적 가치에 대하여 논의를 하고자 한다.

첫째, 경제성장에 대한 기여에서는 학교교육을 더 많이 받은 사람이 학교교육을 덜 받는 사람보다 고위 직종을 가지고 높은 임금을 받으며, 또한 많은 사람이 학교교육을 더 받는다면 그들은 모두 고임금의 더 나은 생산적인 직종을 가지게 되며, 이들에 의해 결과적으로 한 국가의 경제는 확장 · 성장한다는 것이다. 이는 국가, 지역사회, 개인, 그리고 국가 간에 교육 투자의 경제적 효과를 논할 때 교육이 경제성장을 증대시킨다고 한다.

그러나 인적자본 투자의 경제적 효과, 즉 경제성장에 대한 기여에 대한 정당성은 종속이론, 신마르크스이론 등 소위 좌파 진영(left-criticism camps)으로부터 계속 도전을 받아 왔다. 즉, 신마르크스주의자들은 교육이 경제성장에 기여할 수 있다는 것을 부정하지는 않으나, 선진화된 자본주의 사회에서의 교육에 의한 발전은 주로 권력을 가진 자들의 관심에 대하여 봉사하였고 사회체제의 불균형을 예속화시켰다고 주장한다. 따라서 자본주의 사회의 학교들이 대부분 지배계층 혹은 부유한 계층의 가치와 관심을 반영하고 노동계층에게는 불리하게 운영된다고 주장한다.

Bourdieu(1973)는 학교가 지배계급에서 문화적 · 물질적 자본을 제공함으로써 그들로 하여금 사회체제와 그 보상에 보다 전적으로 참여할 수 있도록 하고 있다는 것을 보여주었다. 이와 같은 비판에 의하면 숙련된 인력을 생산해내고 경제성장에 대해 교육이 공헌한다는 데 관하여는 의심할 바가 없으나, 교육이 결과적으로 발전된 자본주의 사회의 계속적인 개발과 덜 개발된 사회에서 저개발의 형태를 발전시키기 위하여 필수적인 사회적 · 정치적 평등에 공헌하는지가 의문점으로 제기된다는 것이다(윤정일 외 역, 1993: 82~83).

이러한 비판에도 불구하고 우리나라의 경제성장에 있어서 교육의 기여도는 긍정적으로 나타났다. 즉, 앞에서 제시한 바와 같이 선행연구를 분석한 결과, 배종근(1969)은 Denison 모형을 적용하여 최초로 교육의 경제성장에 대한 기여도를 측정한 것으로 1957~1960년 사이의 교육 기여도를 측정한 결과 12.6%가 경제성장에 공헌하였음을 밝혔으며, 이영기(1971)는 Schultz 모형을 적용하여 1962~1968년까지의 교육투자의 경제성장에 대한 기여도를 14.75%로 분석하였다. 김영봉 등(1980)은 Denison 모형을 적용하여 1960~1974년까지의 15년간 교육의 경제성장에 대한 기여도를 7.8%로, 그리고 김광석(1983)도 Denison 모형을 적용하여 1963~1981년까지 전 기간 중 경제성장에 대한 교육의 기여도를 0.42%로 밝혔다. 박래영(1983)은 투입-산출 분석방법을 적용하여 1953~1981년까지 교육의 경제성장에 대한 기여도를 1.7%로 밝혔으며, 이상기(1989)는 Schultz 모형을 적용하여 1975~1987년까지 교육이 경제성장에 미치는 기여도를 13.54%로 분석하였다.

이상에서 기술한 바와 같이, 우리나라의 경제성장에 있어서 교육의 기여도를 선행연구에서 분석한 결과, 실증적인 연구 결과에서도 밝혀졌듯이 교육이 경제성장에 긍정적인 기여를 한 것으로 볼 수 있을 것이다.

둘째, 소득 증대 및 분배에의 기여에서 교육에 대한 투자는 개인적 또는 사회적으로 미래 수익의 증대, 즉 개인적 소득 증대와 사회적 부를 토대로 하고 있다. 이는 개인적으로 현재 자신들이 처한 경제적 지위를 개선하기 위한 수단으로 교육 투자를 하며, 사회적으로는 개인의 부의 증대가 결국 사회의 부를 증대시킬 뿐만 아니라 간접적인 외부효과까지 산출한다는 논리에서 개인의 교육 수요를 충족시켜 주는 차원 이상으로 교육에 대한 투자를 증대시키고자 한다는 것이다.

Schultz, Becker 등을 포함한 인적자본론자들은 교육을 많이 받은 근로자는 생산성이 높아지며, 임금은 생산성에 따라 책정되므로 학력이 높은 사람은 생산성이 높아 임금을 많이 받는다는 것이다. 이러한 인적자본론자들은 교육과 임금과의 관계에 대한 몇 가지 전제를 도출하고 있다, 즉, 특정의 일자리는 그와 관련된 특정종류의 지식과 기술을 갖춘 자만을 요구하며, 능력을 갖추고 주어진 직업의 역할수행에 필요한 훈련을 받은 사람으로 충원된다는 것이다. 이에 학교교육은 필요한 직업기술을 가르치며, 고학력의 사람은 생산성이 높아서 임금을 더 많이 받는다는 것이다. 결국 동일한 학교교육의 연한이나 성취는 모든 사람들의 임금수준을 똑같은 정도로 보장해 주며, 근로자의 개별적 특징은 문제가 되지 않는다는 것이다.

그러나 이중노동시장 이론가들은 학교교육이 모든 사람들에게 같은 정도의 임금상승 효과를 미치지 않는다는 것이다. 즉, 이중노동시장 이론가들은 노동시장이 동질적이고 경쟁적이라는 인적자본론자들의 가정을 거부하고 노동시장은 분단되어 있고 차별은 존재하며, 임금결정 매커니즘이 동일하지 않은 시장이 존재한다는 것이다. 이와 같이, 노동시장이 분단되어 임금결정 과정이 시장마다 달라지게 되면 분단된 노동시장별로 학력이 직업적 성취를 결정하는 데 달리 영향을 미친다는 것이다(Doeringer & Piore, 1975). 이에 학교교육은 사회선발이나 사회이동의 완벽한 도구가 되지 못한다는 것이다.

이중노동시장 이론가들은 학교교육이 불완전한 기회균등의 도구이지만, 재생산론자들처럼 학교교육이 기존의 계층적 위계를 그대로 재생산해낸다는 것은 아니다. 이중노동시장 이론가들은 성, 계급, 지역, 인종과 같은 집단별 특성이나 노동시장에서의 위치에 따라, 학교교육이 직업배치나 임금상승에 미치는 영향력이 달라지기는 하지만, 인적 배경이나 노동시장에서의 위치가 같은 하위집단 안에서는 영향력이 동일하다고 보았다. 즉, 학교교육은 여전히 가난한 사람들이 계층상승을 시도할 때 아직은 불완전한 도구로서 기능을 한다는 것이다.

그러나 이러한 비판에도 불구하고 개인 및 사회 소득의 증대에 대한 교육투자의 효과는 개인적 및 사회적 수익률 측정방법에 의해 밝혀졌으며, 대체적으로 긍정적인 것으로 나타났다.

앞에서 분석·기술한 바와 같이 우리나라의 교육수준별 투자 수익률 연구는 주로 남자의 사회적 교육투자 수익률을 분석하였는데, 이는 우리나라 여성의 노동참가율이 낮았기 때문이라 볼 수 있다. 즉, 김광석(1967)의 연구에서 중학교 12.0%, 고등학교 9.0%, 대학교 5.0%로 교육투자 수익률이 밝혀졌으며, 정창영(1971)의 연구에서 교육투자 수익률이 중학교 8.2%, 고등학교 14.6%, 대학교 9.3%로 나타났다. 배종근(1977)의 연구에서 중학교 2.8%, 고등학교 9.9%, 대학교 13.8%로 교육투자 수익률이 밝혀졌으며, 박세일(1980)의 연구에서 교육투자 수익률이 중학교 2.9%, 고등학교 8.1%, 대학교 11.7%로 나타났다. 그리고 한국교육개발원(1985)의 연구에서 중학교 11.2%, 고등학교 7.6%, 대학교 14.5%로 교육투자 수익률을 밝혔으며, 1994년의 연구결과 고등학교 7.3%, 대학교 7.2%로 나타났다.

이러한 교육투자 수익률 분석결과는 점차적으로 중등교육의 교육투자 수익률보다는 고등교육의 교육투자 수익률이 상대적으로 보다 더 높게 나타났다. 즉, 보다 높은 교육수준의 근로자가 그보다 낮은 교육수준의 근로자보다 많은 임금을 받는 것은 그만큼 높은 생산성을 올리기 때문이라는 인적자본론의 입장에 기저를 두기 때문이다. 이러한 실증적 연구결과는 초점집단과의 면담에서도 지지 받고 있는 것으로 나타났다.

인적자본 투자의 효용성과 정당성은 결국 교육이 생산성 향상과 소득증대를 가져온다는 가정이 증명됨으로써 지지를 받을 수 있다. 그리고 교육이 사회정의 실현을 위한 소득의 재분배 효과를 가져올 수 있다는 것도 교육이 소득 증대에 기여한다는 전제 하에, 특히 교육기회의 배분이 공평하게 이루어질 수 있을 때 가능해진다. 만약 이 두 가정이 실증적으로 입증되지 못한다면 공교육 투자의 정당성은 약화될 수 있을 것이다. 또한 소득 불평등에 대한 연구와 논의는 있지만, 우리나라 선행 연구결과 및 실증적 연구결과에서 살펴보았듯이 인적자본의 투자 효과가 국민들의 소득증대 및 분배에 상당히 긍정적으로 기능하고 있음을 뒷받침한다고 할 수 있다.

셋째, 외부편익 효과에서는 교육으로 인하여 발생하는 수익이 이웃, 고용주, 동료 및 일반 사회의 복지를 향상시킨다는 것에 초점을 두어 교육을 직접 받은 사람은 물론 교육을 받지 않은 다른 사람에게도 교육에 대한 외부편익이 있다는 것을 제시하였다. 그러나 교육에 대한 외부편익은 양화하기 어려우나, 그럼에도 불구하고 국내외의 연구자들에 의해 밝혀진 연구결과는 특히 비노동시장에서의 사적 편익으로서 건전한 여가생활, 자신과 가족건강, 건전한 소비생활, 자녀교육 등과 사회적 편익으로서 범죄의 감소, 사회응집력 강화 등으로 외부편익을 제시하였다.

이상에서 기술한 바와 같이, 외부편익 효과에 대한 국내외 연구결과들은 인적자본의 투자 효과가 비노동시장에서 개인적 및 사회적 편익에 상당히 긍정적인 영향을 끼친다는 것이다. 그러나 교육에 대한 이러한 외부편익은 정확하게 수량화하기 어려우며, 좀처럼 교육 회수로 측정되지 못하는 한계를 가지고 있어 외부편익 효과연구에 많은 제약을 가지고 있다고 볼 수 있다.

이와 같은 인적자본 투자의 경제적 효과, 즉 경제성장에 대한 기여, 소득증대 및 분배에의 기여, 외부편익 효과에 대한 정당성은 제5장에서 기술한 바와 같이 Carnoy, Bowles, Gintis, Apple 등의 비판론자들에 의해 계속 도전을 받아 왔다. 이들에 의하면, 교육이 오히려 경제발전을 저해할 수도 있음을 논의하고 있다. 그러나 이들의 주요 관심사는 교육이 어떻게 정치 · 경제 · 사회 · 문화 · 과학기술 발전에 기여하느냐에 있다기보다는 오히려 교육이 누구의 관심 또는 이익을 옹호 · 반영하고 정당화하는가에 초점을 두고 있다.

또한 인적자본 투자의 경제적 효과에 대한 효율성과 정당성을 비판하고 있는 주장들을 종합할 때, 비판론자들 역시 교육에 의한 경제적 가치를 부정한다기보다는 자본주의 사회의 모순 속에서 교육이 어떻게 불평등과 종속을 야기하고 있는가를 설명하고 있다고 볼 수 있다. 즉, 신마르크스주의자들이나 비판론자들을 포함한 교육의 경제적 가치를 부정적인 관점에서 설명하는 것은 교육에 대한 전면적인 부정에 기초를 두고 있다기보다는 오히려 서구 자본주의의 사회발전 모델에서 나타나는 계층의 불평등 재생산에 교육이 큰 영향을 미치고 있음을 주지시키고 있다고 볼 수 있다.

따라서 인적자본 투자에 대한 경제적 효과, 즉 경제성장에 대한 기여, 소득 증대 및 분배에의 기여, 외부편익 효과에 대한 논의는 제 사회과학 이론과 선행연구 결과 및 실증적인 연구결과에 따라 달리 해석·적용되어 왔지만 본질적으로 개인 및 사회 발전을 위한 인적자본 투자의 중요성은 항상 강조되어 왔다고 볼 수 있다. 즉, 인적자본론은 인적자본에 대한 투자 효과나 교육 투자의 경제적 효과를 분석·논의하는데 많은 비판이 있음에도 불구하고 사회발전을 위한 강력한 엔진으로서 작용하고 있음을 알 수 있다.

또한 인적자본 투자의 경제적 효과, 즉 경제성장, 소득증대 및 분배, 외부편익 효과에 대해 직접 인적자본 형성의 대상자인 관련 집단들(4년제 및 2년제 대학생)과 초점집단(초·중등 교사, 교육전문직, 기업체의 임직원, 대학교수)들이 어떻게 인지하고 있는가를 설문지 조사 및 초점집단 면접법을 통해 살펴보았다. 인적자본 투자의 경제적 효과에 대한 각 집단별 응답결과를 토대로 몇 가지 논의를 하면 다음과 같다.

첫째, 인적자본 투자의 경제성장 기여 인지에 대해 대학생 집단들은 고등교육 기관별(2년제 대학, 4년제 대학), 전공 계열별(인문·사회계열, 자연·이공계열), 그리고 성별(남학생, 여학생) 간에 통계적으로 유의한 차이가 있는 것으로 밝혀졌다. 이러한 대학생집단 변인 간의 차이는 앞서 기술한 바와 같이 고등교육 기관의 목적 및 학생들의 특성, 전공계열 특성(기능, 기술, 직업적인 특성을 보다 강조하는 이공계열), 그리고 성별 간의 차이(가정과 사회에서의 성역할에 인식차이) 등에 기인한다고 볼 수 있다. 그러나 이러한 집단 간에 발생하는 인식의 차이가 있지만 전체적으로 인적자본 투자가 경제성장에 대체로 기여한다고(평균 20점 만점에 14점 정도) 응답하는 것으로 나타나 이를 지지하고 있음을 알 수 있다.

또한 초점집단별(초 · 중등 교사, 교육전문직, 기업체의 임직원, 대학교수) 인적자본 투자가 경제성장에 기여하는가에 대해서는 대체적으로 교육의 경제성장에 대한 기여를 긍정적으로 보고 있으나, 전문가 집단사이에서 다소 관점의 차이가 있는 것으로 밝혀졌다. 즉, 대학교수와 기업체 임직원은 인적자본 투자로 인해 우리나라가 괄목할 만한 경제성장을 이룩하였다고 인지하고 있는 반면에 초 · 중등 교사와 교육전문직은 과잉교육으로 인한 경제 및 국가발전에 역기능을 초래한다는 다소 부정적인 견해를 나타내고 있었음을 볼 수 있다.

이와 같이 인적자본 투자의 경제성장 기여에 대한 관련집단들의 인지는 대체적으로 지지하고 있음을 알 수 있다. 인적자본 투자의 경제성장 효과는 제7장의 선행연구에서 실증적인 자료분석을 통해 밝혀진 바와 마찬가지로 한 국가의 시기별에 따라 다소 차이는 있었지만, 경제성장 기여는 상당히 높은 것으로 나타났다. 따라서 인적자본 투자의 경제성장에의 기여에 대한 실증적인 자료분석 및 변화추이나 관련집단 및 초점집단들은 대체로 지지하는 것으로 판단할 수 있다. 다만, 초점집단에서 초 · 중등 교사 및 교육전문직들은 교육을 통한 기술 · 기능 획득이 산업체의 생산성을 증가시키고, 궁극적으로 경제성장을 가져온다고 인지하지만 보다 많은 학교교육, 즉 고학력 그 자체가 직접적으로 경제성장에 기여한다고는 보지 않았다.

따라서 학교교육에서 실질적인 산업현장이나 사회에서 필요한 보다 유용성이 높은 교육과정의 편성 및 운영, 그리고 현장 적응력이 높은 교사 양성 등이 요구된다고 할 수 있다. 아울러 기업체에서도 다소 개선되고 있지만 학력수준이나 외형적인 학교 졸업장보다는 개인이 지닌 실력, 자격, 능력을 고려한 고용관이 정립되어야 할 것이다.

둘째, 인적자본 투자의 소득증대 및 분배에의 기여에 대하여 대학생 집단들은 고등교육기관별(2년제 대학, 4년제 대학), 전공 계열별(인문 · 사회계열, 자연 · 이공계열), 그리고 성별(남학생, 여학생)에 따라 소득증대 및 분배에 대한 효과에 있어서 통계적으로 차이가 없는 것으로 밝혀졌다. 이는 대학생들이 인적자본 투자의 소득증대 및 분배 효과에 대해서 긍정적으로 인지하는 것으로서 개인적 및 사회적 부를 증대시킬 뿐만 아니라 분배에 기여한다고 보고 있다. 이러한 대학생 집단간에 인적자본 투자가 소득증대 및 분배에 대체로 기여한다고(평균 15점 만점에 11점 정도) 응답함으로써 이를 지지하고 있음을 알 수 있다.

또한 초점집단별(초 · 중등 교사, 교육전문직, 기업체의 임직원, 대학교수) 인적자본 투자가 소득증대 및 분배에 기여하는가에 대해서는 대체적으로 소득증대에 대해서는 전문가 집단들 간에 이견없이 긍정적으로 기여한다고 제시하고 있다. 그러나 소득분배에 대한 기여에 대해서 대학교수들은 인적자본 투자로 인해 분배에도 긍정적으로 작용한다는 의견을 피력한 반면에 기업체의 임직원, 초 · 중등 교사, 교육전문직 집단들은 소득분배의 정의가 실현되기 위해서 먼저 투명한 경제 · 경영구조가 뒷받침되어야 한다는 의견을 제시하여 다소 회의적인 견해를 제시하고 있음을 볼 수 있다.

이상에서와 같이 인적자본 투자의 소득증대 및 분배에의 기여에 대한 관련집단들의 인지는 대체적으로 지지하고 있음을 알 수 있다. 인적자본 투자의 소득증대 및 분배 효과는 제8장의 선행연구에서 실증적인 자료분석을 통해 밝혀진 바와 마찬가지로 선진국, 개발도상국, 후진국의 국가별에 따라 다소 차이는 있었지만, 소득증대 및 분배에의 기여는 상당히 높은 것으로 나타났다. 따라서 인적자본 투자의 소득증대 및 분배에의 기여에 대한 실증적인 자료분석 및 변화추이나 관련집단 및 초점집단들은 대체로 지지하는 것으로 판단할 수 있다.

그러나 관련집단(대학생)과 대학교수를 제외한 초점집단에서는 소득분배에 대해 다소 부정적인 견해를 제시하여 소득 불평등의 논의는 있지만, 우리나라의 소득분배 변화추이 선행연구에서 밝혀진 실증적인 연구결과에서 나타났듯이 우리나라의 소득분배구조는 1980년대 말을 기준으로 할 때 헝가리, 일본, 스웨덴에 비해 나쁘지만, 선진국인 미국과 영국, 다른 개발도상국인 홍콩, 멕시코, 말레이시아, 필리핀 등의 선진국과 개발도상국가를 막론하고 다른 나라에 비해 평등한 구조를 가지고 있는 것으로 밝혀져서 비교적 양호한 소득분배 상태에 놓여 있음을 알 수 있다.

따라서 소득증대 및 분배에의 기여에 교육이 보다 평등화 기제로서 작용하기 위해서는 학생의 적성과 소질을 고려한 진로지도, 기능인·기술인이 우대받는 사회풍토 조성, 자격 및 능력 있는 자가 사회에서 자긍심을 갖고 일할 수 있는 기반을 조성하여야 할 것이다. 또한 4년제 대학과 2년제 대학 간에 동일한 유형으로 발전되는 획일적인 경향을 지양하고, 각기 비교 우위 분야를 중점 육성하여, 특색있는 교풍과 학문 성향을 조성하도록 대학 상호 간에 기능과 역할 분담은 물론 대학별 중점 육성 분야를 개발하는 등 그 유형에 있어서 차별화 · 특성화 · 다양화를 도모해야 할 것이다.

셋째, 인적자본 투자의 외부편익 효과에 대해 대학생 집단들은 고등교육기관별(2년제 대학, 4년제 대학), 전공 계열별(인문 · 사회계열, 자연 · 이공계열)에서는 통계적으로 차이가 없었으나, 성별(남학생, 여학생)에 따라서는 통계적으로 유의한 차이가 있는 것으로 밝혀졌다.

즉, 고등교육 기관별과 전공 계열별에서 인지도의 차이가 없이 나타난 것은 외부편익 효과에 대해서 대학생 집단 간에 긍정적으로 보고 있으나, 성별에 따라 인지도에 차이가 있는 것은 경제성장 기여에서 인지도 차이를 보인 바와 같이 가정 및 사회에서 성역할의 차이를 두고 있음을 볼 수 있다. 그러나 이러한 집단 간에 발생하는 인식의 차이가 있지만 전체적으로 인적자본 투자가 외부편익 효과에 다소 기여한다고(평균 15점 만점에 9점 정도) 응답하는 것으로 나타나 이를 부정적인 것으로 보고 있지 않았다.

또한 초점집단별(초 · 중등 교사, 교육전문직, 기업체의 임직원, 대학교수)로 인적자본 투자가 외부편익에 기여하는가에 대해서는 전문가 집단들간에 대체적으로 인적자본 투자의 외부편익 효과에 대한 기여를 긍정적으로 보고 있는 것으로 응답하였다. 즉, 사회간접 자본에 대한 효과, 합리적인 경제생활의 촉진, 미래의 자율적인 투자, 삶의 질 향상에 따른 문화발전이나 복지시설의 확충 등에 기여한다고 보고 있어 외부편익 효과를 지지한다고 볼 수 있다.

이와 같이 인적자본 투자의 외부편익 효과에 대한 관련집단들의 인지는 대체적으로 지지하고 있음을 알 수 있다. 인적자본 투자의 외부편익 효과는 제9장의 선행연구에서 실증적인 자료분석을 통해 밝혀진 바와 마찬가지로 상당히 높은 것으로 나타났다. 따라서 인적자본 투자의 외부편익 효과에 대한 선행연구 자료분석이나 관련집단 및 초점집단들은 대체로 지지하는 것으로 판단할 수 있다.

따라서 관련집단(대학생) 및 초점집단별(초 · 중등 교사, 교육전문직, 기업체의 임직원, 대학교수) 인적자본 투자의 외부편익 효과에 대해 인지도에 있어 긍정적인 견해를 지니고 있는 것으로 나타나, 이는 진로관, 근로관, 근무환경 등에서의 긍정적인 효과뿐만 아니라 비노동시장에서 건전한 여가생활, 건강, 합리적인 소비행위, 범죄 감소, 사회응집력 강화 등 개인적 및 사회적 편익에 대해 많은 관심을 나타낸다고 해석할 수 있다. 그러므로 학교, 기업, 지역사회 및 정부차원에서 개인의 다양한 지적, 정의적, 심리적, 가정적 차이를 감안하여 학교 구성원 및 사회구성원의 적성, 능력, 특성 등을 고려하여 이를 신장 · 발전시킬 수 있는 기회와 여건 조성에 보다 주력하여야 할 것이다.

제2절 인적자본 투자의 발전과제

본 절에서는 인적자본 투자의 경제적 효과에 관한 국내외의 실증적 연구 · 분석과 관련집단 및 초점집단을 대상으로 인지도 조사결과를 토대로 얻은 연구결과를 기저로 하여 결론을 제시하면 다음과 같다.

첫째, 인적자본 투자가 경제성장에 기여하는 측면에서는 학교교육을 더 많이 받은 사람이 학교교육을 덜 받는 사람보다 고위 직종을 가지고 높은 임금을 받으며, 또한 많은 사람이 학교교육을 더 받는다면 그들은 모두 고임금의 더 나은 생산적인 직종을 가지게 되며, 이들에 의해 결과적으로 한 국가의 경제는 확장 · 성장한다는 것이다. 이는 국가, 지역사회, 개인, 그리고 국가 간에 교육 투자의 경제적 효과를 논할 때 교육이 경제성장을 증대시킨다고 한다. 경제성장에 있어서 인적자본 투자의 기여도를 국내외 선행연구를 추이 분석한 결과, 미국을 비롯한 선진국과 우리나라가 속한 개발도상국가들은 상당히 긍정적인 기여를 한 것으로 밝혀졌다.

연구에서 실시한 인지도 분석결과에서 먼저, 관련집단인 대학생의 인적자본 투자의 경제성장 기여 인지도에 있어 고등교육 기관별, 전공계열별, 그리고 성별에 따라 차이가 있는 것으로 나타났다. 이는 인적자본 형성의 대상자이며 미래 경제성장에 기여할 인력으로서 4년제 대학과 2년제 대학의 목적, 이념, 교육과정 운영 등과 전공계열, 성별에 따라 향후 직업에 종사할 분야의 차이 등으로 기인한다고 유추 · 해석할 수 있다. 그러나 전체적으로 대학생 관련집단들은 인적자본 투자가 경제성장에 영향을 주는 것에 대해 적극 지지하는 것으로 나타났다.

아울러 초점집단별 경제성장에 대한 교육의 기여도를 면담 실시한 결과를 종합해 보면, 대체적으로 교육의 경제성장에 대한 기여를 긍정적으로 보고 있다. 이와 같이 경제성장에 대한 교육의 기여도에 긍정적인 결과들은 우리나라와 같이 부존자원이 부족한 국가에서는 국가 차원에서 국가경쟁력을 제고하기 위해 지속적인 교육투자의 결과이며, 아울러 개인적으로 경제적인 부뿐만 아니라 사회 · 심리적인 만족도 함께 작용한 것으로 볼 수 있다.

따라서 우리나라의 경제성장에 있어서 교육의 기여도를 선행연구에서 밝혀진 실증적인 연구결과와 자료, 그리고 관련집단 및 초점집단의 인지도 분석 결과에서도 밝혀졌듯이 교육의 경제성장에 긍정적인 기여를 한 것으로 볼 수 있을 것이다.

둘째, 소득증대 및 분배에의 기여에서 인적자본에 대한 투자는 개인적 또는 사회적으로 미래 수익의 증대, 즉 개인적 소득 증대와 사회적 부를 가져온다는 것에 기초하고 있다. 이는 개인적으로 현재 자신들이 처한 경제적 지위를 개선하기 위한 수단으로 교육투자를 하며, 사회적으로는 개인의 부의 증대가 결국 사회의 부를 증대시킬 뿐만 아니라 간접적인 외부효과까지 산출한다는 논리에서 개인의 교육 수요를 충족시켜 주는 차원 이상으로 교육에 대한 투자를 증대시키고자 한다는 것이다.

특히, 소득분배의 기여에 있어서 교육 투자의 기여도를 국내외 선행연구로 추이 분석한 결과, 우리나라는 1980년대 말을 기준으로 할 때 헝가리, 일본, 스웨덴에 비해서는 나쁘지만, 선진국인 미국과 영국, 다른 개발도상국인 홍콩, 멕시코, 말레이시아, 필리핀 등의 국가에 비해서 양호한 소득분배 상태에 놓여 있는 것으로 나타났다. 연구에서 실시한 인지도 분석결과에서 관련집단인 대학생의 소득증대 및 분배에의 기여 인지도에 있어 고등교육 기관별, 전공계열별, 그리고 성별에 따라 차이가 없이 긍정적인 반응을 보인 것으로 나타났다. 이는 인적자본에 대한 투자가 생산성 향상과 개인과 사회의 소득증대 및 분배에 기여한다는 것을 신뢰하기 때문이라고 볼 수 있다.

또한 초점집단별 소득증대 및 분배에 대한 인적자본 투자의 기여도를 면담 실시한 결과에서 종합해 보면, 대체적으로 교육의 소득증대에 대한 기여를 긍정적으로 보고 있으나 소득분배에의 기여에 대해서는 대학교수를 제외한 초 · 중등 교사, 교육전문직, 기업체의 임직원들은 다소 회의적인 반응을 보이고 있다.

이러한 소득 불평등에 대한 연구와 논의는 있지만, 제6장에서 분석 · 제시한 우리나라의 소득분배 변화추이 선행연구에서 밝혀진 실증적인 연구결과에서 살펴보았듯이 우리나라의 소득분배 구조는 선진국과 개발도상국을 막론하고 다른 나라에 비해 평등한 구조를 가지고 있는 것으로 밝혀졌다. 그러나 선행연구에서 밝혀진 실증적인 연구결과와 달리 관련집단 및 초점집단들은 인적자본 투자가 사회구성원의 소득분배에 미치는 영향에 대해 실제 체감하는 것은 다소 부정적임을 알 수 있다. 이는 사회구성원의 공평한 소득분배를 위하여 정부가 보다 합리적이고 적극적인 경제정책이 필요함을 보여준다고 할 수 있다.

셋째, 외부편익 효과에서는 교육으로 인하여 발생하는 수익이 이웃, 고용주, 동료 및 일반 사회의 복지를 향상시킨다는 것에 초점을 두어 교육을 직접 받은 사람은 물론 교육을 받지 않은 다른 사람에게도 인적자본에 대한 투자가 지니는 외부 편익이 있다는 것을 제시하였다.

연구에서 실시한 인지도 분석결과에서 관련집단인 대학생의 외부편익에 대한 인적자본 투자의 효과의 인지도에 있어 고등교육 기관별,

전공계열별로 차이가 없이 나타났으나, 성별에 따라서는 차이가 있는 것으로 밝혀졌다. 이는 남학생과 여학생 간에 고등교육의 목적과 역할에 차이를 두고 있기 때문이라고 할 수 있다.

한편, 초점집단별 외부편익 효과에 대한 인적자본 투자의 기여도를 면담 실시한 결과를 종합해 보면, 대체적으로 교육의 외부편익 효과에 대한 기여를 긍정적으로 보고 있으며, 외부편익 효과가 광범위할수록 복지국가 건설에 이바지한다는 견해를 제시하고 있다.

그러나 인적자본 투자에 대한 이러한 외부편익은 양화하기 어려우며, 교육 회수로 측정되지 못하는 한계를 가지고 있음에도 불구하고 외부편익 효과에 대한 선행연구에서 밝혀진 실증적인 연구결과와 자료, 그리고 관련집단 및 초점집단의 인지도 분석 결과에서는 대체적으로 긍정적으로 평가하고 있다. 이는 인적자본의 투자 효과가 비노동시장에서 개인적 및 사회적 편익, 예를 들어 교양증진, 건전한 사회 유대관계, 합리적인 가치관 등에 상당히 긍정적인 영향을 끼친다고 볼 수 있다.

이상에서 인적자본 투자의 경제적 가치 및 효과를 국내외 실증적인 선행연구와 본 연구에서 실시한 인적자본 형성, 개발 및 활용에 직접 관련하는 관련집단 및 초점집단을 대상으로 인지도 조사를 분석한 결과 다소 회의적인 시각은 인적자본의 형성 과정에서 학교교육이 지니고 있는 문제를 지적한 것으로 보이며, 지나친 입시 위주의 교육으로 인하여 창의적이고 생산적인 인적자본 형성의 실패, 지나친 고학력 위주의 사회풍토 등에 대한 비판이라고 볼 수 있다. 그러나 최근의 제7차 개정교육과정 및 2009 개정 교육과정이나 대학입시제도의 변화는 기업체나 사회에서 요구하는 창의적인 인간양성을 가능하게 할 것인바, 향후 이들 집단들의 인식은 달라질 것이라고 기대할 수 있다. 따라서 질 높은 인적자본의 형성과 더불어 합리적인 배분, 활용 및 관리는 인적자본론을 신봉하는 자들의 주장처럼 인적자본에 대한 투자는 국가 · 사회발전의 원동력이 되며, 이에 대한 투자 확충과 더불어 합리적인 투자 우선순위 결정이 수반되어야 할 것이다.

인적자본 투자의 경제적 효과 분석은 우리나라와 같이 부존자원이 빈곤한 국가에서 인적자본론이 주장하는 기본가정, 내용 및 전략 등에 대한 새로운 인식을 갖게 하고, 인적자본에 대한 투자의 중요성을 부각시킬 수 있을 것이다. 특히, 국가 전체의 효율적인 인적자원의 관리를 위한 교육의 확대 · 개편은 그만큼 국가 인적자원의 개발 및 양성의 중요성과 관리의 시급성을 반영한 조치라고 볼 수 있다.

이상에서 수행한 연구결과를 토대로 이 분야에 대한 정책방안과 향후 후속연구를 위한 제안을 하면 다음과 같다.

첫째, 개인뿐만 아니라 국가사회도 평생 동안 계속해서 새로운 지식을 학습하고 이를 토대로 새로운 지식 및 부가 가치를 창출할 수 있는 구체적인 인적자본개발전략을 모색해야 할 것이다. 지식정보사회에서 지식, 기술 등의 인적자본이 국가 · 사회발전의 원동력이 되며, 아울러 개인의 삶의 질을 결정하는 중요한 요인이 됨으로써 인적자본 개발이 더욱 중요시되고 있다. 따라서 효율적인 인적자원개발을 위하여 범부처적으로 정책방안과 세부 추진전략을 영역별, 과제별로 탐색 · 제시하여야 할 것이다.

둘째, 인적자본에 대한 투자 비용과 고용노동부, 경제부처 관련 임금, 소득 관련 통계자료를 토대로 시기별에 따라 본 연구에서 조사했던 학교급별, 전공별, 성별에 따른 그 효과를 실증적으로 분석할 필요가 있을 것이다. 이러한 분석결과는 지식기반사회에서 인적자본에 대한 투자의 방향과 전략을 모색하는 데 기여하게 될 것이다.

셋째, 우리나라의 경제적 상황이 다른 시점에서 인적자본이나 교육투자의 경제적 효과와 가치에 대한 동일한 내용으로 얻어진 결과를 조사하였는 바, 향후에는 인적자본의 개발단계에 있는 대학생 집단과 활용단계에 있는 기업체 직원을 대상으로 비교 · 분석함으로써 인적자본 투자의 경제적 효과에 대하여 보다 유용한 정보와 결과를 수집할 수 있을 것이다.

끝으로, 인적자본 투자가 지니는 경제적 가치를 본 연구에서 실시한 선행연구 추이분석과 인지도 분석결과를 토대로 향후 정부, 기업, 그리고 학교에서 요구되는 인적자본개발을 위한 기본방향이나 전략을 구체적으로 모색해야 할 것이다.

참고문헌

강무섭 · 정일환 · 박영숙(1983). 작업교육의 비용-효과/수익분석, 연구보고 RR 83-25, 서울: 한국교육개발원.

강무섭(2000). "인적자원 개발을 위한 비전과 방향", 교육개발, 가을호, 서울: 한국교육개발원, pp. 16~25.

고용노동부(2011). 고용형태별 근로실태 조사보고서(상용5인이상부분).

고용노동부(2012). 2012 고용형태별 근로실태 조사보고서.

공은배 · 강태중 · 한유경(1985). 교육투자 규모와 수익률, 연구보고 RR 85-26, 서울: 한국교육개발원.

공은배 · 천세영(1989). 한국 교육투자정책의 진단, 연구보고 RR 89-18, 서울: 한국교육개발원.

공은배 · 백성준(1994). 한국 교육투자의 실태와 수익률 분석에 관한 연구, 연구보고 RR 94-17, 서울: 한국교육개발원.

공은배(1998). "교육과 소득분배", 교육학대백과사전, 서울: 하우동설, pp. 440~449.

곽영우(1983). "인적자본 이론에 관한 이론(1): T. W. Schultz 이전의 제이론을 중심으로", 교육행정학연구, 제1권, 제2호, 서울: 한국교육행정학회, pp. 19~38.

곽영우(1997). "교육의 경제발전에 대한 기여 함수관계", 교육재정 · 경제연구, 제6권, 제1호, 서울: 한국교육재정 · 경제학회, pp. 1~28.

곽영우(1998). "한국에 있어서의 경제성장과 교육발전과의 관계에 관한 연구: 발전지표 분석연구를 중심으로", 교육재정 · 경제연구, 제7권, 제2호, 서울: 한국교육재정 · 경제학회, pp. 271~300.

교육부(2013). 2013 OECD 교육지표 조사결과 발표 보도자료(2013.6.25.). 서울: 교육부.

교육과학기술부(2012). 2012년 OECD 교육지표 조사결과 발표. 보도자료

(2012.9.11.). 서울: 교육과학기술부.

교육인적자원부(1998). 교육 50년사.

교육부 · 한국교육개발원(1998~2012). 교육통계연보.

국가과학기술위원회 · 한국산업기술진흥협회(2012). 2011년도 기술무역통계 조사보고서.

국가과학기술위원회 · 한국과학기술기획평가원(2012). 2011년도 연구개발활동조사보고서.

국가교육과학기술자문회의(2012). 국가교육과학기술자문회의 백서: MB정부 교육과학기술정책.

기술과 진화의 경제학연구회 옮김(1999). 지식자본주의 혁명, 서울: 21세기북스, Drucker, P. et al(1997). The knowledge economy.

김경근(1995). "인적자본과 교육, 가족의 형성 및 경제성장: 인적자본의 본질과 효과에 대한 소고", 교육재정 · 경제연구, 제4권, 제2호, 서울: 한국교육재정 · 경제학회, pp. 385~414.

김경근(1996). "한국에서의 교육투자 결정; 교육투자의 수익성이 교육현실에 갖는 시사점을 중심으로", 교육재정 · 경제연구, 제5권, 제2호, 서울: 한국교육제정 · 경제학회, pp. 429~481.

김경근(1997). "경제의 교육발전에 대한 기여와 전망", 교육재정 · 경제연구, 제 6권, 제 1호, 서울: 한국교육재정 · 경제학회, pp. 115~148.

김광석(1983). "한국교육의 경제성장 기여율 측정", 교육투자의 경제적 효과, 연구자료 RM 83-7, 서울: 한국개발연구원.

김광조(1995). "고등교육의 기획확대와 학력간 임금격차의 변화; 1980~1990", 교육재정 · 경제연구, 제4권, 제2호, 서울: 한국교육재정 · 경제학회, pp. 313~334.

김명수(1993). "한국 교사교육의 투자 회수율에 관한 비교 관점", 교육행정학연구, 제 11권, 제 2호, 서울: 한국교육행정학회, pp. 127~149.

김명수(1995). "교육산업의 형성배경과 발전과정", 교육재정 · 경제연구, 제4권, 제1호, 서울: 한국교육재정 · 경제학회, pp. 33~58.

김명수(1998). "인적자본론", 교육학대백과사전, 서울: 하우동설, pp. 2153~2158.

김명한 · 박종렬(2001). 교육행정 및 학교경영, 서울: 형설출판사.

김병성(1995). 교육사회학 관련이론, 서울: 양서원.

김선종(1983). "교육투자의 경제사회발전에의 기여", 교육투자의 경제적 효과, 연구자료 RM 83-7, 서울: 한국교육개발원, pp. 1~15.

김성태(1993). "Steven E. Rhoades의 경제학적 정책분석", 오석홍 편, 정책학의 주요이론, 서울: 경세원, pp. 368~384.

김수영 · 오영석(1995). 발전행정론, 서울: 제일법규.

김신복(1995). "교육과 정치 · 경제 · 사회", 교육학연구, 제33권, 제2권, 서울: 한국교육학회, pp. 79~95.

김신일(1995). 교육사회학, 서울: 교육과학사.

김영봉 · N. F. McGinn 외(1980). 한국의 교육과 경제발전, 서울: 한국개발연구원.

김영철(1982). "교육투자의 경제적 효과", 한국교육, 제9권, 제1호, 서울: 한국교육개발원, pp. 43~55.

김영철 · 공은배 · 이윤식(1982). 교육투자 규모와 적정 단위 교육비, 연구보고 RR 82-1, 서울: 한국교육개발원.

김영철 · 공은배(1983). 교육의 경제발전에 대한 기여, 연구보고 RR 83-15, 서울: 한국교육개발원.

김영철 · 공은배(1988). 교육경제와 재정, 서울: 교학사.

김영철(1995). "교육시장 개방에 따른 학교외 교육산업의 전망과 대책", 교육재정 · 경제연구, 제4권, 제1호, 서울: 한국교육재정 · 경제학회, pp. 95~110.

김영철(1998). "교육과 경제성장", 교육학대백과사전, 서울: 하우동설, pp. 395~402.

김영화 · 박인종(1990). 한국 경제 및 노동시장구조 변화에 대한 학교교육 체제의 대응 -한국산업화과정을 중심으로-, 연구보고 RR 90-15, 서울: 한국교육개발원.

김영화 · 한유경 · 최돈민 · 양승실 · 조준래(1996). 국가발전에서의 교육의 역할 분석 연구(1); 연구모형의 설정과 해방이후 한국교육의 전개 과정 분석(1945~1995), 연구보고. RR 96-5, 서울: 한국교육개발원.

김영화(1997). “한국의 경제발전과 교육의 역할”, 교육재정 · 경제연구, 제6권, 제1호, 서울: 한국교육재정 · 경제학회, pp. 31~63.

김영화 · 박용헌 · 한승희(1997). 한국의 교육과 국가발전(1945~1995), 연구보고 RR 97-9, 서울: 한국교육개발원.

김윤태(1984). “교육투자와 교육여건의 확대”, 교육학연구, 제22권, 제3호, 서울: 한국교육학회, pp. 113~124.

김재원(1997). 노동경제학, 서울: 박영사.

김정희(1997). 교육투자의 경제적 효과에 관한 연구: 대학생의 인지도 분석, 대구가톨릭대학교 대학원 석사학위 청구논문.

김정희(2002). 인적자본 투자의 경제적 효과와 인지도에 관한 연구, 대구가톨릭대학교 대학원 박사학위 청구논문

김천기(1993). “보울즈와 긴티스의 포스트 마르크스주의로의 전환과 신교육이론: 새로운 패러다임적 전환”, 교육학연구, 제31권, 제5호, 서울: 한국교육학회, pp. 195~220.

김태기(2001). “국가인적자원개발의 비전과 과제”, 교육개발, 9 · 10월호, 서울: 한국교육개발원, pp. 22~27.

김태완(1995). “교육서비스 시장의 개방에 따른 학교 교육산업의 전망과 대책”, 교육재정 · 경제연구, 제4권, 제1호, 서울: 한국교육재정 · 경제학회, pp. 63~83.

김태준(2001). “인적자원으로서의 인간자본과 사회적 자본”, 교육개발, 9 · 10월호, 서울: 한국교육개발원, pp. 53~58.

노동부(1993). 임금구조 기본통계 조사보고서.

녹색성장위원회, 교육과학기술부, 환경부, 행정안전부(2009). 녹색성장교육 활성화 방안. 서울: 녹색성장위원회.

대한민국정부(2013). 이명박정부 국정백서(2008.2-2013.2): 녹색성장과 미래 성장동력 06.

매일경제신문사 편(1998). 부즈 · 앨런 & 해밀턴 한국보고서, 서울 : 매일경제 신문사.

매일경제지식프로젝트팀 편(1999). 지식혁명보고서, 서울: 매일경제신문사.

맥킨지(1998). 맥킨지 보고서, 서울: 매일경제신문사.

미국학연구소 편(1998). 미국사회의 지적 흐름; 정치 · 경제 · 사회 · 문화 · 서울대학교출판부.

박관식(1991). 한 · 일 교육투자 수익률의 비교분석, 경북대학교 대학원 교육사회 및 행정전공 박사학위논문.

박래영(1983). "교육산업의 경제성장에 대한 기여", 교육투자의 경제적 효과, 연구자료 RM 83-7, 서울: 한국교육개발원, pp. 40~59.

박세일(1982). "우리나라 교육투자 수익률 분석", 한국개발연구.

박종렬(1996). "지식정보화사회에서의 교육발전 방향", 교육재정 · 경제연구, 제5권, 제2권, 서울: 한국교육재정 · 경제학회, pp. 313~351.

박홍립(1991). 현대경제원론, 서울: 경세원.

반상진(1997). "교육투자의 미시적 접근에 대한 논의; 학교교육 생산성을 중심으로", 교육재정 · 경제연구, 제6권, 제2호, 서울: 한국교육재정 · 경제학회. pp. 259~291.

배종근(1978). 교육투자의 적정화와 경제적 효과에 관한 연구, 서울: 한국교육개발원.

배종근(1992). "교육경제학: 개념과 배경설명", 한국교육재정 · 경제의 과제, 지암 배종근박사 교육논집.

백일우(1994). "교육경제학의 학문적 성격", 교육재정 · 경제연구, 제3권, 제1호, 서울: 한국교육재정 · 경제학회, pp 53~90.

백일우(1998). "교육경제학", 교육학대백과사전, 서울: 하우동설, pp. 376~385.

백일우(2000). 교육경제학, 서울: 학지사.

사회발전연구소 연구부(1983). 인적자본론, 서울: 사회발전연구소.

서이종(1998). 지식 · 정보사회학; 이론과 실제, 서울대학교출판부.

서정화 · 김지희(2013). 교육개혁 자문기구의 평가와 과제. 이슈페이퍼 제8호 (CP 2013-02-8). 서울: 한국교육개발원

오욱환(1989). "교육사회학에서 사회적 불평등을 의미하는 변인의 선택과 설명체제", 한국교육, 제16권, 제1호, 서울: 한국교육개발원, pp. 81~105.

오욱환(1990). "구조론적 마르크스주의 교육 사회학의 딜레마", 교육학연구, 제28권, 제3호, 서울: 한국교육학회, pp. 123~135.

오욱환(1995). "현대 자본주의 사회에서 국가와 교육: 마르크스주의 국가론에서 교육의 의미", 교육학연구, 제33권, 제5호, 서울: 한국교육학회, pp. 135~161.

오헌석 · 최명원(2011). 글로벌 HRD 경쟁력 인덱스 개발 연구 II: 글로벌 HRD 경쟁력 보고서 요약본. 기본과제 KHR 2011-1. 서울: 한국인적자원연구센터.

OECD(1999). 지식기반사회에 따른 교육체제의 대응방안, 교육정책연구자료.

유광섭(2012). 교육투자가 한국경제성장에 미친 영향에 관한 연구. 경기대학교 일반대학원 경제학과 박사학위논문.

유경준 · 한유경(1997). "교육의 소득분배에 대한 기여와 전망", 교육재정 · 경제연구, 제6권, 제1호, 서울: 한국교육재정 · 경제학회, pp. 75~104.

유승우(1998). 인간자원개발, 서울: 문음사.

유일선(1994). 교육의 경제적 효과에 대한 이론적 분석, 서울대학교 대학원 국제경제학전공 박사학위논문.

유현숙 · 김동석 · 이만희 · 김이경(1999). 지식기반사회에서의 한국교육 정책 방향과 과제, 연구보고 RR 99-10, 서울: 한국교육개발원.

유현숙(2001). "인적자원개발을 위한 학교교육의 기능", 교육개발, 9 · 10월호, 서울: 한국교육개발원, pp. 34~39.

윤정일 · 진동섭(1980). 교육투자 우선순위, 서울: 한국교육개발원.

윤정일 · 강무섭 옮김(1986). 교육과 사회발전, 서울: 대영문화사, Fagerlind,

I., & Saha, L.(1983). Education and national development: A comparative perspective, New York: Pergamon Press.

윤정일(1998). "교육과 노동시장", 교육학대백과사전, 서울: 하우동설, pp. 415~430.

이근식 · 안철원(1997). 경제원론, 서울: 한국방송대학교출판부.

이돈희 · 강인애 · 강태중 · 김태완 · 이무근(1999). 지식기반사회와 교육, 서울: 교육인적자원부.

이만희(2001). "국가교육통계로 본 인적자원의 잠재력, 학교교육", 교육개발, 9 · 10월호, 서울: 한국교육개발원, pp. 47~52.

이상기(1990). "교육의 경제성장에 대한 기여도 측정", 교육행정학연구, 제8권, 제1호, 서울: 한국교육행정학회, pp. 37~47.

이석륜 · 이현재(1999). 경제발전론, 서울: 법문사.

이영기(1971). "경제성장과 교육", 연구총론, 서울대학교 교육학과.

이영탁 · 정기오 · 정봉근(1999). 지식경제를 위한 교육혁명, 서울: 삼성경제연구소.

이은재 옮김(1988). 발전행정, 서울: 대영문화사.

이임우(1995). 소득분배론, 서울: 비봉출판사.

이재규 옮김(1999). 21세기 지식경영, 서울: 한국경제신문사, Drucker, P.(1999). Management challenges for the 21st century, New York: Harper Collins Publishers, Inc.

이종재(1991). "교육의 경제적 기능; 인적자본론과 선별모형", 교육월보, 제10권, 제8호, 서울: 교육인적자원부, pp. 19~27.

이종재 · 이욱범(1995). 교육경제학의 전개, 서울: 교육과학사, 渡邊行郎著(1982). 教育經濟學の 展開, 黎明書房.

이종재 · Adams · 김성열 · 김성기 · 정제영 · 조난심 · 김왕준(2009). 한국교육 60년-성취와 과제. 연구보고 RRO 2009-8-1. 서울: 한국교육과정평가원.

이준구(1992). 소득분배의 이론과 현실, 서울: 다산출판사.

이희수(2000). "싱가포르의 인적자원개발", 교육개발, 가을호, 서울: 한국교육개발원, pp. 40~47.

임천순(1990). "교육투자의 생산성과 경제효과 분석의 이론적 접근-주요 쟁점의 재조명과 해석-", 교육행정학연구, 제8권, 제1호, 서울: 한국교육행정학회, pp. 147~169.

임천순(1995). "교육산업의 개념과 구조", 교육재정 · 경제연구, 제4권, 제1호, 서울: 한국교육재정 · 경제학회, pp. 1~32.

조순 · 정운찬(1995). 경제학원론, 서울: 법문사.

조우현(1998). 노동경제학, 이론과 개혁정책, 서울: 법문사.

주한광(1997). 새경제학원론, 서울: 율곡출판사.

장원섭(2009) 역. 인적자원개발론. 서울: 학지사.

정구현 · 배규한 · 이달곤 · 최영명(1994). 21세기 한국의 사회발전 전략 : 성장 · 복지 · 환경의 조화, 서울: 나남출판.

정규섭 옮김(1990). 정치경제학, 서울: 도서출판 나남, Staniland, M.(1985). What is politicial economy?, New Haven: Yale University Press.

정범모(1996). 미래의 선택, 서울: 나남출판.

정봉도(1993). 교육사회학, 서울: 재동문화사.

정우현 옮김(1995). 학력주의 사회, 서울: 배영사, Collins, R.(1979). The credential society, New York: Academic Press.

정일환(1996). 교육행정학, 이론과 적용, 서울: 중앙적성출판사.

정일환 · 김정희(1997). "교육투자의 경제적 효과에 관한 대학생의 인지도 분석", 교육재정 · 경제연구, 제6권, 제1호, 서울: 한국교육재정 · 경제학회, pp. 203~228.

정일환(2000). 교육과 사회발전, 서울: 중앙적성출판사.

정창영(1998). 경제학원론, 서울: 법문사.

정현주 · 윤상우 옮김(1998). 정보화시대의 지구경제와 국가, 서울: 일신사, Carnoy, M. et al(1993). The new global economy in the information age: Reflections on our changing world, Pennsylvania State

University.

최강식(1997). "교육이 경제성장에 미친 효과분석", 교육재정 · 경제연구, 제6권, 제1호, 서울: 한국교육재정 · 경제학회, pp.229~257.

최돈민(2000). "교육취약계층의 인적자원개발", 교육개발, 가을호, 서울: 한국교육개발원, pp. 34~39.

최돈민(2001). "인적자원개발을 위한 평생학습 체제 구축", 교육개발, 9 · 10월호, 서울: 한국교육개발원, pp. 40~45.

최은수(1997). "인적자본론적 관점에서의 한국의 실업문제와 인적자원개발정책", 교육재정 · 경제연구, 제 6권, 제 2호, 서울: 한국교육재정 · 경제학회, pp. 383~414.

최준렬(1994). "교육투자수익률 분석의 한계", 교육재정 · 경제연구, 제3권, 제2호, 서울: 한국교육재정 · 경제학회, pp. 449~467.

최청일(1995). "교육시장 개방과 교육관련산업", 교육재정 · 경제연구, 제4권, 제1호, 서울: 한국교육재정 · 경제학회, pp. 111~133.

통계청. http://www.index.go.kr/

한국교육개발원(1999). 한국의 교육지표.

한국교육개발원(2012). 교육통계분석자료집. 서울: 한국교육개발원.

한국교육개발원(2012). 교육통계서비스. 서울: 한국교육개발원.

한기찬 옮김(1999). 지식의 지배, 서울: 생각의 나무, Thurow, L.(1999). Building wealth. Hahn, Mee-rha(1984). Review of the literature in school effectiveness and the conceptualization of school as a management system, 교육행정학연구, 제2권, 제1호, 서울: 한국교육행정학회, pp. 101~119.

한승희(2001). "국제기구의 인적자원개발 방향과 권고", 교육개발, 9 · 10월호, 서울: 한국교육개발원, pp. 28~33.

한유경(1992). 국가 기간사업으로서의 교육; 교육투자의 확대 논리 연구, 연구보고 RR 92-30, 서울: 한국교육개발원.

한유경 · 백영실 · 김성은(2000). OECD 국제교육지표개발; 교육과 임금, 수탁

연구 CR 2000-48, 서울: 한국교육개발원.

한준상(2000). "평생교육기관에서의 인적자원 개발전략", 교육개발, 가을호, 서울: 한국교육개발원, pp. 26~33.

Addo, H.(1985). "Beyond Eurocentricity: Transformation and transformational responsibility", in Addo, H. et al.(eds.), *Development as social transformation*, Colorado: Westview Press, pp. 12~27.

An, C. B., Haveman, R. H., & Wolfe, B. L.(1991). Teen our-of-wedlock births and welfare receipt; The role of childhood events and economic circumstances, Institute for research on poverty, Discussion paper, pp. 944~991.

Apple, M. W.(1982). *Cultural and economic reproduction in education; Essays on class, ideology and the state*, New York: Routledge and Kegan Paul.

Ardent, H. W.(1981). "Economic development: A semantic history", *Economic development and cultural change*, vol. 9, pp. 457~466.

Arnau, J. C.(1981). "The cultural dimension of development", *Development: Seeds of change*, vol. 3, no. 4. pp. 3~9.

Axinn, G. H.(1978). "New strategies for rural development", A collection of papers by Axinn, G., Nepal: Rural Life Associate.

Beaulieu, L. J., & Mulkey, D.(1995). "Human capital in rural America; A review of theoretical perspectives", *Investing in people*, Rural studies series, New York: Westview Press, pp. 3~21.

Becker, G.(1964). *Human capital*, New York: Columbia University Press.

Becker, G.(2006). *The age of human capital*, in Lauder, H., Brown, P., Dillabough, Jo-Anne., & Halsey, A.H.(eds.). *Education, globalization and social change*, Oxford: Oxford University Press.

Becker, G. S.(1964). *Human capital: A theoretical and empirical analysis with special reference to education*, New York: National Bureau of Economic Research.

Becker, G. S.(1983). *Human capital: A theoretical and empirical analysis with special reference to education, 2nd ed.*, Chicago: University of Chicago Press.

Bell, D.(1976). *The cultural contradictions of capitalism*, New York: Basic Book.

Ben-Porath, Y.(1967). "The production of human capital and the life cycle of earnings", *Journal of political economy*, vol. 75, pp. 352~365.

Benhabib, J., & Spiegel, M.(1992). "The role of human capital in economic development; Evidence from aggregate cross-country and regional U. S. data", *Economic research reports*, RR 92-46, New York: C. V. Starr Center for Applied Economics.

Benson, C. S.(1988). Economics of education; The U. S. experience, in O' Connell, R. T.(ed.), *Handbook of research on educational administration*, New York: Longman Inc, pp. 355~372.

Berger, et al.,(1973). *The homeless mind: Modernization and consciousness*, New York: Random House.

Berger, M., & Leigh, J. P.(1989). "Schooling, self-selection and health", *Journal of human resources*, vol. 24, no. 3, pp. 433~455.

Berthoud, G.(1992). "Market", in Sachs, W.(ed.) *The development dictionary; A guide to knowledge as power*, London: Zed Books Ltd.

Bhalla, S.(1973). "The education-income connection; An investigative report", Discussion paper no. 40, *Research program in economic development*, Woodrow Wilson School, Princeton University.

Blaug, M.(1970). *An introduction to the economics of education*, New York: Penguin Books.

Blaug, M.(1976). "The empirical status of human capital theory; A slightly jaundiced survey", *Journal of political economy*, vol. 14, no. 3, pp. 827~855.

Blaug, M.(ed.)(1992). *The economic value of education; Studies in the economics of education*, Cambridge University Press.

Bourdieu, P.(1973). "Cultural reproduction and social reproduction", in Brown, R.(ed.), *Knowledge, education and Cultural change*, London: Tavistock.

Bowen, H. R.(1968). *Investment in learning; The individual and social value of American higher education*, San Francisco: Jossey-Bass Publishers.

Bowles, S., & Gintis, H.(1976). *Schooling in capitalist American; Educational reform and the contradictions of economic life*, New York: Basic Books, Inc.

Brant, W.(1980). *North-South: A program for survival*, The report of the independent commission of international development issues under the chairmanship of willy beant, Cambridge: The MIT Press.

Brown, P., & Lauder, H.(ed.)(1992). *Education for economic survival; From fordism to post-fordism?*, London: Routledge.

Burney, S. M. H.(1988). "Community involvement must for rising living standards", *Yoiana*, vol. 32.

Card, D., & Krueger, A.(1993). "Trends in relative Black-White earnings revisited", *American economic review*, vol. 83, no. 2, pp. 85~91.

Carnoy, M.(1974). *Education as cultural imperialism*, New York: David Mickey.

Carnoy, M.(ed.)(1995). *International encyclopedia of economics of education*, 2nd ed., Oxford: Elsevier Science Ltd.

Chiswick, B. R., & Mincer, J.(1972). "Time series changes in personal income inequality in the United States since 1939 with projections to 1985", *Journal of political economy*, vol. 80, pp. 34~66.

Chiswick, B. R.(1974). Income inequality; *Regional analyses within a human capital framework*, New York: National Bureau of Economic Research.

Chung, Il Hwan(1989). Development paradigms; A comparison of American and third world students preferences for development ideas, Unpublished Ph. D. Dissertation, Pennsylvania State University.

Cipollone, P.(1995). "Education and earnings", in Carnoy, M.(ed.), *International encyclopedia of economics of education, 2nd ed.*, Oxford: Elsevier Science Ltd, pp. 145~149.

Clark, B. R.(1960). "The cooling out function of higher education," *The American journal of sociology*, May, pp. 569~576.

Cohn, E.(1979). *The Economic of education, 2nd ed.*, Cammbridge: Ballinger Publishing Company.

Cohn, E., & Geske, G,(ed.)(1990). *The economics of education 3rd ed.*, New York: Pergamon Press.

Cohn, E.(1997). "The rate of return to schooling in Canada", *Journal of education finance*, vol. 23, no. 2, pp. 193~206.

Coleman, J. S.(1997). "Social capital in the creation of human capital", in Halsey, A. H., et al.(ed.), *Education; Culture, economy*, society, Oxford: Oxford University Press, pp. 80~95.

Collins, R.(1971). "Functional and conflict theories of educational stratification", *American Sociological Review*, vol. 36, pp. 1002~1019.

Cole, J.(1987). *Development and under development: A profile of the third world*, London: Methuen & Com, Ltd.

Cooper, S. T., & Cohn, E.(1997). "Interal rates or return to college education in the United States by sex and race", *Journal of education finance*, vol. 23, no. 1, pp. 101~133.

Coulibaly, A.(1997). Contribution of human capital to economic growth; A comparative study of selected countries, Unpublished Ph. D. Dissertation, Washington, D. C.: Howard University.

Dawson, D.(1991). "Family structure and children' s health and well-being; Data from the 1988 national health interview survey on child health", *Journal of marriage family*, vol. 53, pp. 573~584.

Decker, L. E., Decker, V. A., & Associates(2000). *Engaging families and communites; Pathways to educational success*, Virginia: National Community Education Association.

Denison, E. F.(1961). *The sources of economic growth in the United States and the alter natives before us*, Washington, D. C.: Committee for Economic Development.

Donald, M.(1991). *Origins of the modern mind; Three stages in the evolution of culture and cognition,* Cambridge, MA: Harvard University Press.

Dube, S. C.(1979). *Development perspective for the 1980s*, New Jersey, Atlantic Highlands: Humanities Press Inc.

Esteva, G.(1987). "Regenerating people' s space", *Alternatives*, vol. 12.

Esteva, G.(1992). "Development", in Sachs, W.(ed.), *The development dictionary; A guide to knowledge as power*, Londom: Zed Books Ltd.

Evans, P. B., & Stephens, J. D.(1988). "Development and the world economy", in Smelser, N. J.(ed.), *The handbook of sociology*, London: Sage Publication, Inc.

Feldman, K. A., & Newcomb, T. M.(1969). *The impact of college on students*, San Francisco: Jossey-Bass Inc.

Fisher, I.(1930). *The theory of interest, as determined by impatience to spend income and opportunity to invest it*, New York: MacMillan.

Fortune, J. C., & O' Neil, J. S.(1994). "Production function analyses and the study of educational funding equity; A methodological critique", *Journal of education finance*, vol. 20, no. 1, pp. 21~46.

Freeman, R. B.(1976). *The overeducated American*, New York: The Academic Press.

Freiberg, M., & Hettne, B.(1985). "The greening of the world: Towards a non-deterministic model of processes", in Addo, H. et al.(eds.), *Development as social transformation*, Colorado: Westview Press, pp. 204~270.

Fuller, B., & Rubinson, R.(eds.)(1992). "Specifying the effects of education on national economic growth", *The political construction of education*; The state, school expansion, and economic change, New York: Praeger Publishers.

Galtung, J., O' Brien, P., & Preiswerk, R.(eds.)(1980). *Self-reliance, A strategy for development*, Bogle: L' Ouverture.

Goodlad, J. I.(1984). *A place called school*, New York: McGraw-Hill Book Company.

Grossman, M.(1975). "The correlation between health and schooling", in Terleckyj, N. E.(ed.), *Household production and consumption*, New York: National Bureau of Economic Research, pp. 147~211.

Grossman, M., & Joyce, T.(1989). "Socio-economic status and health; A personal research perspective", in Bunker, J. et al.(ed.), *Pathways to health; The role of social factors*, California: Kaiser Foundation.

Haley, W. J.(1976). "Estimation of the earning profile from optimal human capital accumulation", *Econometrica*, vol. 44, pp. 1223~1238.

Hansen, L.(1963). "Total and private of return to investment in schooling", *Journal of political economy*, vol. 71, April, pp. 128~140.

Haque, W.(1981). "Our grave new world: Grass roots initiatives and strategies in responds", *Report on the Castelgandolfo interaction*, June, pp. 13~15.

Harbison, F., & Myers, C. A.(1964). *Education, manpower and economic growth; Strategies of human resources development*, New York: McGraw-Hill Inc.

Harrison, P.(1980). *The Third World tomorrow: Report from the battlement in the war against poverty*, England: Penguin Book.

Haveman, R., & Wolfe, B.(1983). Education and economic well-being; The role of non-market effects, University of Wisconsin-Madison Discussion Papers, pp. 716~782.

Hirschman, A. O.(1958). *Strategy of economic development*, New York: Yale University Press.

Hirschman, A. O.(1981). *The rise and decline of development economics*, in Essays in trespassing, Cambridge.

Hogard, K., & Buller, H.(1987). "Rural development", *A geographical perspective*, London: Croom Helm.

Hodgkinson, V., & Weitzman, M.(1988). *Giving and volunteering in the United States; Findings from a national survey 1988*, Washington D. C.: Independent Sector.

Hy, R. J.(2000). "Education is an investment; A case study", *Journal of education finance*, vol. 26, no. 2, pp. 209~218.

Illich, I.(1983). "Eco-pedagogics and the commons", *The illustrated weekly of India*, August.

Illich, I.(1984). "The weekly essay/Ivan Illich", *The illustrated weekly of India*, August.

Illich, I.(1992). "Needs", in Sachs, W.(ed.), *The development dictionary; A guide to knowledge as power*, London; Zed Books Ltd.

Inglehart, R.(1977). *The silent revolution*, Princeton Press.

Inkeles, A., & David, H. S,(1974). *Becoming modern*, London; Heinemann Education Books.

Inkeles, A.(1983). *Exploring individual modernity*, New York: Columbia University Press.

Jeong, In Sook(1988). Educational effects on economic growth in the Republic of Korea, 1955~1985, Master' s thesis Department of Sociology, Florida State University, Tallahassee.

Jha, S. N.(1955). *A critical study of Gandhian economic thought*, Agra: Educational Publishers.

Johnes, G.(ed.)(1993). *The economic of education*, New York: St. Martin' s Press.

Johns, R. L., Morphet, E. L., & Alexander, K.(1983). "Human capital and the economic benefits on Education", *The economics and financing of education, 4th ed.*, N. J.: Prentice-Hall Inc.

Johns, T. H.,(1985). *Introduction to school finance; Technique and social policy*, New York: Macmillan Publishing Company.

Juhn, C., Murphy, K., & Pierce, B.(1991). "Accounting for the slowdown in black-white wage convergence", in Kosters, M.(ed.), *Workers and their wages; Changing patterns in the United States*, Washington D. C.: American Enterprise Institute Press.

Karabel, J., & Halsey, A. H.(eds.)(1977). *Power and ideology in education*, Oxford University Press.

Keating, D. P.(1998). "Human development in the learning society", in Hargreaves et al.(ed.), *International handbook of educational change,* London: Kluwer Academic Publishers, pp. 693~709.

Keeley, B.(2007). *Human capital: How what you know your life*, Paris: OECD Publishing.

Kemna, H. J.(1987). "Working conditions and the relationship between schooling and health", *Journal of health economics,* vol. 6, no. 3 pp. 189~210.

Kenkel, D.(1991). "Health behavior, health knowledge and schooling", *Journal of political economy*, vol. 99, no. 2, pp. 287~305.

Krueger, R. A.(1994). *Focus groups; A practical guide for applied research*, 2nd ed., Thousand Oaks: SAGE Publications, Inc.

Larry, E. D., Virginia, A. D., & Associates(2000). *Engaging families and communites; Pathways to educational success*, Virginia: National Community Education Association.

Latouche, S.(1992). "Standard of living", in Sachs, W.(ed.) *The development dictionary; A guide to knowledge as power*, London: Zed Books Ltd.

Lehmann, D.(ed.)(1979). *Development theory: Four critical studies,* London: Frank Class.

Leigh, J. P.(1983). "Direct and indirect effects of education on health", *Social science and medicine*, vol. 17, no. 4, pp. 227~234.

Levin, H. M., Guthrie, J. W., Kleindorfer, G. B., & Stout, R. T.(1971). "School achievement and post-school success; A review", *Review of educational research*, vol. 41.

Lewis, J. P., & Kallab, V. K.(eds.)(1986). *Development strategies reconsidered*, New Brunswick: Transaction Books.

Linda Anne Penoyer-Kulin(1991). Credentialism and organization, Unpublished Ph. D. Dissertation, York University.

Lucas, R. E. Jr.(1988). "On the mechanics of economic development", *Journal of monetary economics*, vol. 22, pp. 3~42.

Lummis, C.(1992). "Equality", in Sachs, W.(ed.) *The development dictionary; A guide to knowledge as power*, London: Zed Books Ltd.

Machlup, F.(1970). *Education and economic growth*, University of Nebraska Press.

Mak, Kitty Cheng-Whey(1997). The contribution of Canadian education to industrial production; An exploration in human capital theory, Unpublished Ph. D. Dissertation, Dalhousie University.

Mankiw, N. G., Romer, D., & Weil, D. N.(1992). "A contribution to the empirics of economic growth", *Quarterly journal of economics*, vol. 107, pp. 407~437.

Marshall, A.(1961). *Principles of economics*, 9th ed., London: Macmillan.

Martin, T. C., & Bumpass, L. L.(1989). "Recent trends in marital disruption," *Demography*, February, pp. 37~51.

Michael, R. T.(1982). "Measuring non-monetary benefits of education; A survey", in McMahon, W. W., & Geske, T. G.(ed,), *Financing education;*

Overcoming inefficiency and inequity, Urbana, IL: University of Illinois Press, pp. 119~149.

Mincer, J.(1974). *Schooling, experience and earnings*, New York: National Bureau of Economic Research.

Munoz, H.(ed.)(1981). *From dependency to development: strategies to overcome underdevelopment and inequality*, Boulder, Colorado: Westview Press.

Nam, Duck Woo(1997). Korea' s economic growth in a changing world, Korea: Samsung Economic Research Institute.

Nam, Y. S.(1994). Women, schooling, and labor market; Changes in the structure of earning inequality by gender in Korea 1976~1991, Unpublished Ph. D. Dissertation, Stanford University.

Nordhaug, O.(1993). *Human capital in organizations, competence, training, and learning*, Oslo: Scandinavian University Press.

Nyerere, J. K.(1982). "South-South option", in Gauhar, A.(ed.) *Third world strategies: Economic and political cohesion* in the South, pp. 9~16.

OECD(2013). *Education at a glance*.

O' Connor, J.(1984). *Accumulation crisis*, New York: Basil Blackwell.

Olson, D., & Torrance, N.(1996). *Handbook of education and human development;* New models of learning, teaching and school, Oxford: Blackwell.

Park, H. S.(1984). *Human needs and political development*, Cambridge, Massachusetts: Schenkman Publishing Company, Inc.

Park, Won Joo(1997). Measuring human capital, human capital utilization and its conseqences on economic growth, Unpublished Ph. D. Dissertation, Indiana University.

Park, M.(1980). *Doctors and their workshops; Economic models of physician behavior*, University of Chicago Press for the National Bureau of Economic Research.

Pedroni, P(1995). "Human capital, endogenous growth and cointegration for multi-country panels", *Working paper*, Indiana University Press.

Pencavel, J.(1990). "The contribution of higher education to economic growth and productivity; A review", *Discussion paper*, no. 191, California: Stanford Center for Economic Policy and Research.

Prakash, M. S., & Esteva, G.(1998). *Escaping education: Living as learning within grassroots cultures*, New York: Peter Lang Publishing, Inc.

Preiswerk, R.(1981). "Cultural identity, self-reliance, and basic Needs", *Development: Seeds of change,* vol. 3, no. 4 pp. 83~91.

Psacharopoulos, G.(1972). R*eturns to education; An international comparison*, San Francisco: Jossey-Bass Inc.

Psacharopoulos, G.(1980). "Returns to education; An updated international comparison", in King, T.(ed.), *Education and income*, Washington D. C.: The World Bank.

Psacharopoulos, G.(1981). "Conceptions and misconceptiona on human capital theory", *Konzept und kritik des humankapitalansatzes*, Berlin: Duncker and Humblot, pp. 9~12.

Psacharopoulos, G., & Woodhall, M.(1985). *Education for Development; An analysis of investment choices*, Washington D. C.: The World Bank.

Psacharopoulos, G.(ed.)(1987). *Economics of education; Research and studies*, New York: Pergamom Press.

Rahnema, M.(1984). "A grass-roots look at the education-development tandem", *A paul masoner international lecture*, May, University of Pittsburgh.

Rahnema, M.(1992). "Participation", in Sachs, W.(ed.), *The development dictionary; A guide to knowledge as power*, London: Zed Books Ltd.

Rahnema, M.(1992). "Poverty", in Sachs, W.(ed.), *The development dictionary; A guide to knowledge as power*, London: Zed Books Ltd.

Ram, R.(1990). "Educational expansion and schooling inequality;

International evidence and some implications", *Review economic statute*, vol. 72, no. 2, pp. 266~274.

Rawls, J.(1971). *A theory of justice*, Cambrige: Harvard University Press.

Robins, L. N.(1984). "Lifetime prevalence of specific psychiatric disorders in three sites", *Archbishop of genesis psychiatry*, vol. 41, pp. 949~958.

Rodriguez, L. J., & Davis, D. D.(1974) *The economics of education*, Lincoln, Nebraska: Professional Educators Inc.

Rogers, D. C., & Ruchlin, H. S.(1971). *Economics and education-principles and application*, New York: The Free Press.

Rosen, S.(1976). "A theory of life earnings", *Journal of political economy*, vol. 84, pp. 45~67.

Rostow, W. W.(1960). *The stages of economic growth*, Cambridge University Press.

Sachs, W.(1992). "Environment", in Sachs, W.(ed.), *The development dictionary; A guide to knowledge as power*, London: Zed Books Ltd.

Sachs, W.(1992). "One World", in Sachs, W.(ed.), *The development dictionary; A guide to knowledge as power*, London: Zed Books Ltd.

Sachs, W.(1992)(ed.). *The development dictionary; A guide to knowledge as power*, London: Zed Books Ltd.

Schultz, T. W.(1961). "Investment in human capital", *American economic review*, vol. 5, pp. 1~17.

Schultz, T. W.(1963). *The economic value of education*, New York: Columbia University Press.

Schultz, T. W.(1971). "Investment in human capital", *The role of education and research*, New York: Free Press.

Schultz, T. W.(ed.)(1974). *Economics of the family; Marriage, children and human capital*, Chicago. IL: University of Chicago Press.

Schultz, T. W.(1989). "Investing in people; Schooling in low income countries", *Economics of education review*, vol. 8, no. 3, New York: Pergamon Press, pp. 219~223.

Schwartz, A.(1973). "Interpreting the effect of distance on migration", *Journal of political economy*, vol. 81, pp. 1153~1169.

Shaffer, H. G.(1961). "Investment in human capital; Comments", *American economic review*, vol. 51, pp. 1026~1035.

Sheehan, J.(1973). *The economics of education*, London: George Allen & Unwin Ltd.

Shinn, R. L.(1985). *Forced options: Social decisions for the 21st century, 2nd ed.*, New York: The Pilgrim Press.

Simmons, R., & Rosenberg, M.(1971). "Functions of children' s perceptions of the stratification system", *American sociologist*, pp. 235~249.

Singer, H.(1981). "Overview of discussion in conclusions", in *Critical issues in development in the 80'*, Liaizon Bulletin Between Development Research and Training Institutes, Paris: Organization for Economic Cooperation and Development.

Smith, A.(1952). *The wealth of nations*, Chicago. IL: Encyclopedia Britannica.

Snow, C. P.(1960). "The 'Two culture' Controversy, Afterthoughts", *Encounter*, February.

Sobel, I.(1978). "The human capital revolution in economic development; It' s current history and status", *Comparative education review*, June, pp. 278~308.

Solomin, L. C.(1975). "The relation between schooling and saving behavior; An example of the indirect effects of education", in Juster, F. T.(ed.), *Education, income and human behavior*, New York: McGraw-Hill, pp. 253~294.

Soriano, F. I.(1995). *Conducting needs assessments; A multidisciplinary approach*, Thousand Oaks: SAGE Publications, Inc.

Spring, J.(2011). *The politics of American education*, Routledge, New York: NY.

Squires, G. D.(1979). "Education, jobs and inequality; Functional and conflict models of social stratification in the United States", *Education and job; The imbalancing of the social machinery*, University of California Press, pp. 548~560.

Streeten, P.(1984). "Basic needs and human rights", *Development: Seeds of change*, vol. 3, pp. 10~12.

Swanson, A. D., & King, R. A.(1997). *School finance; Its economics and politics*, 2nd ed., New York: Longman Inc.

Swanson, R. A.(2001). Human resource development and its underlying theory. *Human Resource Development International*, 4(3), 299-312.

Swanson, R. A., & Holton, III, E. F.(2001). *Foundations of human resource development*. CA: Berrett Koehler Publishers.

Tallman, E. W., & Wang, P.(1994). "Human capital and endogenous growth, evidence from Taiwan", *Journal of monetary economics*, vol. 34, pp. 101~124.

Velloso, J.(1995). "income distribution and education", in Carnoy, M.(ed.), *International encyclopedia of economics of education, 2nd ed.*, Oxford: Elsevier Science Ltd, pp. 230~235.

Wallerstein, I.(1979). *The capitalist world-economy*, Cambridge: Cambridge University Press.

Weisbrod, B. A.(1962). "Education and investment in human capital", *Journal of political economics*, vol. 70, no. 5 pp. 106~123.

Weisbrod, B. A.(1964). *External benefits of public education*; An economic analysis, Princeton University.

Werner, J. M. & DeSimone, R. L.(2009). *Human resource development. 5th ed.* Mason, OH: South-Western Cengage Learning.

Wilson, W. J.(1987). *The truly disadvantaged; The inner city, the underclass and public policy*, University of Chicago Press.

Winegarden, C. R.(1979). "Schooling and income distribution; Evidence from international data", *Economica*. vol. 46, pp. 83~87.

Witkin, B. R.(1984). *Assessing needs in educational and social programs*, San Francisco: Jossey-Bass Inc.

Witkin, B. R., & Altschuld, J. W.(1995). *Planning and conducting needs assessments; A practical guide,* Thousand Oaks: SAGE Publications, Inc.

Wolfe, B. L.(1995). "External benefits of education", in Carnoy, M.(ed.), *International encyclopedia of economics of education, 2nd ed.*, Oxford: Elsevier Science Ltd, pp. 159~163.

Wu, H.(1992). "Human capital and the wage generating process", *Two essays in the theory of human capital*, Republic of China: The Institute of economics, August.

Young, A.(1994). *The tyranny of numbers; confronting the statistical realities of the East Asian growth experience*, New York: National Bureau of Economic Research.

Zymelman, M.(1973). *Fiancing and efficiency in education*, Boston: Nimrod Press.

부록

부록1 | 발전패러다임: 발전이념에 대한 미국학생과 제3세계 학생 선호도 조사 질문지

부록2 | 인적자본 투자의 경제적 효과 분석에 관한 질문지(대학생용)

부록3 | 인적자본 투자의 경제적 효과 분석에 관한 면담지(전문가용)

부록4 | 녹색성장 국가전략 및 5개년 계획

부록 1

발전패러다임: 발전 이념에 대한 미국학생과 제3세계 학생 선호도 조사 질문지

안녕하십니까?

본 설문지는 미국학생과 외국 학생들의 사회발전에 대한 견해를 알아 보는 데 그 목적이 있습니다. 사회발전은 체제나 국가의 차원을 넘어 모든 인간 공동체가 지향하고 있는 주요한 목표 중의 하나입니다. 특히 개발도상국가들은 이 목표를 위하여 지난 40여 년 동안 많은 노력을 경주해 왔으며, 이러한 노력의 결과로 사회 각 부문의 개선과 향상을 가져 왔습니다. 그러나 사회발전의 과정에는 여러 가지 부작용과 갈등을 야기시킨 경우도 있다고 생각합니다.

선진국이나 개발도상국가들은 발전이론 혹은 전략(development model or strategy)을 개발 ·도입하여 사회발전을 위해 노력하고 있습니다. 그러나 사회발전의 목표, 수단 및 전략 등에 대하여는 국가 및 개인마다 각기 다른 견해를 가지고 있으리라 생각됩니다. 따라서 본 조사는 현재 발전론에서 논의되고 있는 중요한 이슈들에 대하여 미국학생과 외국 학생들 간의 인식 정도를 비교, 파악하고자 하오니 귀하의 솔직한 응답을 부탁드립니다.

본 조사의 결과는 국가발전에 있어서 정치, 사회, 경제, 과학 및 교육 등 사회 제 분야에 대한 바람직한 방향 설정에 기여하게 될 것입니다. 따라서 귀하의 응답은 매우 중요하오니 한 문항도 빠짐없이 기재해 주시면 감사하겠습니다.

귀하의 응답은 절대적으로 개인적인 비밀이 보장되며, 설문지에 귀하의 성함을 기재하지 마시고, 설문지에 대하여 의견이 있으신 분은 뒷장 여백에 기재 해 주시기 바랍니다.

※해당 란에 V표를 해 주십시오.

1. 성별 _____ 1) 남 _____ 2) 여

2. 전공분야(소속대학): ____________________

※응답요령: 다음 문항들은 사회발전 전반에 관한 것으로 귀하의 견해를 알아보기 위하여 개발된 것입니다. 각 문항에 대하여 귀하의 동의 정도를 다음의 5단계 척도에 따라서 표시해 주시기 바랍니다.

전혀 그렇지않다 ①	그렇지 않다 ②	보통이다 ③	그렇다 ④	매우 그렇다 ⑤

1. 국가발전에 있어서 경제성장은 문화적 측면보다 더 우선권이 주어져야 한다. .... ① ② ③ ④ ⑤

전혀 그렇지않다 ①	그렇지 않다 ②	보통이다 ③	그렇다 ④	매우 그렇다 ⑤

2. 국민총생산(GNP) 혹은 국민 1인당 소득은 선진국과 개발도상국가를 구별하는 가장 적합한 척도(지표)이다. .... ① ② ③ ④ ⑤

3. 각 사회는 발전의 정도에 따라 여러 단계로 나뉘어진다. .... ① ② ③ ④ ⑤

4. 모든 개발도상국가들의 국가발전목표는 미국과 같은 선진국이 되는 것으로 설정하여야 한다. .... ① ② ③ ④ ⑤

5. 개발도상국들은 자국의 교육발전을 위하여 선진국의 교육이론과 실제를 도입 · 적용하여야 한다. .... ① ② ③ ④ ⑤

6. 개발도상국가들은 선진국들의 발전 과정을 그대로 답습하여야 한다. .... ① ② ③ ④ ⑤

7. 개발도상국가들은 세계(국제) 시장으로부터 탈피하여 경제적 자립을 이루어야 한다. .... ① ② ③ ④ ⑤

8. 개발도상국가들은 경제발전 목표를 선진 국가를 능가하는 것으로 설정하여야 한다. .... ① ② ③ ④ ⑤

9. 개발도상국가들은 선진국들과의 협력보다는 개발도상국 상호 간의 조직화된 경제적 협력으로 자국의 경제성장을 달성하여야 한다. .... ① ② ③ ④ ⑤

전혀 그렇지않다 ①	그렇지 않다 ②	보통이다 ③	그렇다 ④	매우 그렇다 ⑤

10. 학교교육은 사회 전반의 생산성을 향상 시키는 데 필수 불가결하다. .... ① ② ③ ④ ⑤

11. 학교교육은 평등한 사회구조를 가져오는 데 기여한다. .... ① ② ③ ④ ⑤

12. 교육은 사람들로 하여금 전통적인 가치로부터 근대적인 사고방식을 함양시키는데 기여한다. .... ① ② ③ ④ ⑤

13. 학력이 높은 사람은 학력이 낮은 사람보다 임금을 더 많이 받아야 한다. .... ① ② ③ ④ ⑤

14. 구 소련과 미국은 제3세계 국가들을 원조하는데 있어서 그들 국가들의 경제발전보다는 자국들의 세계 경제 지위를 유지하는 데 더 치중하고 있다.. ① ② ③ ④ ⑤

15. 제3세계 국가들에 있어서 권위주의적 정권은 급속한 경제성장을 달성하기 위해 필요하다........................ ① ② ③ ④ ⑤

16. 각 국가의 발전 목표는 그 국가의 역사, 고유한 가치, 제도 등을 고려하여 설정되어야 한다........................ ① ② ③ ④ ⑤

17. 서구적 교육을 받은 엘리트들의 우월감은 나름대로 생업에 종사하는 농부들의 자긍심을 손상시키며, 그들로 하여금 분개, 반항하게 한다. .... ① ② ③ ④ ⑤

전혀 그렇지않다 ①	그렇지 않다 ②	보통이다 ③	그렇다 ④	매우 그렇다 ⑤

18. 학교교육은 문화적 동질성 보다는 문화적 다양성을 추구하는 데 기여하여야 한다. .... ① ② ③ ④ ⑤

19. 발전 전략 추구의 결과로 경제적 발전보다는 종종 문화적 이탈이 초래된다. .... ① ② ③ ④ ⑤

20. 지역사회의 의사 결정이 정부의 중앙 집권적인 의사결정보다 더 중요하다. .... ① ② ③ ④ ⑤

21. 점진적인 사회변화를 위해서는 지역 사회외부(예를 들면, 중앙정부)에서 수립된 전략보다는 지역사회 내에서 합의된 전략이 더 중요시 되어야 한다. .... ① ② ③ ④ ⑤

22. 국가 발전 목표를 달성하기 위해서는 훈련된 전문가들이 일반 국민들을 유도하여야 한다. .... ① ② ③ ④ ⑤

23. 서구 사회에서는 개인이 사회에 대한 책임보다는 개인의 권리가 지나치게 중시되고 있다. .... ① ② ③ ④ ⑤

24. 국가 발전을 위해서는 정부 위주의 발전 전략보다는 지역사회의 발전을 통해서 이루어져야 한다. .... ① ② ③ ④ ⑤

25. 지역사회의 발전을 도모하기 위해서는 개인보다는 집단 혹은 지역의 이익이 우선되어야 한다. .... ① ② ③ ④ ⑤

전혀 그렇지않다 ①	그렇지 않다 ②	보통이다 ③	그렇다 ④	매우 그렇다 ⑤

26. 정부의 기술적 지원이 종종 지역사회의 발전을 저해한다.
.... ① ② ③ ④ ⑤

27. 댐이나 고속도로의 건설은 그로 인하여 그 지역을 이주해야 하는 이 주민들의 권익 보호를 위한다면 실행되지 말아야 한다.
.... ① ② ③ ④ ⑤

28. 주민들에게 경제적 이익을 준다면 벌목, 채취 등 자연 환경을 손상시키는 것도 무방하다. .... ① ② ③ ④ ⑤

29. 산업화는 제3세계 국가들이 국가발전을 이룩하는 유일한 방법이다.
.... ① ② ③ ④ ⑤

30. 군사비 지출은 지역 사회의 복지 향상을 저해하는 가장 큰 요인 중의 하나이다 .... ① ② ③ ④ ⑤

31. 교육은 사회 모든 구성원들의 폭넓은 협력에 의해서 이루어져야 한다. .... ① ② ③ ④ ⑤

32. 다음 중 사회 발전에 관한 귀하의 의견에 가장 가까운 항목을 하나만 골라 표시해 주십시오.

 1) 사회발전을 위해서는 합리적이고 과학적인 가치가 중요하며, 안정된 민주정부가 필요하며, 숙련된 인력이 공급되어야 하며 개인의 창조적 자유가 보장되어야 한다.

2) 사회발전을 위해서는 합리적이고 과학적인 가치가 중요하며, 강력한 중앙정부가 필요하며, 숙련된 인력이 공급되어야 하며, 국민들의 자원이 낭비되지 않도록 합리적인 계획이 필요하다.
3) 사회발전을 위해서는 인간의 존엄성이 존중되어야 하고, 개인의 창조적 능력이 보장되어야 하며, 경제 성장이 진보와 동일시 취급되지 않아야 하며, 물질적 소유보다는 정신적 가치와 상호 협력이 강조되어야 한다.

(수고하셨습니다. 대단히 감사합니다.)

부록 2

인적자본 투자의 경제적 효과 분석에 관한 질문지 (대학생용)

안녕하십니까?

교육은 개인적 측면에서는 개인의 사회적 지위나 신분의 상승을 가져오는 데 기여하게 되며, 사회적 측면에서는 국가의 경제발전을 가져오게 하는 데 기여한다고 볼 수 있습니다. 그러나 여기애 대해서 논의의 여지가 많이 있다고 봅니다.

본 조사지는 인적자본 투자의 경제적 효과에 대해 실제 교육관련 집단인 대학생들의 의견을 얻고자 작성된 것입니다. 모든 문항에 빠짐없이 솔직하게 응답해 주시면 연구에 많은 도움이 되겠습니다. 끝으로 이 자료는 연구 이외의 다른 목적으로는 사용하지 않을 것입니다. 감사합니다.

※해당 란에 V표를 해 주십시오.

1. 학교: ____________ 1) 4년제 대학 _____ 2) 2년제 대학 _____

2. 성별 : _____ 1) 남 _____ 2) 여

3. 전공계열:

_____ 1) 인문 · 사회계열 _____ 2) 자연계열

_____ 3) 공학계열 _____ 4) 예 · 체능계열

※응답요령: 각 문항마다 본인이 평소 느끼고 생각해 온 견해와 일치하는 정도에 따라 해당하는 곳에 V표를 해 주시기 바랍니다.

전혀 그렇지않다 ①	그렇지 않다 ②	보통이다 ③	그렇다 ④	매우 그렇다 ⑤

1. 교육은 노동의 생산적인 질을 향상시킨다. .... ① ② ③ ④ ⑤

2. 학교교육은 생산성과 소득을 증가시키기 때문에 경제성장의 원천이다. .... ① ② ③ ④ ⑤

3. 중등학교 및 고등학교 기관의 취학률은 경제성장과 밀접한 상관이 있다. .... ① ② ③ ④ ⑤

4. 교육비의 증가는 노동자 개개인의 소득 증가에 기여한다. .... ① ② ③ ④ ⑤

5. 생산성 향상을 위해서는 실물에 대한 투자보다도 인간자본에 대한 투자를 보다 확대하는 것이 효율적이다. .... ① ② ③ ④ ⑤

6. 교육투자의 가장 주된 동인은 투자비용에 대한 경제적 회수에 있다. .... ① ② ③ ④ ⑤

7. 학력이 높은 사람은 학력이 낮은 사람보다 임금을 더 많이 받아야 한다. .... ① ② ③ ④ ⑤

전혀 그렇지않다 ①	그렇지 않다 ②	보통이다 ③	그렇다 ④	매우 그렇다 ⑤

8. 교육을 많이 받은 사람일수록 합리적인 소비 생활을 한다.
   .... ① ② ③ ④ ⑤

9. 개발도상국가들은 경제발전을 위해 산업 현장에 필요한 숙련된 노동력을 공급하기 위해서 직업교육을 강화해야 한다.
   .... ① ② ③ ④ ⑤

10. 개발도상국가들은 자국의 교육발전을 위하여 선진국의 교육이론과 실제를 도입 · 적용하여야 한다. .... ① ② ③ ④ ⑤

11. 학교교육은 사회 전반의 생산성을 향상시키는 데 필수 불가결하다.
   .... ① ② ③ ④ ⑤

12. 학교교육은 평등한 사회구조를 가져오는 데 기여한다.
   .... ① ② ③ ④ ⑤

13. 교육은 사람들로 하여금 전통적인 가치로부터 근대적인 사고방식을 함양시키는 데 기여한다. .... ① ② ③ ④ ⑤

14. 학교교육의 주요 기능은 주어진 직업에 충원되기 위해 학생들을 선발하기 위한 장치이다. .... ① ② ③ ④ ⑤

15. 취업에 있어서 개인의 능력 · 업적보다는 학위소유 여부나 졸업장에 의해 결정된다. .... ① ② ③ ④ ⑤

전혀 그렇지않다 ①	그렇지 않다 ②	보통이다 ③	그렇다 ④	매우 그렇다 ⑤

16. 학교교육의 주요 기능은 기존의 사회 질서를 정당화시키는 데 있다. ....① ② ③ ④ ⑤

17. 학교교육은 문화적 동질성보다는 문화적 다양성을 추구하는 데 기여하여야 한다. ....① ② ③ ④ ⑤

18. 서구적 교육을 받은 엘리트들의 우월감은 사회발전에 오히려 저해되는 요인으로 작용한다. ....① ② ③ ④ ⑤

19. 현재의 희생을 무릅쓰고 미래에 기대되는 보다 나은 경제적 수익을 위해 교육에 대해 투자를 한다. ....① ② ③ ④ ⑤

20. 학교교육을 많이 받은 사람일수록 취업 구조의 변화에 대한 적응력이 높다. ....① ② ③ ④ ⑤

21. 교육에 대한 투자는 노동생산성의 향상을 통하여 기업의 생산성을 높여 노동자의 소득과 고용을 높이면서 사회적 부의 증식에 공헌한다. ....① ② ③ ④ ⑤

22. 교육 투자는 지식의 축적과 재생산을 통하여 계속적인 기술혁신을 꾀하여 경제성장에 중추적 기능을 한다. ....① ② ③ ④ ⑤

23. 교육에 대한 투자는 개인적 · 사회적 차원에서 사회적 부와 소득의 증대를 가져온다. ....① ② ③ ④ ⑤

전혀 그렇지않다 ①	그렇지 않다 ②	보통이다 ③	그렇다 ④	매우 그렇다 ⑤

24. 개인적 차원에서 장래의 사회·경제적 지위를 향상시키기 위한 수단으로 교육에 대해 투자를 한다. .... ① ② ③ ④ ⑤

25. 국가 및 사회가 교육을 위하여 지출하는 비용이 많을수록 보다 많은 국민이 높은 수준의 교육을 받게 되어 그 결과 국민의 소득 수준이 높아지게 된다. .... ① ② ③ ④ ⑤

26. 교육에 대한 투자 확대는 사회 전반의 복지를 향상시킨다.
.... ① ② ③ ④ ⑤

27. 교육을 많이 받은 사람은 교육을 받지 않은 다른 사람과 주위 지역 주민들에게 교육으로부터 받는 혜택과 편익을 제공해 준다.
.... ① ② ③ ④ ⑤

28. 교육은 사회 전반적인 문제 해결과 정치·경제체제 제반에 대해 안정을 유지하게 해 준다............................... ① ② ③ ④ ⑤

(대단히 감사합니다.)

부록 3

인적자본 투자의 경제적 효과 분석에 관한 질문지 (전문가용)

안녕하십니까?

바쁘신 가운데 귀중한 시간을 할애해 주셔서 대단히 고맙습니다. 본 면담지는 교육부문에서 인적자본론의 기여에 대해 실제 인적자본을 형성하는 데 기여하는 교육관련 집단인 선생님과 인적자본의 산출로서 실제 산업현장에서 경제발전에 기여하는 근로자들을 고용한 기업체의 임직원 등의 고견을 듣고자 작성된 것입니다.

교육은 개인적 측면에서는 개인의 사회적 지위나 신분의 상승을 가져오는 데 기여하게 되며, 사회적 측면에서는 국가의 경제발전을 가져오게 하는 데 기여한다고 볼 수 있습니다. 그러나 여기에 대해서는 논의의 여지가 많이 있다고 볼 수 있습니다.

선생님의 고견을 토대로 한정된 교육재원으로 다양한 교육적 요구를 충족시키고 교육산출을 극대화할 수 있는 방안 탐색에 기여하고자 합니다. 아울러 선생님께서 주신 고견은 교육인적 자원 개발에 있어서 투자 우선순위 결정과 합리적인 예산분배 및 집행에 유용한 정보를 제공할 것입니다.

※해당 란에 V표를 해 주십시오.

1. 소속: ______ 1) 대학교수 ______ 2) 기업체의 임직원
______ 3) 초 · 중등교사 ______ 4) 교육전문직

2. 교육을 받으면 지식, 기술, 창의력 등과 같은 인적자본이 축적되고, 이러한 인적자본이 가져다주는 생산성의 증가 때문에 고용주는 높은 임금을 지불하게 되어, 결국 교육투자 비용을 충분히 보상받고 경제적으로 이득이 된다는 인적자본론에 대해 어떻게 생각하십니까? 그렇지 않으면 학교교육은 생산성 향상에는 직접적으로 영향을 주지 않고 단지 노동시장에서 선별도구(Screening device)의 기능만 수행한다고 생각하십니까?

3. 국가, 지역사회, 개인, 그리고 국가간에 교육의 효과를 논할 때 교육이 경제성장(economic growth)을 증대시킨다고 합니다. 이는 학교교육을 더 많이 받은 사람이 학교교육을 덜 받는 사람보다 고위 직종을 가지고 높은 임금을 받으며, 또한 많은 사람이 학교교육을 더 받는다면 그들은 모두 고임금의 더 나은 생산적인 직종을 가지게 되며, 이들에 의해 결과적으로 한 국가의 경제는 확장 · 성장한다는 것입니다. 이러한 교육의 인적자본 효과로서 경제성장에의 기여에 대해 어떻게 생각하십니까?

4. 교육에 대한 투자는 개인적 또는 사회적으로 미래 수익의 증대, 즉 개인적 소득 증대와 사회적 부를 토대로 하고 있습니다. 이는 개인적으로 현재 자신들이 처한 경제적 지위를 개선하기 위한 수단으로 교육투자를 하게 될 것이고, 사회적으로는 개인의 부의 증대가 결국 사회의 부를 증대시켜 줍니다. 즉, 교육에 의한 기술개발은 노동자의 생산성을 증대시키며 학교교육 → 높은 생산성 → 고임금의 인과관계로 연쇄가 되어 학교교육을 많이 받을수록 높은 임금을 받게 된다는 것입니다. 이러한 교육의 인적자본 효과로서 소득증대 및 분배의 기여에 대해 어떻게 생각하십니까?

5. 교육의 경제적 효과에 대한 대부분의 연구는 교육을 직접적으로 받는 자만의 수익을 측정하려고 시도되었다고 할 수 있습니다. 그러나 교육으로 인하여 발생하는 수익이 이웃, 고용주, 동료 및 일반 사회 복지를 향상시킨다는 교육의 외부편익 효과는 교육을 직접 받은 사람뿐만 아

니라 교육이 제공되는 지역 및 그 지역 이외의 사람에게도 편익이 발생합니다. 이러한 교육의 인적자본 효과로서 외부편익이 어떻게, 어느 정도 작용한다고 생각하십니까?

6. 지식정보 사회에서 지식, 기술 등의 인적자본이 국가 · 사회발전의 원동력이 되며, 아울러 개인의 삶의 질을 결정하는 중요한 요인이 됨으로써 인적자본 개발이 더욱 중요시되고 있습니다. 이를 위해 개인뿐만 아니라 국가 · 사회도 평생 동안 계속해서 새로운 지식을 학습하고 이를 토대로 새로운 지식 및 부가 가치를 창출할 수 있도록 인적자본 개발 전략을 모색해야 할 것입니다. 이에 교육의 인적자본에 대한 경제적 가치를 토대로 정부, 기업, 그리고 학교에서 요구되는 인적자본 개발을 위한 기본방향이나 전략은 무엇이라고 생각하십니까?

· 정부:

· 기업:

· 학교:

(바쁘신 가운데도 귀중한 시간을 할애해 주셔서 대단히 고맙습니다.)

부록 4

녹색성장 국가전략 및 5개년 계획

1. 녹색성장 국가전략(2009~2050)

'녹색성장 국가전략(2009~2050)'은 ① 저탄소 · 에너지 고효율을 실현하는 'Green Society', ② 녹색기술 · 산업이 성장을 주도하는 'Green Economy', 그리고 ③ 세계녹색성장을 선도하는 'Green Korea'라는 3대 목표를 달성하기 위한 10대 정책방향과 50개 핵심프로젝트를 제시하면서 녹색기술 및 산업, 기후변화 적응역량, 에너지 자립도 · 에너지 복지 등 녹색경쟁력 전반에 걸쳐 2020년까지 세계 7대, 2050년까지 세계 5대 녹색강국 진입을 장기적 국가목표로 삼았다.

또한 '녹색성장 5개년 계획'은 핵심 프로젝트로 세부과제를 도출하고, 각 세부과제를 연도별 달성목표, 수행주제, 투자계획 등의 실행방안을 구체적으로 제안하였다. 녹색성장 추진을 위하여 정부는 2009년에서 2013년까지 5년 동안 GDP의 2%에 해당하는 예산을 투입한다는 '2% 예산의 원칙'을 세웠는데, 이는 당시 UN이 녹색경제로 전환을 위하여 권고한 GDP 대비 녹색투자액의 2배에 해당하여 국제적인 조명을 받은 바 있다.

부문계획은 녹색성장과 직간접적으로 연관이 있는 분야별 계획으로서 핵심계획, 연관계획, 기타계획으로 구분되었다. 핵심계획은 '녹색성장 5개년 계획(2009~2013)'과 같이 녹색성장의 전략적 목표와 직접 관련된 계획으로서 '녹색성장위원회'의 심의를 거쳐 국무회의에서 확정하였다. 「저탄소 · 녹색성장 기본법」 제39조에 따른 '국가 에너지 기본계획', 제40조에 의거한 '기후변화대응 기본계획', 제51조에 의한 '지속가능발전 기본계획' 등을 수립, 발표하였다.

연관계획은 녹색성장에 간접적으로 연계되어 있는 계획으로 타 법률에 의하여 수립하는 주요 국가계획으로 「국토기본법」에 따른 '국토종합계획', 「국가균형발전특별법」에 따른 '국가균형발전 계획', 그리고 '국가과학기술 기본계획'등이 있다. 기타계획은 녹색성장과 연계되어 있는 가 중앙부처의 행정계획으로서 지식경제부의 '신재생에너지 개발 계획'과 '그린IT 전략', 그리고 환경부의 '저탄소 · 녹색성장 실천계획'등을 수립, 발표하였다.

이명박정부는 여러 국가들이 채택한 신재생에너지 중심의 녹색성장 개념에서 탈피, 포괄적으로 정의한 녹색성장의 개념을 확대하여 국가 · 국민 · 기업을 포괄하는 범국가적 녹색성장 종합계획을 수립하였다. 그간의 관련 보고서나 논문, 각계 의견을 포함하여 에너지, 기후변화, 녹색 산업, 녹색사회 및 생활 혁명 등 부문별 기본계획 등 기존계획의 목표치 및 투자계획 등을 재검토하고 통합 조정하며, 정부 부처별 녹색성장 관련 사업계획에 대한 검토를 통하여 유사 사업 간 중복을 배제하였다. 공공 · 민간 전문기관의 참여와 관련 연구결과를 포괄적으로 반영한 종합계획을 수립하였고, 녹색성장 투자에 따른 기대효과를 가시화하였다. 또한 녹색성장 투자분야, 대상 사업에 대한 중요도, 연관도 등을 면밀히 검토하여 핵심과제를 설정하였고, 이에 대하여 선택적으로 예산 집행을 추진하여 녹색성장 분야에 대한 단순 투자계획의 나열이 아니라 투자에 따른 기대효과를 명확히 제시하였다. 장기적으로 분석 시계를 2050년까지 확장하여 녹색성장 분야는 장기에 걸친 투자가 선행되어야 하며, 투자 효과 역시 장기에 걸쳐 나타나므로 집중 투자가 계획된 2013년을 기점으로 2020년, 2030년, 2050년을 분석의 시계로 설정하였다.

녹색성장 국가전략(2009~2050)

3대 목표와 전략	10대 정책 방향	50대 실천과제
목표1 Green Society (저탄소 · 에너지 고효율을 실현하는 사회) 전략 1 기후변화적응 및 에너지 자립	① 효율적 온실가스 감축	①-1 탄소가 보이는 사회 ①-2 탄소를 줄어가는 사회 ①-3 탄소를 순환 흡수하는 사회 ①-4 저탄소를 지향하는 그린 한반도
	② 탈석유 · 에너지 자립강화	②-1 에너지 저소비 · 고효율 사회구축 ②-2 청정에너지 보급확대 ②-3 원자력 공급능력확충 ②-4 해외자원개발 역량 강화
	③ 기후변화 적응능력 강화	③-1 기후감시, 예측 및 조기대응체제 구축 ③-2 기후변화 대응 국민건강관리 강화 ③-3 국가 식량안보체계 강화 ③-4 안정적인 수자원 관리능력 강화 ③-5 기후친화적인 해양 이용 및 관리 ③-6 기후변화 대응 재해관리 강화 ③-7 지속가능한 산림경영

목표2 Green Economy (녹색기술 · 산업이 성장을 주도하는 녹색경제) 전략 2 신성장 동력창출	④ 녹색기술 개발 및 성장동력화	④-1 녹색기술개발투자의 전략적 확대 ④-2 효율적 녹색기술개발체계의 구축 ④-3 녹색기술이전 및 사업화 촉진 ④-4 녹색기술 · 산업개발을 위한 인프라 확충 ④-5 녹색기술개발을 위한 국제협력 활성화 ④-6 신성장동력 녹색기술산업 육성
	⑤ 산업의 녹색화 및 녹색산업 육성	⑤-1 자원순환형 경제 · 산업구조 구축 ⑤-2 산업별 녹색전환 및 혁신 확산 ⑤-3 녹색 중소 · 벤처기업 육성 ⑤-4 지식주도형 녹색클러스터 육성
	⑥ 산업구조의 고도화	⑥-1 신성장동력 첨단융합산업 육성 ⑥-2 고부가서비스산업육성
	⑦ 녹색경제 기반 조성	⑦-1 녹색기술 · 산업에 대한 정책금융 활성화 ⑦-2 녹색금융 인프라구축 ⑦-3 탄소시장 육성 ⑦-4 친환경 세제 운영 ⑦-5 녹색상품 · 산업에 대한 조세지원 ⑦-6 저탄소사회를 위한 규제 및 유인 혁신 ⑦-7 에너지 복지 ⑦-8 녹색일자리 창출 촉진 ⑦-9 녹색인재 양성 확대
목표3 Green Korea (세계 녹색성장을 선도하는 국가) 전략3 삶의 질 개선과 국가위상 강화	⑧ 녹색 국토 · 교통의 조성	⑧-1 녹색 · 국토도시의 조성 ⑧-2 생태공간의 확충 ⑧-3 녹색 건축물 확대 ⑧-4 녹색교통체계구축 ⑧-5 자전거 이용 활성화
	⑨ 생활의 녹색 혁명	⑨-1 녹색성장 교육 및 녹색시민 양성기반 구축 ⑨-2 녹색생활의 실천 확산 ⑨-3 녹색소비 활성화 ⑨-4 녹색마을 조성 및 운동 전개 ⑨-5 생태관광 활성화
	⑩ 세계적인 녹색성장 모범국가 구현	⑩-1 글로벌 녹색성장 실현에 협력하는 국가 ⑩-2 녹색성장 모범으로 인정받는 국가 ⑩-3 개도국의 녹색성장을 도와주는 국가 ⑩-4 녹색성장의 모델을 보여주는 국가

저탄소 녹색성장 전략의 추진계획

종합계획

- 녹색성장 국가전략(2009~2005)
- 녹색성장 5개년 계획(2009~2013)
- 기관별 종합계획
  - 중앙추진계획
  - 지방추진계획

부분별계획

핵심계획	관련계획	연관계획
· 기후변화대응 기본계획 · 국가에너지 기본계획 · 지속가능발전 기본계획 등	· 신재생에너지 기본계획 · 에너지이용합리화 기본계획 · 기후변화적응대책 등	· 국토조합계획 · 도시기본계획 · 지역발전계획 등

2. 녹색성장 5개년 계획(2009~2013)

2009년 7월 '녹색성장 국가전략(2009~2050)'과 함께 그 실행계획으로 발표하였던 '녹색성장 5개년 계획(2009~2013)'에서 이명박정부는 2009년 국가 중장기 온실가스 감축 목표를 제안하면서 단계적인 부문별 감축전략을 수립하여 감축을 구체적으로 추진하기로 하였다. 이를 통하여 '탄소배출권 거래제도'와 자동차 온실가스 배출기준을 도입하고, 건물 · 교통 · 산업 부문별 감축목표 이행을 위한 규제를 진행하도록 하였다. 에너지 자립 강화를 추진하기 위하여 에너지 효율화를 위한 기술혁신과 에너지 저소비·고효율 사회를 구축하기 위한 신재생에너지의 산업화와 인프라 구축을 지원하며, 원자력 기술의 수출을 모색하여 원전 수출 강국으로 도약할 수 있도록 하였다. 특히 2030년까지 기존 전략망에 IT를 접목, 에너지 효율을 최적화할 수 있는 지능형전략망을 전체 전력망에 구축하겠다는 계획은 국민의 실생활과 밀접하게 연관되는 부분으로 많은 관심을 끌기도 하였다. 기후변화 적응역량의 강화도 추진하여 2013년까지 되어 있는 관련 프로젝트는 기후변화예측기법 및 시나리오 확보 등 조기대응 체계를 기본 콘셉트로 정한 뒤 이에 따른 깨끗한 물 확보와 국민건강관리 강화, 재해 사전예방을 위한 기준 및 시스템 구축 등을 추진하도록 하였다.

GDP의 2%에 해당하는 예산을 녹색투자에 투입한다는 '2% 예산의 원칙'에 기초하여 녹색기술 개발 및 성장동력화에 대한 지원도 높여서 정부는 R&D 투자 중 녹색 R&D 비중을 2008년 15% 수준에서 2013년까지 20% 수준으로 확대한다는 방침을 세웠다. 녹색 R&D에 대한 지원을 강화하여 기존 녹색산업군으로 불리던 신재생에너지, LED, 그린카 등의 기술개발을 촉진하고 조기 산업화를 추진하여 세계시장을 선점할 수 있도록 하였다.

한편, 우리나라가 기존에 강세를 보이던 산업군도 녹색화하는 작업을 벌여나가기로 하였는데, 철강이나 섬유, 석유화학, 조선 등이 그 대상으로 이들 산업의 생산시스템 녹색화 지원을 추진하기로 하였다. 또한 녹색중소기업 전용펀드 조성, 정책자금과 신용보증 확대 및 우대 등을 적용하여 중소기업의 녹색역량도 강화할 수 있도록 하는 한편 중소기업의 녹색경영전략 수립을 지원하며 중소기업을 녹색 작업장으로 전환하여 나가기로 하였다. 녹색 중소기업에 대한 R&D 투자 강화 및 정책자금 지원을 확대하고 대·중소기업 그린 파트너십을 확산시켜 나가도록 하였다. 친환경 사업군에 대한 산업구조도 고도화될 수 있도록 하여 정부는 첨단융합산업과 고부가 서비스산업 육성을 지원하도록 하였다. 특히 방송통신산업은 첨단 방송체제에 발맞추기 위하여 IPTV, DMB, WiBro 등 방송통신 신규서비스 활성화를 위한 통합법제를 마련하도록 하였다.

그 밖에 녹색성장의 과실이 모든 국민에 골고루 미쳐 지속가능한 사회가 될 수 있도록 취약계층을 정책적으로 배려하였다. 저소득층 주택 냉난방 효율향상을 위한 지원을 강화하여 에너지 빈곤가구 수를 2009년 123만 가구에서 2013년 89만 가구로 축소하는 등 에너지 복지 사각지대 해소를 적극적으로 추진하도록 하였다. 취약 지역 주민들에 대한 안정적 물 공급체계를 구축하기 위하여 농어촌 상하수도 확충 및 가뭄지역 물부족 해소를 위한 정책들도 추진하도록 하였다. 또한 숲 가꾸기, 탄소순환 마을 조성, 주변녹지 조성 및 중소규모 댐 건설 등 서민 고용 창출 및 소득 증대를 위한 사업도 확대하도록 하였다.

이는 앞서 2009년 1월 정부가 세계적인 경제위기를 맞아 발표하였던 '일자리 창출을 위한 녹색뉴딜사업 추진방안'의 연장선에 놓여 있는 정책이었다. 저탄소 친환경 국책사업을 일컫는 '녹색뉴딜사업'은 4대강살리기, 녹색교통망 구축, 그린카·청정에너지 보급, 대체 수자원 확보 및 친환경 중소댐 건설 등 9개 핵심사업과 27개 연계사업 등 모두 36개 사업에 2009년부터 2012년까지 4년간 국비 37조 원, 지방비 5조 원, 민간자본 7조 원의 총 50조 492억 원을 투입하여 95만 6,420개의 일자리 창출을 목표로 하였던 경제위기 극복을 위한 처방으로, 당시 미국 경제위기로 침체를 맞았던 국제사회에서 녹색성장과 위기극복을 동시에 달성하려는 전략으로 주목을 받았다.

찾아보기

인명

국문주제

영문주제

정일환
미국 펜실베니아주립대학교 대학원 교육정책학과(철학박사)
한국교육개발원 책임연구원, 한국학술진흥재단 학술정책연구실 전문위원, 한국대학교육협의회 정책자문교수, 국가교육과학기술자문회의 위원, 대통령실 교육비서관 역임
현재 대구가톨릭대학교 사범대학 교육학과 교수, 교육대학원장

김정희
대구가톨릭대학교 대학원 교육학과(교육학박사)
대구대학교 대학원 특수교육학과(문학박사)
현재 한국대학교육협의회 선임연구원, 연구지원팀장

주동범
미국 펜실베니아주립대학교 대학원 교육이론과 정책학과 교육사회학 전공(Ph.D)
한국청소년정책연구원 책임연구원, 한국해양대학교 국제대학 교직과 교수 역임
현재 부경대학교 교육대학원 교육학과 교수

제2판

사회발전과 인적자본론

2013년 8월 25일 2판 1쇄 인쇄
2013년 8월 30일 2판 1쇄 발행

지은이 – 정일환, 김정희, 주동범
펴낸이 – 김동규
펴낸곳 – 교육과학사

경기도 파주시 교하읍 문발리
파주출판문화정보산업단지 514-5
출판등록 – 1970년 5월 18일 제2-73호

TEL – 031-955-6956~8
FAX – 031-955-6037
Home-page : www.kyoyookbook.co.kr
E-mail : kyoyook@chol.com

값 15,000원

낙장 · 파본은 교환해 드립니다.
Printed in Korea.

ISBN 978-89-254-0726-5